Klaus Stüdemann / Die Globalaktie

Abhandlungen aus dem Industrieseminar der Universität zu Köln

Herausgegeben von Professor Dr. Theodor Beste

Heft 11

Die Globalaktie

Von

Klaus Stüdemann
Dipl.-Kfm., Referendar

DUNCKER & HUMBLOT / BERLIN

Gedruckt 1960 bei Berliner Buchdruckerei Union GmbH., Berlin SW 61
Printed in Germany

Vorwort

Die globale Verbriefung von Aktienrechten hat in großen Teilen des Auslands weite Verbreitung gefunden. In Deutschland haben die Alliierten seit 1947 durch ihre Maßnahmen zur Entflechtung der Montangesellschaften eine Entwicklung eingeleitet, die der Globalaktie nunmehr auch hier zu einer größeren Bedeutung verholfen hat.

Aufgabe der vorliegenden Abhandlung ist es, auf diese Aktienform hinzuweisen, ihre Anwendungsmöglichkeiten herauszustellen und die mit ihr in Verbindung stehenden juristischen und wirtschaftlichen Fragen zu erörtern. Im Zusammenhang damit wurde insbesondere eine eingehende Untersuchung der Verhältnisse angestellt, wie sie in Deutschland hinsichtlich der Aufteilung des Grundkapitals der Aktiengesellschaften in Aktien und ihrer Verbriefung in Aktienurkunden herrschen. Es wurden hierdurch genaue zahlenmäßige Unterlagen über den Umfang der Globalverbriefung von Aktienrechten gewonnen. Durch Einführung des Mobilisierungskoeffizienten Z wurde der Versuch unternommen, der durch die Globalverbriefung bewirkten Verringerung der Stückeanzahl allgemeinen, rechnerischen Ausdruck zu verleihen. Weiterhin wurden die Möglichkeiten aufgezeigt, die bei der Globalaktie durchgeführte Globalverbriefung von Teilberechtigungen an einer Kapitalmasse auch auf andere im Wirtschaftsleben gebräuchliche Urkunden über Geld- und Kapitalwerte anzuwenden. Dies führte zur Aufstellung eines Systems der Globalpapiere, dessen Ausgangspunkt die Globalaktie bildet. Darüber hinaus ist es das Anliegen dieser Arbeit, die Globalaktie in den Zusammenhang der historischen Entwicklung des Effektenwesens einzuordnen und ihre Auswirkung auf die Überleitung vom Wertpapier der Gegenwart zum Wertrecht der Zukunft und damit zu der Möglichkeit dazulegen, entsprechend dem bargeldlosen Geldgiroverkehr einen stückelosen Effektengiroverkehr durchzuführen.

Die Anregung zu dieser Arbeit gab mir Herr Professor Dr. Theodor Beste, mein verehrter Lehrer.

Ihm möchte ich hier und an erster Stelle danken.

Zahlreiche Firmen setzten mich durch ihre bereitwillig übermittelten Angaben dankenswerterweise in die Lage, aus den Gegebenheiten der Praxis die Erkenntnisse zu ziehen, die ich hiermit vorlege.

Köln, im März 1960

Klaus Stüdemann

Inhalt

Zweiter Hauptteil

Die Globalaktie als Wirtschaftsobjekt

Dritter Abschnitt

Vierter Abschnitt

Verzeichnis der Tabellen und Diagramme

Tabelle

Diagramm

DM 1000.-

August Thyssen-Hütte Aktiengesellschaft

DM 1000.- GLOBALAKTIE Nr. 0000000 bis 0000000

ÜBER

1000

10 AKTIEN ZU JE DM 100.-

DER UMSEITIG BEZEICHNETE AKTIONÄR
IST BEI DER AUGUST THYSSEN-HÜTTE AKTIENGESELLSCHAFT, DUISBURG-HAMBORN, MIT DM 1000.- NACH MASSGABE DER SATZUNG ALS AKTIONÄR BETEILIGT. JEDE ÜBERTRAGUNG DIESER GLOBALAKTIE IST DER GESELLSCHAFT GEGENÜBER NUR GÜLTIG, WENN DER NEUE ERWERBER IN DAS AKTIENBUCH EINGETRAGEN IST.
DUISBURG-HAMBORN, IM JANUAR 1957.

August Thyssen-Hütte Aktiengesellschaft

DER AUFSICHTSRAT — DER VORSTAND

VORSITZER

EINGETRAGEN IN DAS AKTIENBUCH
SEITE

DER KONTROLLBEAMTE

AUGUST THYSSEN

R. OLDENBOURG, MÜNCHEN

Vorbemerkung:

Der Gang der Untersuchung

Die Globalaktie entsteht durch Verbriefung mehrerer Aktienrechte in einer Urkunde.

Demgegenüber steht die Verbriefung eines einzelnen Aktienrechts in einer Urkunde. Die daraus hervorgehende Aktie soll im Unterschied zur Globalaktie „Einzelaktie" genannt werden.

Sieht man die Globalaktie nicht als die Zusammenfassung mehrerer Aktienrechte an, sondern als die Vereinigung mehrerer Aktienurkunden zu einer Aktie, so entsteht die Globalaktie durch einheitliche Verbriefung mehrerer Einzelaktien. Die Einzelaktien sind somit die Elemente, aus denen die Globalaktie gebildet wird.

Eine umfassende Untersuchung über die Globalaktie macht die Darstellung ihrer Bildungselemente erforderlich, die Darstellung der Einzelaktien. Sie bildet den 1. Abschnitt der Arbeit und dient der Erörterung der theoretischen Grundlagen der Globalaktie.

Damit sind die Voraussetzungen zur Erläuterung der aus der Zusammenfassung der Einzelaktien hervorgehenden Globalaktie sowie der übrigen Globalpapiere geschaffen. Sie macht den Inhalt des 2. Abschnitts aus.

Im 3. Abschnitt wird der Anwendungsbereich der Globalaktie nach Raum und Menge umrissen. Es werden die Fragen geklärt, wo und in welchem Umfange Globalaktien auftreten.

Der 4. Abschnitt ist der Untersuchung der Arten und Möglichkeiten gewidmet, wie die Globalaktie verwendet wird oder verwendet werden kann.

Der Schwerpunkt der Betrachtung liegt in den beiden ersten Abschnitten auf der juristischen, in den beiden letzten Abschnitten auf der wirtschaftlichen Seite der Globalaktie. In ihrer Zusammenfassung zu den beiden Hauptteilen „Die Globalaktie als Rechtsobjekt" und „Die Globalaktie als Wirtschaftsobjekt" spiegelt sich die Doppelnatur der Globalaktie als Erscheinung sowohl des Rechts als auch der Wirtschaft wider.

Erster Hauptteil

Die Globalaktie als Rechtsobjekt

Erster Abschnitt

Die Einzelaktie als Bildungselement der Globalaktie

Die Einzelaktie als allgemeine Form der beurkundeten Aktie spielt im modernen Wirtschaftsleben eine bedeutende Rolle.

Ist das Objekt einer Betrachtung der Gegenwart verhaftet, dann liegt das Hauptinteresse auf der Erscheinungsform, wie sie sich dem Beobachter zur Zeit der Untersuchung darbietet. Dennoch bleibt das so gewonnene Bild unvollkommen. Erst die Aufdeckung der historischen Zusammenhänge vertieft das Verständnis für die Erscheinungsform der Gegenwart und verschafft einen tieferen Einblick in die einzelnen Ursachen ihres Entstehens und ihrer gegenwärtigen Ausgestaltung. Aus diesen Gründen wird im folgenden ein kurzer Abriß der Geschichte der Aktie gegeben.

Darüber hinaus kommt einer historischen Betrachtung für die vorliegende Untersuchung in zweifacher Hinsicht eine besondere Bedeutung zu. Zum einen wird damit zugleich der historische Rahmen abgesteckt, innerhalb dessen die Globalaktie zur Entstehung und zur Auswirkung gekommen ist. Die geschichtlichen Grundtatsachen, auf denen die Einzelaktie beruht, haben auch für die globale Verbriefung von Aktienrechten ihre Bedeutung. Ihre Darstellung wird dann im dritten Abschnitt[1] nur noch ergänzt werden durch Hervorhebung der besonderen Umstände, die gerade eine Globalverbriefung von Aktienrechten begünstigt haben. Zum anderen werden durch die Darlegung des historischen Hintergrundes die Grundlagen für die Abgrenzung einzelner Entwicklungsstufen des Effektenwesens geschaffen. Die Untersuchung über die unterschiedlichen Verwendungsmöglichkeiten von Globalaktien auf diesen Entwicklungsstufen bildet den Gegenstand des vierten Abschnittes dieser Abhandlung.

Die Aktie ist jedoch nicht eine losgelöste, für sich allein bestehende Erscheinung des Rechts- und Wirtschaftswesens. Sie ist gebunden an eine ganz bestimmte Gesellschaftsform, an die Aktiengesellschaft[2]. Sie ist die Trägerin der Aktie.

---

[1] Siehe Kapitel „Die Globalaktie von den Anfängen des Aktienwesens bis zur Gegenwart".

[2] Die Kommanditgesellschaft auf Aktien als heute nur noch vereinzelt auftretende Gesellschaftsform soll hier und im folgenden unberücksichtigt bleiben.

Die Aktie konnte sich erst auf einem durch die Aktiengesellschaft bereiteten Boden entwickeln. Will man den Ausgangspunkt der Entwicklung gewinnen, ist es erforderlich, den Zeitpunkt der Entstehung derjenigen Gesellschaft zu bestimmen, auf die sich letztlich unsere heutige Aktiengesellschaft zurückführen läßt. Insoweit soll deshalb zunächst auf die Geschichte der Aktiengesellschaft eingegangen werden.

A. Die Geschichte der Aktie und ihrer Trägerin, der Aktiengesellschaft

Die vorliegende Arbeit ist vor allem der Untersuchung deutscher Verhältnisse gewidmet. Da aber gerade zwischen dem deutschen und dem anglo-amerikanischen Rechts- und Wirtschaftsbereich eine weitgehende Wechselwirkung besteht, insbesondere eine dem Untersuchungsobjekt dieser Arbeit, der Globalaktie, entsprechende Urkundenform im anglo-amerikanischen Raum eine starke Verbreitung gefunden hat, werden im Verlaufe der Darstellung auch die anglo-amerikanischen Verhältnisse einer Würdigung unterzogen werden[1]. Das macht eine Erörterung auch ihrer historischen Grundtatsachen erforderlich.

Das deutsche Aktienwesen weist gegenüber dem der übrigen europäischen Länder zahlreiche Besonderheiten auf. Diese Besonderheiten sind aber erst das Ergebnis einer langsamen Herausbildung aus einer allen kontinentalen Aktienrechten gemeinsamen Wurzel. Im Grundzug zeigen die europäischen Aktienrechte somit ein einheitliches Gepräge. Zum Gegenstand der geschichtlichen Darlegung wird daher einheitlich die Entwicklung auf dem europäischen Kontinent erhoben. Darin ist der Werdegang von Aktie und Aktiengesellschaft in Deutschland mit eingeschlossen.

Demgegenüber muß die historische Entwicklung in England und in den Vereinigten Staaten wegen ihres eigenen Verlaufs eine gesonderte Behandlung erfahren.

I. Die Geschichte der Aktie und der Aktiengesellschaft auf dem europäischen Kontinent

1. Die Geschichte der Aktiengesellschaft

Lange Zeit glaubte man, die Wurzeln der modernen Aktiengesellschaft bis auf die Pachtgesellschaften des Altertums zurückführen zu können[2]. Es fehlte diesen Gesellschaften aber das feste Grund-

[1] Siehe S. 149, 158.

[2] Dies waren auf Vertrag beruhende Zusammenschlüsse von Pächtern öffentlicher Einkünfte (Zehnte, Hafenzölle, Hut- und Weidegelder, Ertrag der Bergwerke, Salinen und Fischereien, Hurensteuer), den von ihnen gestellten

kapital, die grundsätzlich bestehende Übertragbarkeit der Anteile und die beschränkte Haftung der Mitglieder[3/4].

Andere Versuche, die Entstehung der heutigen Aktiengesellschaft zu erklären, legten den Ausgangspunkt ihrer Entwicklung in Gesellschaftsformen, die ihrerseits im Mittelalter entstanden sind: so in die agrarischen Genossenschaften, die Mühlengenossenschaften[5] oder bergrechtlichen Gewerkschaften[6]; in Zusammenschlüsse der später in England als „Regulierte Kompagnie" bezeichneten Art[7] oder in Vereinigungen wie die Reederei[8], die commenda[9] oder die colonna, insbesondere die des Seerechts von Amalfi[10]; weiterhin in die maonae[11]

Bürgen und ihren Geldgebern; in Griechenland die Vertragsverhältnisse zwischen den τελῶναι, den ἐγγυηταί und den μετέχοντες, in Rom — auf späterer Entwicklungsstufe — die societates vectigalium publicorum oder Publicanorum. Dieses im besonderen waren Gesellschaften zwischen dem Gründer (manceps), seinen socii, von denen einige zugleich Bürgen (praedes) waren, und den stillen Teilhabern (affines). Bei diesen war nur die Haftung der affines beschränkt, so daß höchstens der Vergleich mit der heutigen Kommanditgesellschaft auf Aktien zulässig wäre.

Lehmann, Das Recht der Aktiengesellschaften, Bd. I, S. 6, 7, 9, 11, 15 ff.; *Renaud*, Das Recht der Aktiengesellschaften, S. 2, 3.

3 Streng genommen, handelt es sich um eine beschränkte Leistungspflicht, aber unbeschränkte Haftung in Höhe der Einlage, vgl. S. 40.

4 *Renaud*, a.a.O., S. 7; ebenso: *Lehmann*, I, S. 15 ff.

5 *Lehmann*, I, S. 21; *Gierke*, Handelsrecht und Schiffahrtsrecht, S. 248; für die Mühlengenossenschaften, die seit dem 12. Jh. vor allem in Frankreich auftraten: *Troplong*, bei: *Lehmann*, I, S. 22, u. *Renaud*, a.a.O., S. 10. Hier kann auch auf die Jagd- und Fanggesellschaften auf slawischem Boden verwiesen werden: *Bösselmann*, Die Entwicklung des deutschen Aktienwesens im 19. Jh., S. 53.

6 Nachweis seit dem 12. Jh. in Deutschland.

Lehmann, I, S. 24; *Renaud*, a.a.O., S. 8.

7 Vereinigungen nicht zum Zwecke des gemeinsamen Geschäftsbetriebes, sondern der allgemeinen Förderung des Handels, wie z. B. die Gilden, Zünfte und Hansen. Die zusammengeschlossenen Kaufleute handelten mit getrenntem Kapital, aber unter einer Leitung und nach gemeinsamen Regeln. Vor allem im 15. und 16. Jh., aber auch vor und nach dieser Zeit.

Lehmann, I, S. 20; *Schmoller*, Die geschichtliche Entwicklung der Unternehmung, in: Jahrbuch für Gesetzgebung, Verwaltung und Volkswirtschaft im deutschen Reich, S. 7 (965).

8 *Lehmann*, I, S. 28. Die Identifizierung von Reederei und AG wurde besonders von französischen Autoren vorgenommen.

9 Seit dem 11. Jh., vor allem in Italien, auftretend, in gewissen Ausformungen offenbar schon in dem Gesetzbuch Hammurabis erwähnt. Die commenda war eine Gesellschaft zwischen einem oder mehreren Kapitalisten und einem mittellosen oder selbst mit einer Einlage beteiligten Unternehmer.

Lehmann, I, S. 26; ders., Die geschichtliche Entwicklung des Aktienrechts bis zum Code de Commerce, S. 4; *Gierke*, Handelsrecht, S. 175; *Renaud*, a.a.O., S. 12.

10 Die Bestimmungen der Tabula von Amalfi stammen spätestens aus dem 14. Jh.; hier traten zu den Partnern der commenda noch Reeder, welche ein Schiff, auch Teile der Ladung, und Seeleute, welche ihre Arbeitskraft einbrachten. Die colonna ging aus der Verbindung der commenda mit dei Reederei hervor.

Lehmann, I, S. 28 ff.; *Renaud*, a.a.O., S. 13, 14, 18.

oder montes[12] und schließlich vor allem in die St. Georgsbank zu Genua[13] oder ihre bereits in die Neuzeit fallende Nachbildung, die Ambrosiusbank zu Mailand[14]. Viele von diesen Vereinigungen tragen gemeinsame Züge mit der Aktiengesellschaft, wie sie heute besteht. Auch ist es unzweifelhaft, daß von dieser oder jener Wirkungen und Einflüsse auf die Entstehung der Aktiengesellschaft ausgegangen sind, und zwar in besonders starkem Maße von der Reederei, die „durch ihre überlieferten Gewohnheiten gleichsam das äußerliche Gerüst bildete, an das die Entwicklung anknüpfte“[15]. Dennoch zeigen diese Gesellschaftsformen im einzelnen mehr oder weniger starke Unterschiede oder bedurften sie noch besonderer Umwandlungen und Ausformungen der in ihnen ruhenden Keime zur Bildung der Aktiengesellschaft oder aber stehen sie trotz aktiengesellschaftlicher Struktur in keiner direkten Verbindung mit den Gebilden, aus denen unsere heutige Aktiengesellschaft hervorgegangen ist[16].

---

[11] Pachtgesellschaften verschiedener Staatseinkünfte, in Genua seit dem 12. Jh., hier in der besonderen Bedeutung von Staatsgläubigerverbänden; erwähnenswert die des Saulius im 16. Jh., die „mobbe“ als Pächterin der der Georgsbank überlassenen Einkünfte und die der Giustiniani von Chios (Mitte des 14. Jh.).

Lehmann, I, S. 33—42; *Silbernagel,* Die Gründung der Aktiengesellschaft, S. 1.

[12] Von Privatleuten aufgebrachte Geldbeträge, die als öffentliche Anleihen vom Staat aufgenommen wurden; als Sicherungsmittel wurden den Gläubigern gewisse Staatseinkünfte überlassen. Seit dem 13. Jh.

Lehmann, I, S. 42, 43; *Renaud,* a.a.O., S. 24.

[13] Gegründet 1407 durch die Vereinigung der Forderungen der einzelnen Staatsgläubiger zu einem einheitlichen großen Schuldbetrag, der fortan das Grundkapital der Bank darstellte. Seit 1419 wurde infolge der Finanznot des Staates die Zahlung von Zinsen ersetzt durch die Ausschüttung von Dividenden auf den Schuldbetrag: aus den Staatsgläubigern wurden Aktionäre. Gegenstand der Geschäftstätigkeit war Einzug von Staatseinkünften, u. a. auch aus den Kolonien, und Betätigung als Girobank. Die Bank bestand bis 1805. Sie wird übereinstimmend als erste Aktiengesellschaft und von zahlreichen Autoren als Vorgängerin unserer heutigen Aktiengesellschaft angesehen. *Lehmann* dagegen wies als erster darauf hin, daß es sich nur um eine singuläre Erscheinung ohne nachweisbaren Einfluß handelt.

Lehmann, I, S. 42 ff., ders., Gesch.Entw., S. 6; *Renaud,* a.a.O., S. 21; *Schmoller,* a.a.O., S. 4 (962).

[14] Gegründet Ende des 16. Jh. Sie war aber schon keine reine Aktiengesellschaft mehr, sondern ist mehr der Kommanditgesellschaft auf Aktien vergleichbar.

Lehmann, I, S. 46. Für aktiengesellschaftliche Natur: *Gierke,* Handelsrecht, S. 247.

[15] *Schmoller,* a.a.O., S. 3 (961), der allerdings als Anknüpfungspunkt der Entwicklung noch nicht die Reedereien allein, sondern außerdem die italienischen Staatsgläubigerverbände und die sog. regulierten Kompagnien ansah. Auf den maßgebenden Einfluß der Reederei wies *Lehmann* als erster hin; in: I, S. 29, 55, 57, und Gesch.Entw., S. 6, 28. Siehe auch: *Gierke,* Handelsrecht, S. 248.

[16] Vgl. hierzu vor allem: *Lehmann,* I, S. 4—67; ders., Gesch.Entw., S. 3—28.

Gegenüber diesen Darstellungen wies *Karl Lehmann* als erster eindeutig[17] darauf hin, daß die Aktiengesellschaft unserer Zeit auf eine Gesellschaft zurückzuführen ist, die sich erst in der Neuzeit herausbildete, auf die Niederländisch-Ostindische Kompagnie. „Wie ein Meteor aufsteigend“[18], entstand sie im Jahre 1602 durch das Oktroi vom 20. März als einheitliches, in Kammern untergliedertes und unter der Aufsicht des Staates stehendes Unternehmen. Sie ging hervor aus dem Zusammenschluß von acht kleineren Gesellschaften mit dem Charakter von Reedereien, die seit 1593 mit dem Ziele gegründet worden waren, Handel mit Ostindien zu treiben. Ihre Entstehung erklärt sich aus dem allgemeinen Bedürfnis jener Zeit, für den stetig wachsenden Handel größere, festgefügtere und dauerhaftere Handelsunternehmungen zu schaffen und umfangreiche Kapitalmassen für längere Zeit zu sammeln, ohne der ständigen Bedrohung vorzeitiger Rückforderung ausgesetzt zu sein. Darüber hinaus suchte man nach sicheren und bequemen Kapitalanlagen, die zugleich die Möglichkeit boten, die Einlagen ohne Schwierigkeiten wieder zu verflüssigen.[19]

Die Niederländisch-Ostindische Kompagnie hat im 17. Jahrhundert nachhaltige Wirkungen auf Gründungen von Handelsgesellschaften außer in ihrem eigenen Lande in Schweden, Dänemark, Frankreich und Kurbrandenburg ausgeübt sowie in England, das allerdings in der Ausbildung des Aktienwesens seine eigenen Wege ging[20].

Damit war auf dem Kontinent die Ausgangslage für eine Entwicklung gegeben, die die Aktiengesellschaft immer mehr ihrer heutigen Erscheinungsform annähern und sie zu hoher und höchster wirtschaftlicher Bedeutung führen sollte. Nachdem sie sich im 18. Jahrhundert auch auf andere Bereiche des gewerblichen Lebens ausgebreitet hat, so auf das Banken- und Versicherungswesen, erreichte sie im 19. Jahrhundert nach dem Übergang vom Oktroisystem zum Konzessionssystem und später zum System der Normativbestimmungen als die charakteristische Gesellschaftsform der Zeit des Hochkapitalismus ihre eigentliche Blüte. Wegbereiter hierfür war nicht zuletzt der Code de commerce von 1807, der die schon früher vollzogene Wendung zum

---

[17] In: Geschichtliche Entwicklung, 1895. Schon vor *Lehmann* waren die niederländischen Kompagnien als Vorläuferinnen unserer Aktiengesellschaft erkannt worden, so vor allem von *Schmoller* (in: Jahrbuch für Gesetzgebung usw.). Aber was bis dahin noch wissenschaftliches Problem und Gegenstand zahlreicher Erörterungen war, gilt seit den Untersuchungen *Lehmanns* als erwiesene Tatsache. Außerdem legten die Autoren vor *Lehmann* nach wie vor großes Gewicht auf den Einfluß der italienischen Gesellschaften, während *Lehmann* als erster einen direkten Zusammenhang ablehnte.

[18] *Lehmann*, Gesch.Entw., S. 7.

[19] *Schmoller*, a.a.O., S. 2, 28 (960, 986).

[20] Hierüber siehe S. 30.

Konzessionssystem normierte und damit die Reihe der gesetzlichen Regelungen des Aktienrechts eröffnete. Das 20. Jahrhundert brachte mit dem Eindringen spekulativer Momente, der Konzentration der bisher nur vereinzelt auftretenden Aktiengesellschaften zu Interessengemeinschaften, Trusts und Konzernen, der Zurückdrängung der Kleinaktionäre durch Banken, Großaktionäre, Vorstand und Aufsichtsrat sowie der Erschließung neuer Verwendungszwecke in gemischtwirtschaftlichen Unternehmen, Familiengesellschaften, Organ- und Kapitalverwaltungsgesellschaften neuartige Erscheinungen ins Aktienwesen. Die Entwicklung ist hier noch in vollem Fluß.[21]

2. Die Geschichte der Aktie

a) Die Entstehung der Aktienrechte

Wie für die Aktiengesellschaft, so sind auch für die Herausbildung eines ihrer hervorstechendsten Merkmale, der Aktien, die Wurzeln in jenen Vorgängen zu suchen, die zur Entstehung der großen niederländischen Gesellschaften führten. Die Aufteilung eines die Grundlage wirtschaftlicher Betätigung bildenden Vermögens in einzelne Anteile war zwar schon vor dieser Zeit bei fast all den Gesellschaftsformen bekannt, die spätere Autoren mit der heutigen Aktiengesellschaft in Verbindung gebracht haben[22]. Es bestanden aber zwischen diesen Anteilen und den Aktien, wie sie die niederländischen Gesellschaften hervorbrachten, Unterschiede von solcher Art, daß höchstens in einzelnen Fällen von einer starken Übereinstimmung der Aktien mit früheren Anteilsformen, nicht aber von einem entwicklungsmäßigen Zusammenhang gesprochen werden kann[23].

Die Anteile am Schiffsvermögen der kleinen niederländischen Gesellschaften vor ihrem Zusammenschluß, der sogenannten „Voorcompagnien", hießen „partije", „paert" oder „paertie"[24]. Diese Aus-

[21] Vgl. zu Obigem: *Lehmann*, I, S. 55—63; ders., Gesch.Entw., S. 31, 51—55, 58, 67—69, 88; *Hueck*, Gesellschaftsrecht, S. 106—110; *Gierke*, Handelsrecht, S. 248—254; *Bösselmann*, a.a.O., S. 49—63.

[22] Bei Mühlengenossenschaften, Gewerkschaften, Reedereien, maonae, montes, St. Georgs- und Ambrosiusbank.

[23] Unterschiede bestanden vor allem hinsichtlich der Haftung im Innenverhältnis; die meisten Gesellschaftsformen kannten die Zubußpflicht. Die stärkste Verwandschaft bestand zwischen den Aktien und den „loca comperarum" der St. Georgsbank. Bei diesen lag das Schwergewicht in der Kapitalforderung gegen den Staat (Rentenpapier), bei jenen in der Dividende (Dividendenpapier).
Lehmann, I. S. 53; ders., Gesch.Entw., S. 25.

[24] Vgl., auch zum Folgenden: *Colenbrander*, Das Wort „Aktie" in den Niederlanden, in: Z.f.H.R. 50/387; *Perels*, in: Beiträge zum Wörterbuch der deutschen Rechtssprache, Sp. 77—82; *Lehmann*, Gesch.Entw., S. 24—26, 66. Vgl. außerdem hiermit die Bezeichnung „pariers" oder „paeriers" für Mitglieder einer Gesellschaft im 12. Jh. in Frankreich, bei der sich nach dem

drücke bedeuteten „Anteil am Grundkapital" oder „Kapitalguthaben", womit sich der Gedanke an ein „Recht auf Herausgabe der eingelegten Summe nach Ablauf der vorgesehenen Zeit"[25] verbunden haben mag[26]. Mit Entstehung der Niederländisch-Ostindischen Kompagnie erfuhr der gedankliche Inhalt dieser Begriffe eine wesentliche Umformung. Neben dem eingelegten Anteil am Grundkapital trat in der Folgezeit der Anspruch auf die Dividende in verstärktem Maße hervor. Dieser Anspruch auf einen Anteil an der Dividende in der von der Kompagnie hervorgebrachten Ausgestaltung war für die damalige kommerzielle Welt etwas vollkommen Unbekanntes. Er gewann so sehr an Bedeutung, daß er den durch die Grundkapitalsquote ausgedrückten Anteil am Gesamtvermögen der Gesellschaft in der Vorstellung jener Zeit weit in den Hintergrund drängte. Nicht mehr die sichere, risikolose Anlage und Verzinsung des Kapitals, sondern vor allem die Möglichkeit eines schnellen und großen Kapitalzuwachses gab für eine Beteiligung fortan den Ausschlag.[27]

Für diesen Anspruch auf die Dividende — zum Teil für ihn allein, zum Teil in Verbindung mit anderen Ansprüchen und Begriffen, dann aber stets unter Betonung des Dividendenanspruchs — bürgerte sich, nicht zuletzt aus den Bedürfnissen des Börsenverkehrs heraus, der einheitliche Ausdruck „actie" ein[28]. Die „actie" war das grundsätzlich Neue. Sie ist der Ausgangspunkt für die Entwicklung des Aktienwesens.

Der neue Begriff taucht zuerst in einer Resolution des Generaldirektoriums der Niederländisch-Ostindischen Kompagnie vom 28. August 1606 auf[29]. Von hier aus nimmt er seinen Weg in den Sprachgebrauch der übrigen europäischen Länder[30].

Berichte *Troplongs* auch schon die Aufteilung eines Vermögens in einzelne Anteile feststellen läßt; *Lehmann*, I, S. 22.

[25] Vgl.: *Lehmann*, I, S. 64.

[26] Eine strenge Trennung von „Anteil" und „Anspruch auf seine Herausgabe", wie sie der moderne Sprachgebrauch durchführt, hat sicher nicht bestanden; sie erübrigte sich auch, solange erstens die Gesellschaften nur für eine bestimmte Zeit gegründet wurden und zweitens ein festes, unveränderliches Grundkapital noch nicht bestand, über den eingelegten Kapitalanteil daher wenn auch nicht zu jeder, so doch nach genau berechenbarer Zeit verfügt werden konnte.

[27] Siehe: *Lehmann*, Gesch.Entw., S. 67, 69.

[28] In diesem niederländischen Begriff „actie" waren die Verwaltungsrechte — mit Ausnahme des Rechts auf Rechnungslegung — nicht enthalten. Eine Mitwirkung in Gesellschaftsangelegenheiten war vorerst noch unbekannt. *Lehmann*, Gesch.Entw., S. 66.

[29] In einer Resolution vom 2. 2. 1606 findet sich noch der Ausdruck „partije"; seit 1614 ist dieser Ausdruck verschwunden.
Colenbrander, a.a.O., S. 387.

[30] Mit Ausnahme Englands.
Der Ausdruck „Aktie" ist nachweisbar zum ersten Mal 1615 in Schweden, 1616 in Dänemark, 1651 in Deutschland (als „Aktion" im Oktroi für eine brandenburgisch-ostindische Kompagnie vom 10. 8. 1651, § 11), 1664 in Frank-

Zurückgehend auf das lateinische Wort actio[31] in der Bedeutung des klagbaren Anspruchs schlechthin, findet sich der Ausdruck „actio" im Sinne von „Recht" oder „Anspruch" im ganzen Mittelalter, vor allem auch in der Bedeutung von „Geldanspruch", wie aus seiner vollkommenen, in diese Richtung weisenden Ausgeprägtheit im Geldrischen Landrecht von 1611 geschlossen werden kann[32]. Bei den großen Kompagnien im Anfang des 17. Jahrhunderts hat er anfangs in einigen Fällen nur die Bedeutung eines Anspruchs auf den Dividendenanteil[33], in anderen Fällen zusätzlich auch noch die des Kapitalanteils und des Anspruchs auf seine Herausgabe. Später dann umfaßt er regelmäßig beide Ansprüche sowie den Kapitalanteil[34] und bildet sich schließlich zu dem umfassenden, auch Verwaltungsrechte beinhaltenden Begriff „Aktie" in seiner heutigen Verwendung aus.

b) Die Entstehung der Aktienurkunde

Mit der Aktie war eine Form der Beteiligung an Unternehmen geschaffen, die insbesondere wegen der bis zur Herausbildung fester Verteilungsregeln oft überaus hohen Dividenden-Gewinne dazu geeignet war, das Interesse weiter Kreise auf sich zu lenken. Verkehrsfähigkeit zu erlangen und zum Objekt eines ausgedehnten, schon frühzeitig auch von spekulativen Überlegungen geleiteten Handels zu werden, vermochte die Aktie jedoch erst mit ihrer Verbriefung.

Die Ausstellung von Urkunden war schon bei den maonae in Gestalt von Anteilscheinen[35] und bei der St. Georgsbank in Form von Bescheinigungen über die Aufzeichnung der Anteile in den Staatsschuldbüchern[36] erfolgt, ohne daß hierin jedoch Vorläufer der Aktienurkunde gesehen werden dürten.

Ausgangspunkt für die Entwicklung in den Niederlanden ist die Gepflogenheit, die Anteile der einzelnen Aktionäre nach dem Betrag der Einlage und nach der Person des Einlegenden in ein Buch der

reich, 1715 in Italien, 1731 in Spanien und 1767 in Portugal.

Lehmann, Gesch.Entw., S. 9—10; *Schück*, Brandenburg-Preußens Kolonialpolitik unter dem Großen Kurfürsten und seinen Nachfolgern, 2. Bd., S. 26.

[31] *Adelung*, Grammatisch-kritisches Wörterbuch der hochdeutschen Mundart, S. 163; *H. Schulz*, Deutsches Fremdwörterbuch, S. 21; *Perels*, a.a.O., Sp. 81.

[32] *Kuske*, Die Entstehung der Kreditwirtschaft und des Kapitalverkehrs, in: Die Kreditwirtschaft, S. 77.

[33] Der Kapitalanteil heißt dann, statt „partie", „Einlage" oder „Haubtstuhl" oder „Haubtsumme"; so z. B. im Oktroi Gustav Adolfs von 1615: „Keiner der Partizipanten soll Macht haben, seinen eingelegten Haubtstuhl oder Aktien ... zu verkaufen ...".

Lehmann, Gesch.Entw., S. 26, 74; auch *Perels*, a.a.O., Sp. 79.

[34] *Lehmann*, Gesch.Entw., S. 26, 58, 66; ders., I, S. 59.

[35] *Lehmann*, I, S. 34.

[36] *Lehmann*, I, S. 45. Lediglich Aufzeichnungen über die Anteile im Staatsschuldbuch erfolgten bei den montes (I, S. 42, 43).

Gesellschaft, das spätere Aktienbuch, einzutragen[37]. Über diese Eintragung und damit zugleich über die erfolgte Voll- oder Teilzahlung wurde eine Bescheinigung erteilt. Sie ist der Ursprung der Aktienurkunde. Sie hieß zunächst Obligation, Brief, Kapitalbrief, Portionsbrief[38] oder auch Actie-Brief. Hieraus entwickelte sich dann schon sehr früh in synonymer Anwendung des bereits bekannten Begriffs für die in dem Papier bescheinigten Rechte der Ausdruck „Actie" auch für die Urkunde[39].

Der Name „Obligation" für die Urkunde hat sich noch lange Zeit neben der „Actie" erhalten[40]. Interessant ist die Erklärung in *Zedlers* Universallexikon[41] aus dem Jahre 1733 für die Art und Weise, in der sich der Ausdruckswandel von „Obligation" zu „Actie" vollzogen haben soll. Kapitalanteil und Dividendenanspruch, dessen erhöhte Bedeutung auch hier wieder stark anklingt, werden bezeichnet als eine „Obligation, welche einem gegen ein gewisses vorgeschossenes Kapital ausgestellt ... wird. Sobald nun jemand eine solche Obligation ... auf einen anderen transportiert, so bald verliert auch dieselbe ihren Namen und wird eine Actie genannt, weil damit gewuchert wird (!). Da nun alle von den Handelskompagnien gegen die ihnen vorgestreckten Kapitalien ausgestellten Obligationen gleich anfangs in der Meinung eingerichtet werden, daß solche in Handel und Wandel statt baren Geldes gelten und nach Belieben verhandelt werden mögen, so nennen sie dergleichen Obligationen sogleich im Anfang Actien."

Die Entwicklung der Aktienurkunde von der einfachen Zahlungsbescheinigung zum Mittel der Rechtsübertragung vollzog sich im wesentlichen in drei Phasen[42]. Im Anfang erfolgte die Übertragung der Aktien formlos; der Bucheintrag, der auf eine Erklärung des Veräußerers hin erfolgte, und die Aktienurkunde — hier noch ganz im Sinne einer Zahlungsbescheinigung — entfalteten nur Beweiswirkungen. Auf einer weiteren Entwicklungsstufe kam — dem frühzeitig auftretenden Wunsche nach Sicherheit gegen Mißbräuche im Aktienhandel entsprechend — der Eintragung in das Gesellschaftsbuch rechtsbegründende Kraft zu[43]. Die Aktienurkunde indessen blieb

---

37 Vgl., auch zum Folgenden: *Lehmann*, I, S. 64, 65; ders., Gesch.Entw., S. 77—81.

38 Vgl. hierzu: *Schmoller*, a.a.O., S. 30 (988).

39 *Perels* nimmt an, daß bei der Kompagnie von 1602 schon von Anbeginn der Ausdruck „Actie" für die Urkunde gebräuchlich war; a.a.O., Sp. 81.

40 *Perels*, a.a.O., Sp. 82.

41 Großes Universallexikon aller Wissenschaften und Künste, 1. Bd., S. 394.

42 Vgl. zum Folgenden: *Lehmann*, I, S. 64, 65; ders., II, S. 88, 89; ders., Gesch.Entw., S. 77—81.

43 So heißt es bereits im Oktroi der Dänisch-Ostindischen Compagnie vom 17. März 1616, § 12: „Die Verwalter sollen Acht geben, daß keiner einen Anteil verkauft, der nicht dafür in das Buch der Compagnie eingetragen ist, aber wenn solch' Kauf geschähe, soll der Verwalter zahlen und einstehen für

weiterhin Beweispapier. Sie trug in diesem Stadium bereits den Namen des Eigentümers und wurde dementsprechend bei jedem Erwerbsvorgang zunächst gegen eine neue eingetauscht, später dann — im Übergang zur dritten Phase — auch schon mit einem Vermerk über den Eigentumsübergang versehen. Im letzten Abschnitt der Entwicklung, etwa von der zweiten Hälfte des 18. Jahrhunderts an, drehte sich das Verhältnis um: die Übergabe der indossierten Aktienurkunde erhielt konstitutive Bedeutung, der Bucheintrag übte fortan nur noch eine Sicherungsfunktion aus und bewirkte lediglich die Legitimation gegenüber der Gesellschaft.

Es herrschte somit zu Beginn der Entwicklung, während des ganzen 17. Jahrhunderts, die Namensaktie vor. Nur ganz vereinzelt traten Inhaberaktien auf; so zum ersten Male, wenn auch nur andeutungsweise, in dem Oktroi der nicht zur Errichtung gelangten Brandenburgisch-Ostindischen Compagnie von 1651[44] und, in direkter Erwähnung, im Oktroi der ersten Aktiengesellschaft in Deutschland, der Brandenburgisch-Afrikanischen Compagnie von 1682, der deshalb die Einführung der Inhaberaktien zugeschrieben wird[45/46]. Sogar im 18. Jahrhundert stellten sie noch eine Ausnahmeerscheinung dar. Vom 19. Jahrhundert ab gewannen die Inhaberaktien jedoch immer mehr an Bedeutung, bis sie schließlich unter den Aktienarten die führende Stellung erlangten, die ihnen das heutige kontinentale Wirtschaftsleben einräumt. Damit war die Aktienurkunde ihrer eigentlichen und höchsten Aufgabe zugeführt worden: der Ermöglichung einer schnellen Übertragung der Aktienrechte.

II. Die Geschichte der Aktie und der Aktiengesellschaft im anglo-amerikanischen Raum

1. Die Geschichte der Aktiengesellschaft im anglo-amerikanischen Raum

a) Die Geschichte der Aktiengesellschaft in England

Zeigt die Entwicklung der Aktiengesellschaft und mit ihr die Herausbildung der „Aktie" auf dem europäischen Festland bis auf wenige, der Eigenart der einzelnen Länder entsprechende Abweichungen ein

jeden Schaden und Nachteil, der der Compagnie daraus erwachsen könnte."
Lehmann, Gesch.Entw., S. 96.

44 Voran ging ein Oktroi von 1647, das somit die erste aktiengesellschaftliche Regelung in Deutschland darstellt.
Lehmann, I, S. 75. Siehe auch S. 98.

45 Vgl.: *Bösselmann*, a.a.O., S. 51, 58.

46 Die Erfindung der Inhaberaktien John Law, geb. 1668, zuzuschreiben (*Weinhagen*, Das Recht der Aktiengesellschaften nach dem Allgemeinen Deutschen Handelsgesetzbuche und dem Preußischen Gesetz vom 15. Februar 1864, S. XVIII), ist daher nicht möglich.

fast einheitliches Gepräge, so nahm sie in England einen eigenen Verlauf und führte das englische Aktienwesen zu jener Sonderstellung hin, die es noch heute gegenüber dem Kontinent einnimmt.

Im Jahre 1599 wurde nach dem Vorbild der niederländischen Voorcompagnien in London eine „Association for merchant adventurers" gegründet, ihrer Gesellschaftsstruktur nach eine Reederei. Durch die königliche Charta vom 31. Dezember 1600 erhielt sie in Gestalt einer regulierten Kompagnie Korporationsrechte. Seit dieser Zeit ist sie als die Englisch-Ostindische Kompagnie bekannt. Im Jahre 1612 ging sie zum Prinzip des vereinten Kapitals, des Joint Stock, über: während bisher, der Eigenart der regulierten Kompagnie entsprechend, vereinzelt kleine Gesellschaften innerhalb des Gesamtrahmens der großen Kompagnie die Mittel, den stock, für eine Reise erstellt hatten, wurde von diesem Zeitpunkt an ein einheitlicher großer Kapitalfonds, der joint stock, für mehrere Unternehmungen aufgebracht. Damit war der Anschluß an die Niederländisch-Ostindische Gesellschaft gefunden und die Grundlage zur Ausbildung der Aktiengesellschaft englischer Prägung geschaffen[47].

Seit jener Zeit zieht sich durch das englische Gesellschaftswesen bis zum heutigen Tage das Neben- und Gegeneinander von corporations bzw. companies, Gesellschaften mit eigener Rechtspersönlichkeit, und partnerships, Gesellschaften ohne juristische Persönlichkeit. Die großen Schwierigkeiten und Kosten, die der Inkorporierung durch königliches Dekret oder Parlamentsakt entgegenstanden, ließen viele Gesellschaften mit einem joint stock zur äußeren Form der partnership Zuflucht nehmen. Nach anfänglichem, bis 1825 bestehendem Verbot durch den Bubble Act von 1719 wurde dieser Gesellschaftsform durch die erste Kodifikation des englischen Aktienrechts, den grundlegenden Companies Act von 1862, unter der Voraussetzung ihrer Registrierung die volle Rechtspersönlichkeit und ihre Gleichberechtigung mit den durch königliche Verleihung oder Parlamentsakt geschaffenen Korporationen zuerkannt. Allmählich wurde diese registered joint-stock company zur herrschenden Gesellschaftsart. Mit den beiden großen Companies Acts von 1929 und 1948 erhielt diese Vorrangstellung eine neue gesetzliche Festigung[48].

---

[47] Vgl. hierzu: *Lehmann*, I, S. 60, 173; ders., Gesch.Entw., S. 37, 38, 42; Schmoller, a.a.O., S. 11 (969).

[48] Vgl. hierzu: *Lehmann*, I, S. 83—86; *Silbernagel*, a.a.O., S. 7—9; *Trumpler*, Die Aktiengesellschaft nach dem Gesellschafts-, Bilanz- und Steuerrecht der Vereinigten Staaten von Amerika, S. 29; *Kalveram*, Finanzierung durch Effekten in Nordamerika und England, in: Zeitschrift für Betriebswirtschaft, 2. Jahrgang, 1925, S. 221, 222; *Gierke*, Handelsrecht, S. 256.

b) Die Geschichte der Aktiengesellschaft in den Vereinigten Staaten von Amerika

Die Ausgestaltung des Aktienwesens in den Vereinigten Staaten wurde vom englischen Gesellschaftsrecht stark beeinflußt. Bis zur Unabhängigkeitserklärung im Jahre 1776 galt in den englischen Kolonien auf amerkanischem Boden englisches Recht. Im Anschluß hieran bildete sich ein eigenes amerikanisches Recht aus, das zunächst dem englischen Recht noch weitestgehend entsprach, von etwa 1900 ab jedoch eigene Wege ging.

Es erfolgte zunächst die Freigabe der Inkorporation, die nunmehr nur noch in Übereinstimmung mit den Gesetzen der betreffenden Einzelstaaten zu erfolgen hatte. An diese, nunmehr auf Grund eigener, nicht mehr staatlicher charta entstehenden Korporationen knüpfte die Entwicklung in ihrem weiteren Verlauf an und ließ die corporation schließlich zur herrschenden Gesellschaftsform werden. Sie nahm damit eine von der Ausbildung des englischen Aktienwesens unterschiedliche Richtung an. In England hatte — wie hervorgehoben — die ursprünglich unkorporierte, später dann den corporations angeglichene, nunmehr als registered joint-stock company auftretende Gesellschaftsform die führende Rolle übernommen. Auch in Amerika entwickelte sich aus den gleichen Gründen wie in England ein derartiger Gesellschaftstyp; er führt die Bezeichnung joint-stock company. Weder aber erhielt er später eine eigene Rechtspersönlichkeit, noch erlangte er größere Bedeutung. Er ging im wesentlichen in der corporation auf.

Das Recht dieser Gesellschaften ist außerordentlich zersplittert. Seiner Vereinheitlichung dient die Uniform Law-Bewegung, deren Träger die National Conference of Commissioners on Uniform Laws ist. Ihr bisher einziges endgültiges Ergebnis ist der Uniform Stock Transfer Act, kurz: USTA, aus dem Jahre 1909. Er wurde inzwischen von den meisten Staaten rezipiert. Er führte zu einer Vereinfachung in der Übertragung der über die Anteile am Grundkapital ausgestellten Urkunden[49].

2. Die Geschichte der Aktie im anglo-amerikanischen Raum

Die den kontinentalen „Aktien“ entsprechenden Anteile am Grundkapital heißen bei den englischen und amerikanischen Gesellschaften mit einem in Anteile zerlegten Grundkapital vom Beginn ihres Bestehens an „shares“.

Der Ausdruck „share“ ist in der Form von „Schar“ bereits im Mittelalter niederdeutsches Sprachgut und wird hier in der Bedeutung von

[49] Vgl. hierzu: *Schmey*, Aktie und Aktionär im Recht der Vereinigten Staaten, S. 4; *Trumpler*, a.a.O., S. 6—14.

Waldmastanteil, Eckerngerechtigkeit verwendet[50]. Im englischen Recht bedeutet to shear „schneiden“ und das davon gebildete Verbalsubstantiv share soviel wie „Ausschnitt“, später „Bruchteil des Kapitalfonds“ und schließlich, im Wege der Übertragung[51], „Anteilsrecht“.

In dieser Bedeutung wird es mit der Gründung der Englisch-Ostindischen Kompagnie zu einem Begriff des englischen, später auch des amerikanischen Gesellschaftsrechts[52]. Es ist es bis zum heutigen Tage geblieben; der Ausdruck „Aktie“ konnte sich im anglo-amerikanischen Sprachbereich nicht durchsetzen.

B. Die Einzelaktie im modernen deutschen Recht

Der moderne Sprachgebrauch verbindet mit dem Wort „Aktie“ eine dreifache Bedeutung[1], die in den folgenden Begriffen ihren Niederschlag findet:

1. Bruchteil des Grundkapitals,
2. Mitgliedschaft bei der Aktiengesellschaft,
3. Aktienurkunde.

Die Verknüpfung dieser drei Begriffe ist in der Weise zu denken, daß durch Übernahme eines der Bruchteile, in die das Grundkapital zerlegt ist, das Recht der Mitgliedschaft erworben[2] und hierüber eine Urkunde ausgestellt wird; hierbei erfolgt die Übernahme durch Verpflichtung zur Leistung der Einlage.

Auf die drei Begriffe soll im folgenden näher eingegangen werden. Dies ist aus drei Gründen erforderlich. Zunächst aus einem vor allem die Einzelakte betreffenden Grund: erst die nähere Darlegung des Inhalts der drei Begriffe ermöglicht die Erklärung der für sie alle drei zutreffenden Bezeichnung „Aktie“. Sodann aus einem vornehmlich die Globalaktie betreffenden Grund: während in der Einzelaktie je einer der drei Begriffe eine Verbindung miteinander eingeht, sind in der Globalaktie die Begriffe in unterschiedlicher Anzahl vereinigt[3]. Und schließlich aus einem allgemeinen Grund: an Hand der drei

---

[50] Während der Mastmonate wurde ein Teil des Waldes zur Mast von Schweinen verpachtet. „So vergab das Stift St. Pantaleon seinen Mastanteil in dem großen Königsforst bei Köln im 17. Jahrhundert an seine dortigen Förster, die berufsmäßig mästeten, je nach dem Ausfall der Eckernernte für 4—600 Reichstaler“; *Hilliger*, St. Pantaleon, S. 542, 582, 568, bei: *Kuske*, a.a.O., S. 73; auch: *Bösselmann*, a.a.O., S. 53.

[51] Es besteht also folgender Unterschied zum Werdegang der „Aktie“: in England wurde der Ausdruck für „Bruchteil“ durch Übertragung, in den Niederlanden der Ausdruck für „Anspruch auf Dividende“ durch Erweiterung auf die „Mitgliedschaft“ angewendet; vgl.: *Schmey*, a.a.O., S. 41.

[52] *Schmey*, a.a.O., S. 40.

[1] Zuerst herausgestellt von *Renaud*, a.a.O., S. 89 ff.

[2] Vgl. unten, Anm. 6.

[3] Siehe S. 56.

Bedeutungen werden weitere Begriffe eingeführt und erläutert werden, die in einem systematischen Zusammenhang mit der Einzelaktie stehen und die für das Verständnis der weiteren Untersuchung vonnöten sind.

I. Die Aktie als Bruchteil des Grundkapitals und als Mitgliedschaft

1. Die Aktie als Bruchteil des Grundkapitals

„Aktie" bedeutet zunächst Bruchteil des Grundkapitals.

Hierbei ist zu unterscheiden zwischen dem juristisch-satzungsmäßigen und dem wirtschaftlich-effektiven Grundkapital, zwischen dem Soll- und dem Ist-Gesamt-Einlagebetrag des Grundkapitals, und entsprechend zwischen dem satzungsmäßigen, dem Soll-Teil-Einlagebetrag, bzw. Nennbetrag, und dem effektiv geleisteten, dem Ist-Teil-Einlagebetrag der Aktien[4].

Grundsätzlich ausschlaggebend für die rechtliche Beurteilung von Grundkapital und Aktie ist der juristisch-satzungsmäßige Gesamt- und Teil-Einlagebetrag. Ein Beweis hierfür ist die Bestimmung des § 131 Abs. 1 B I AktG in Verbindung mit § 133 Ziffer 7 AktG, wonach das Grundkapital auf der Passivseite der Bilanz zum Nennbetrag einzusetzen ist[5]. Bezeichnete die Aktie ursprünglich den Betrag, der effektiv eingebracht worden war und damit die Grundlage für die Mitgliedschaft bei der Aktiengesellschaft bildete, so wurde später von einem Vermögensübergang abstrahiert und die Aktie zu einem reinen Rechtsbegriff. Entscheidend war nicht mehr die Valutierung der Aktie, sondern die Erklärung der Übernahme, die Verpflichtung zur Leistung der satzungsmäßigen Einlage von Geld oder Sachwerten. Somit ist die Erklärung der Übernahme eines der Anteile am Grundkapital der die Mitgliedschaft bei der Aktiengesellschaft begründende Rechtsakt; die Übernahme ist konstitutiver Natur[6]. Zugrunde liegt die

---

[4] So und für das Folgende im wesentlichen: *Fischer*, in: *Ehrenberg*, Handbuch des gesamten Handelsrechts, Bd. III 1, S. 48—55; Bd. II, S. 466—469.

[5] Vgl. auch § 42 DMBG: „Anteile, auf die die Einlagen nicht in voller Höhe geleistet sind, gelten im Verhältnis der Anteile der Gesellschafter zu einander für die Neufestsetzung als voll eingezahlt."

[6] So grundsätzlich beim ursprünglichen Erwerb der Aktien durch Übernahme bei der Einheitsgründung. Im einzelnen müssen neben der Übernahme noch die folgenden Erfordernisse erfüllt sein, um die Mitgliedschaft entstehen zu lassen: Zulassung der Übernahme durch das Gründerkonsortium, Zuteilung der übernommenen Aktien und Eintragung der Aktiengesellschaft in das Handelsregister. Bei der Stufengründung tritt für die von den Gründern nicht übernommenen Aktien an die Stelle der Übernahme die Zeichnung = Erklärung, daß man Aktionär werden will. Der Zusammenhang ist dann folgender: „Übernahme (Zeichnung) und Zuteilung haben zusammen konstitutive Wirkung insofern, als das Aktienrecht im Augenblick der Eintragung unmittelbar in der Person des Übernehmers entsteht."

Vorstellung, daß mit Entstehung der Verbandsperson auch die dazugehörigen Mitgliedschaften entstehen. Ausstehende oder rückständige Einlagen auf das Grundkapital werden durch Ausweisung auf der Aktivseite der Bilanz kenntlich gemacht (§ 131 Abs. 1 A I AktG).

Der wirtschaftliche Begriff des Grundkapitals dagegen knüpft an die Valutierung der Aktie an. Das Grundkapital in wirtschaftlicher Sicht „kommt dadurch zustande, daß effektive Werte aus dem Vermögen der Mitglieder in dasjenige der Gesellschaft überführt werden"[7]. Stehen Einlagen aus, dann ist das wirtschaftliche Grundkapital die Differenz zwischen juristischem Grundkapital und ausstehenden Einlagen. Dieser wirtschaftliche Begriff des Grundkapitals erlangt nur in ganz vereinzelten Fällen rechtliche Bedeutung. So zum Beispiel, wenn die Einlagen auf das Grundkapital nicht auf alle Aktien in demselben Verhältnis geleistet wurden und die Satzung nichts über die in diesem Falle zu erfolgende Art der Gewinnverteilung aussagt; dann entscheidet der auf das Grundkapital eingeforderte und tatsächlich geleistete Betrag der Bar- oder Sacheinlage, auf den eine Vorwegdividende von 4 % ausgeschüttet wird (§ 53 Abs. 2 AktG). Eine ähnliche Sonderbehandlung erfahren die nicht voll eingezahlten Aktien im Falle des § 114 Abs. 2 AktG für die Ausübung des Stimmrechts und im Falle des § 212 Abs. 3 AktG für die Verteilung des Liquidationserlöses.

Das Grundkapital bezeichnet den Wert, den das Anfangsvermögen der Gesellschaft mindestens ausweisen und der durch Einlagen wenigstens hergestellt werden muß; seine Hauptbedeutung besteht darin, von den Gesellschaftern unangreifbarer Mindestgarantiefonds bzw. Garantieziffer zugunsten der Gesellschaftsgläubiger zu sein. Entsprechend bezeichnet der Nennbetrag der Aktie den Betrag, den der einzelne Aktionär in Bar- oder Sachwerten mindestens eingelegt oder einzulegen hat und der zugunsten der Gläubiger gebunden bleibt.[8]

Die Höhe des Nennbetrages der Aktien bestimmt sich nach dem Grad der Zerlegung[9] des (juristischen) Grundkapitals. Zur Erreichung größerer Verkehrsfähigkeit werden von den Gesellschaften in der Regel gleichwertige oder verschiedene Serien gleichwertiger Aktien gebildet.

Godin-Wilhelmi, Aktiengesetz (Kommentar), § 16, Anm. 8; vgl. außerdem: ders., vor § 16, Anm. II k; *Schlegelberger-Quassowski*, Aktiengesetz (Kommentar), § 30, Anm. 2; *Baumbach-Hueck*, Aktiengesetz (Kommentar), § 30, Anm. 2 A.

[7] *Fischer*, in: *Ehrenberg*, Handbuch des gesamten Handelrechts, Bd. III 1, S. 53.

[8] *Schlegelberger*, § 6, Anm. 3—6; *Godin*, § 6, Anm. 1; *Flechtheim* in *Düringer-Hachenburg*, Das Handelsgesetzbuch (Kommentar), § 178, Anm. 3 u. 7; *Gierke*, Handelsrecht, S. 261; *Lehmann*, I, S. 160; *Haupt*, Gesellschaftsrecht, S. 71, 72.

[9] Siehe zu diesem Begriff S. 104.

Der Mindestnennbetrag des Grundkapitals beläuft sich bei Neugründungen auf DM 100 000,— (§ 7 Abs. 1 AktG in der Fassung des § 60 Abs. 1 DMBG), bei bereits bestehenden Gesellschaften nach der Neufestsetzung ihrer Kapitalverhältnisse auf DM 50 000,— (§ 44 Abs. 1 DMBG). Der Mindestnennbetrag der Aktien beträgt DM 100,— (§ 8 Abs. 1 AktG in der Fassung des § 60 Abs. 2 DMBG). Gemäß § 44 DMBG können Aktien daneben auch auf DM 20,—, 50,— oder ein Vielfaches dieser Beträge gestellt werden, soweit dies zum Ausgleich von Spitzenbeträgen nötig ist oder soweit der auf die Aktien entfallende Betrag DM 100,— nicht erreicht[10]. Den Banken[11], Versicherungen[12] und Bausparkassen[13] ist es außerdem gestattet, den Nennbetrag auf mindestens DM 10,— festzusetzen; hierbei muß bei den Banken und Bausparkassen der Nennbetrag auf einen durch zehn Deutsche Mark, bei den Versicherungen auf einen durch fünf Deutsche Mark teilbaren Betrag festgesetzt werden[14]. Die für den Umtausch dieser Aktien durch die Soll-Vorschrift des § 44 Abs. 6 DMBG festgesetzte Frist bis zum 31. Dezember 1954 ist durch das dritte D-Markbilanz-Ergänzungsgesetz vom 21. Juni 1955, § 12 Ziffer 7, gestrichen worden.

Aktien dieser Art, die auf eine unter dem gesetzlich vorgeschriebenen Mindestnennbetrag liegende Summe lauten, bezeichnet man als Kleinaktien[15]. Ihnen gegenüber stehen die Normalaktien und die Großaktien. Wählt man für sie als Abgrenzungsmerkmal die Häufigkeit ihres Vorkommens, so kann man zu den Normalstücken Aktien bis zu DM 10 000,—, zu den Großstücken die auf einen darüber liegenden Betrag lautenden Aktien rechnen[16].

Sowohl die Höhe des Grundkapitals als auch die Nennbeträge der einzelnen Aktien müssen in der Gesellschaftssatzung angegeben sein (§ 16 Abs. 3 AktG). Die Aufführung der Bruchteile des Grundkapitals in der Satzung hat zur Folge, daß sie rechtliche Selbständigkeit erlangen.

---

[10] *Schmölder-Geßler-Merkle,* D-Markbilanzgesetz (Kommentar), § 44, Anm. 17; *Geiler-Stehlik-Veith,* D-Markbilanzgesetz (Kommentar), § 44, Anm. IV.

[11] 42. DVO zum Umstellungsgesetz, Art. II, § 7 Abs. 2, abgedruckt bei *Schmölder,* Anh. S. 198.

[12] 43. DVO zum Umstellungsgesetz, Art. II, § 9 Abs. 2, abgedruckt bei *Schmölder,* Ergänzungsgesetz, Anh. S. 3.

[13] 44. DVO zum Umstellungsgesetz, Art. II, § 9 Abs. 2, abgedruckt bei *Schmölder,* Ergänzungsgesetz, Anh. S. 9.

[14] Vgl. über die tatsächlich vorkommenden Stückelungen im Jahre 1955/56 S. 119 ff.

[15] Vgl.: *Düringer (Flechtheim),* § 180, Anm. 1.

[16] Vgl. die Aufstellung S. 119—122.

2. Die Aktie als Mitgliedschaft

„Aktie" bedeutet weiterhin Mitgliedschaft.

Die Mitgliedschaft ist die Gesamtheit der mit dem Anteil am Grundkapital verbundenen und durch Übernahme, Zeichnung oder Übertragung von den Aktionären erworbenen Rechte und Pflichten[17]. Unter Betonung der mit der Mitgliedschaft verbundenen Rechte heißt „Aktie" in dieser Bedeutung daher auch so viel wie „Anteilsrecht", „Aktienrecht" oder „Mitgliedschaftsrecht"[18].

Die durch die Mitgliedschaft gewährten Rechte sind Aktionärsrechte; sie ergeben einen spezifisch aktienrechtlichen Anspruch gegen die Gesellschaft von seiten des Aktionärs. Abzugrenzen davon sind die in einer Beziehung zur Mitgliedschaft stehenden oder mitgliedschaftsbezogenen Gläubigerrechte; sie ergeben einen schuldrechtlichen Anspruch gegen die Gesellschaft von seiten des Gläubigers. Die Beziehung zur Mitgliedschaft kann enger oder weiter sein, je nachdem ob das Gläubigerrecht durch Umwandlung aus einem Mitgliedschaftsrecht hervorgegangen ist (Gewinnanteilsrecht, Bezugsrecht, Recht auf Liquidationserlös), ob eine Verleihung nur an Mitgliedschaftsinhaber erfolgt (Sonderrechte) oder ob nur eine inhaltliche Übereinstimmung mit den Mitgliedschaftsrechten besteht (Genußrechte).

a) Die mit der Mitgliedschaft verbundenen Aktionärsrechte und -pflichten

Die Rechte und Pflichten der Aktionäre ergeben sich als Folge der entstandenen Mitgliedschaft.

aa) Die Rechte

Die Mitgliedschaften können einen im Verhältnis zueinander verschiedenen Inhalt haben. Entsprechend unterscheidet man zwischen allgemeinen und besonderen Mitgliedschaftsrechten. Diese Verschiedenheit des Inhalts führt zur Aufteilung der Aktienrechte nach Gattungen.

Die allgemeinen Mitgliedschaftsrechte sind teils vermögensrechtlicher, teils verwaltungsrechtlicher bzw. herrschaftsrechtlicher Natur. Die Vermögensrechte bestehen aus dem allgemeinen Recht auf Beteiligung am Abwicklungsvermögen und dem allgemeinen Bezugsrecht, die Verwaltungsrechte aus dem Stimmrecht und dem Recht auf Teilnahme an der Hauptversammlung, das das Rede-

---

[17] Vgl. *Gierke*, Handelsrecht, S. 263; *Baumbach*, § 1, Anm. 3 D; *Lehmann*, I, S. 188.

[18] *Schlegelberger*, § 1, Anm. 8; *Lehmann*, I, S. 188, 190; *Gierke*, Handelsrecht, S. 263.

recht, das Recht auf Auskunft, das Widerspruchs- und das Anfechtungsrecht mit umfaßt[19].

Diese Rechte gehören zum typischen Aktieninhalt, ohne im einzelnen für die Aktie begriffsnotwendig zu sein[20]. Sie können durch die Satzung ausgedehnt oder um zusätzliche Rechte erweitert, aber auch vorbehaltlich entgegenstehender Gesetzesbestimmungen und unter Beachtung des Grundsatzes gleichmäßiger Behandlung aller Aktionäre eingeschränkt oder aufgehoben werden[21]. Entsprechend unterteilt man die Mitgliedschaftsrechte in entziehbare[22] und nicht entziehbare[23].

Die allgemeinen Mitgliedschaftsrechte in ihrem durch die Satzung jeweils umrissenen Umfang bilden die Stammaktienrechte.

Die Mitgliedschaft ist in erster Linie Vermögensrecht, und zwar Wertanteilsrecht[24]; die Herrschaftsrechte dienen nur ihrer Verwirklichung[25]. Hieraus ergibt sich die Übertragbarkeit, die Möglichkeit des Erwerbs der bereits entstandenen Mitgliedschaft. Die Übertragung steht als abgeleiteter Erwerb durch Mitgliederwechsel[26] im Gegensatz zum ursprünglichen Erwerb ohne Mitgliederwechsel durch Aktienübernahme oder -zeichnung bei der Gründung der Aktiengesellschaft und durch Zeichnung oder Bezugserklärung[27] bei der Kapitalerhöhung[28].

Von dem Erwerb der Mitgliedschaft zu trennen ist die Legitimation des Erwerbers als Aktionär. Darunter ist der gegenüber der Gesellschaft geführte Nachweis seiner durch den Erwerb der Mitgliedschaft begründeten Rechtsstellung zu verstehen. Die Legitimation bewirkt, daß nur der durch sie auch tatsächlich als Aktionär Ausgewiesene die Aktienrechte geltend machen und daraus in Anspruch genommen werden kann.

---

[19] *Godin*, § 107, Anm. 12.

[20] *Godin*, § 11, Anm. I; *Lehmann*, I, S. 191.

[21] *Godin*, § 103, Anm. II, 2; *Gadow* in *Gadow-Heinichen* u. a., Aktiengesetz (Kommentar), § 52, Anm. 13.

[22] Z. B. AktG §§ 52 Satz 1, 2. Halbsatz; 126 Abs. 3 Satz 2, 1. Halbsatz; 12 Abs. 2 Satz 2; 115; *Düringer (Flechtheim)*, § 179, Anm. 7; *Godin*, § 11, Anm. I.

[23] Z. B. Recht auf Teilnahme an der Hauptversammlung (§ 107 AktG).

[24] *Gierke*, Handelsrecht, S. 263.

[25] *Düringer (Flechtheim)*, § 179, Anm. 4.

[26] Denkbar wäre auch die Annahme eines ursprünglichen Erwerbs durch Mitgliederwechsel. Hierbei würde in der Person des Erwerbers die Mitgliedschaft neu, wenn auch mit gleichem Inhalt entstehen. (Diese Konstruktion wird von den meisten Autoren als gekünstelt und mit dem Gesetz und der Verkehrsanschauung unvereinbar abgelehnt.)
Siehe: *Düringer (Flechtheim)*, Vorbem. zu §§ 222 und 223, Anm. 2.

[27] Das Verlangen des Aktionärs nach Zuteilung neuer Aktien begründet für ihn die Verpflichtung, diese neuen Aktien zu zeichnen; *Schlegelberger*, § 153, Anm. 4.

[28] *Gierke*, Handelsrecht, S. 322; *Schmey*, a.a.O., S. 123; *Lehmann*, II, S. 447. Vgl. zu den übrigen Erfordernissen des ursprünglichen Erwerbs: S. 34, Anm. 6.

Die besonderen Rechte drücken sich in den Vorzugsaktienrechten (§ 11 AktG) aus. Die wichtigsten Vorzugsrechte sind solche bei der Verteilung des Gewinns und des Abwicklungs-Reinvermögens. Der in dem Vorzugsrecht ausgedrückte Gattungsunterschied kann allerdings auch Benachteiligungen zur Folge haben[29]. Auf Beibehaltung des Vorzugsrechts hat der Aktionär ein Sonderrecht[30]. Das Vorzugsrecht bleibt mit der Aktie verbunden und gehört zum Inhalt des Aktienrechts[31].

Die aus der Mitgliedschaft fließenden Rechte begründen weder ein Eigentum, sei es nach Bruchteilen, sei es zur gesamten Hand, noch ein beschränktes dingliches Recht (ius in re aliena) an dem Gesellschaftsvermögen[32]. Ebensowenig ist in der Mitgliedschaft lediglich ein schuldrechtliches Verhältnis zwischen dem Aktionär einerseits und den anderen Aktionären oder der Aktiengesellschaft andererseits zu sehen. Eigentümerin des Gesellschaftsvermögens ist die Aktiengesellschaft als juristische Person[33]. Die durch die Übernahme oder Zeichnung von Aktien begründete oder durch Übertragung erworbene und durch Wahrnehmung der Vermögensrechte ausgeübte Beteiligung des Aktionärs am Gesamtvermögen der Aktiengesellschaft ist eine Beteiligung eigener Art, die weder nach den Grundsätzen des Sachenrechts noch nach denen des Schuldrechts verwirklicht wird. Sie ist eine durch Gewährung der Herrschaftsrechte geschützte, mithin nicht nur wirtschaftliche Beteiligung[34]. Sie ist von der Art, daß sie „weder dem Aktionär allein noch ihm zusammen mit seinen Mitaktionären eine unmittelbare Herrschaft über das Gesellschaftsvermögen gewährt", daß sich von ihr „aber in jedem Falle einer zulässigerweise beschlossenen und ordnungsmäßig stattfindenden Ausschüttung aus dem Gesellschaftsvermögen der Anspruch auf Leistung des seiner Beteiligung entsprechenden Anteils an dieser Ausschüttung auslöst"[35].

Der Umfang dieser Beteiligung läßt sich bilanzmäßig folgendermaßen darstellen[36]:

---

[29] *Gierke*, Handelsrecht, S. 264; *Baumbach*, § 11, Anm. 2 A.

[30] *Baumbach*, § 11, Anm. 2 A.
Sonderrechte sind in sinngemäßer Anwendung des § 35 BGB solche Rechte, die vorbehaltlich entgegenstehender Satzungsbestimmungen ohne Zustimmung des Berechtigten nicht beeinträchtigt werden können. (Für Benachteiligung einer ganzen Gruppe gilt § 146, Abs. 2, AktG.)

[31] *Godin*, § 19, Anm. II 1.

[32] *Lehmann*, I, S. 190, 244 ff.; *Düringer (Flechtheim)*, § 179, Anm. 12; *Godin*, § 1, Anm. 11; *Wolff-Raiser*, Sachenrecht, § 2 V 1. Ungenau daher: *Junge*, in: Handwörterbuch der Betriebswirtschaftslehre, S. 78, unter „Aktie", I 1: „Aktien ... verkörpern das Miteigentum an einem Unternehmen."

[33] Vgl.: *Düringer (Flechtheim)*, § 179, Anm. 12.

[34] Vgl.: *Godin*, § 1, Anm. 11, und *Düringer (Flechtheim)*, § 179, Anm. 12.

[35] *Godin*, § 1, Anm. 11.

[36] Vgl. zur Skizze: *Nicklisch*, Die Konten des fremden Kapitals, in: Zeitschrift für Handelswissenschaft und Handelspraxis, 4. Jahrg. 1911, S. 77 ff.

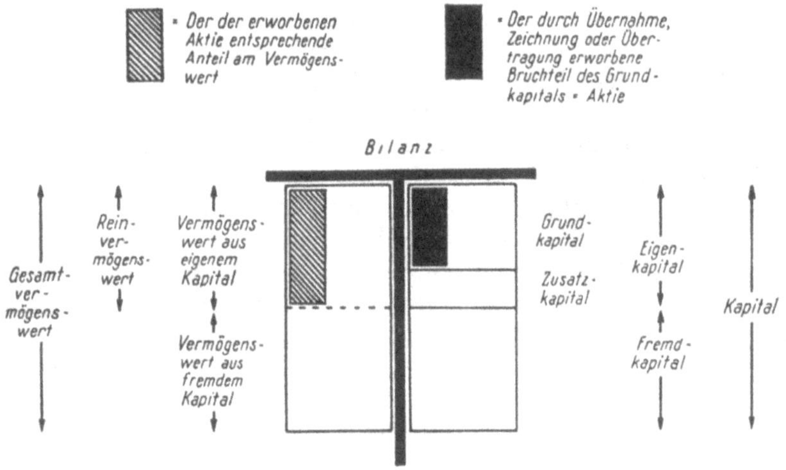

bb) Die Pflichten

Die Pflichten des Aktionärs sind nur vermögensrechtlicher Natur und erschöpfen sich in der Regel in der Leistung der Einlage auf die übernommenen Aktien; insoweit ist seine Haftung — und zwar nur der Aktiengesellschaft gegenüber — unbeschränkt[37]. Über die Einlagepflicht hinausgehende Nebenleistungspflichten bilden die Ausnahme; sie dürfen den Aktionären nach der eigens für die Bedürfnisse der Zuckerrübenindustrie geschaffenen Vorschrift des § 50 AktG nur unter besonderen Voraussetzungen durch die Satzung auferlegt werden[38].

b) Die in einer Beziehung zur Mitgliedschaft stehenden Gläubigerrechte

aa) Die konkretisierten allgemeinen Vermögensrechte

Von den allgemeinen Mitgliedschaftsrechten werden die Vermögensrechte zu abtretbaren Gläubigerrechten des Aktionärs gegenüber der Gesellschaft, sobald sie durch Beschluß oder durch Auflösung der Gesellschaft konkretisiert und dadurch von der Mitgliedschaft als ihrer Entstehungsursache gelöst und auf eine neue selbständige Rechtsgrundlage gestellt werden[39]. Hiervon betrifft die Konkretisierung durch Beschluß das Recht auf einen Anteil am Gewinn und den Bezug neuer Aktien, die Konkretisierung durch Auflösung das Recht auf einen Anteil am Liquidationsüberschuß.

---

[37] Vgl.: *Gierke*, Handelsrecht, S. 268.

[38] *Großk. Gadow*, § 49, Anm. 1.

[39] *Düringer (Flechtheim)*, § 213, Anm. 14 und 31; *Schlegelberger*, § 212, Anm. 4; *Flechtheim*, Der Bezugsrechtschein, in: Bankarchiv, 29/190.

Zwischen den allgemeinen und den konkretisierten Vermögensrechten besteht ein ähnliches Verhältnis wie zwischen dem Eigentum als Rechtsinstitut und den einzelnen aus dem Eigentum erwachsenden Ansprüchen. Vgl. hierzu: *H. Lehmann*, Allgemeiner Teil des Bürgerlichen Gesetzbuches, S. 82.

bb) Die Genußrechte

Reine Gläubigerrechte, und zwar vom Anfang ihres Bestehens an, sind die Genußrechte (§ 174 Abs. 3 AktG). Sie stehen somit zwar in keiner Verbindung mit der Mitgliedschaft, der Aktie; es sind ihnen aber doch nur solche Rechte zuzurechnen, die nach ihrem Inhalt typische Rechte eines Aktionärs, und zwar Vermögensrechte, sein könnten. Es handelt sich also im wesentlichen um einzelne Vermögensrechte, auf die sich ursprünglich die Aktionärsrechte mit erstreckt haben und die durch Abspaltung von dem Gesamtkomplex der durch die Mitgliedschaft erfaßbaren Rechte verselbständigt wurden. Sie begründen eine Schuldverpflichtung der Gesellschaft, die jedoch nur aus dem Reingewinn oder Liquidationsüberschuß zu verzinsen und zu tilgen ist, somit nur zu Lasten der Aktionäre, nicht der Gläubiger geht. Die Berechtigten können Gründer, Mitglieder des Vorstands oder des Aufsichtsrats, Aktionäre, Gläubiger oder sonstige Dritte sein[40].

Faßt man die Genußrechte in einem weiteren Sinne, dann gehören zu ihnen außer den Genußrechten im Sinne des § 174 Abs. 3 AktG auch noch die Rechte aus den Wandel- und Gewinnschuldverschreibungen (§ 174 Abs. 1 AktG)[41]. Für sie gemeinsam gilt, daß sie juristisch zwar Gläubigerrechte, wirtschaftlich aber Zwischenformen zwischen Schuldverschreibung und Aktie sind[42].

Mit zu den ältesten Fällen der Anwendung von Genußrechten gehört die Gewährung von Sondervorteilen (§ 19 Abs. 1 AktG). Sie können einzelnen Gründern im Zusammenhang mit der Aktienübernahme als Entlohnung für ihre gesellschaftliche Beteiligung eingeräumt werden. Sie beziehen sich auf die Person, nicht auf die Mitgliedschaft. Gleichwohl ist zu ihrer Begründung, nicht aber zu ihrer Fortdauer Mitgliedschaft, also Aktionärseigenschaft, erforderlich. Zu den Sondervorteilen gehören zum Beispiel das Recht auf vorzugsweise Beteiligung am Reingewinn und am Abwicklungserlös sowie Gebrauchsrechte[43/44/45].

---

[40] Vgl. hierzu: *Großk. Gadow*, § 174, Anm. 11; *Gierke*, Handelsrecht, S. 368; *Düringer (Flechtheim)*, § 179, Anm. 13, und Anh. § 179, Anm. 6a und 11; *Godin*, § 8, Anm. 11; *Schlegelberger*, § 174, Anm. 11.

[41] *Gierke*, Handelsrecht, S. 368; vgl. *Großk. Gadow*, § 174, Anm. 11. Die Genußrechte im Sinne des § 174 Abs. 3 AktG nennt Gierke „sonstige Genußrechte".

[42] *Hueck*, Gesellschaftsrecht, S. 169.

[43] Vgl. hierzu: *Großk. Gadow*, § 19, Anm. 3, und § 174, Anm. 10; *Godin*, § 19, Anm. I; *Düringer (Bing)*, § 186, Anm. 4, 7; *Schlegelberger*, § 19, Anm. 3, 5.

[44] Keine einheitliche Auffassung herrscht darüber, ob die Sondervorteile Sonderrechte sind oder nicht. Für Sonderrechtsnatur: *Gierke*, Handelsrecht, S. 334; *Baumbach*, 4. Aufl., vor § 48, Anm. 4 B; *Großk. Gadow*, § 19, Anm. 2. Gegen Sonderrechtsnatur: *Schlegelberger*, § 19, Anm. 3; wohl auch: *Godin*, § 19, Anm. 2, und *Düringer (Bing)*, § 186, Anm. 8.

[45] Eine Behandlung der Sonderrechte (siehe S. 39) im Rahmen dieses Abschnitts erübrigt sich, da sie keine gesonderte Verbriefung erfahren.

3. Der Zusammenhang von Bruchteil des Grundkapitals und Mitgliedschaft

a) Die Abhängigkeit der Mitgliedschaft vom Bruchteil des Grundkapitals

Bruchteil des Grundkapitals und Mitgliedschaft stehen in einem Abhängigkeitsverhältnis derart, daß die Größe des durch Übernahme, Zeichnung oder Übertragung erworbenen Bruchteils den Umfang der Mitgliedschaft hinsichtlich aller Pflichten und hinsichtlich aller Rechte mit Ausnahme des Rechts auf Teilnahme an der Hauptversammlung bestimmt; dieses Recht steht jedem Aktionär unabhängig von der Größe der von ihm erworbenen Quote in gleicher Weise zu.

Eine Ausnahme bilden die Vorzugsaktien ohne Stimmrecht (§§ 115 ff. AktG). Mehrstimmrechtsaktien sind gemäß § 12 Abs. 2 AktG nur noch in Sonderfällen mit besonderer ministerieller Genehmigung zulässig.

b) Die Teilung und Vereinigung von Aktien

Die Anzahl der Grundkapitalsquoten und entsprechend die der Mitgliedschaften kann unter Beibehaltung der Höhe des Grundkapitals einer Änderung unterzogen werden. Diese Änderung kann erfolgen durch Teilung oder durch Vereinigung von Aktien.

Die Globalaktie kann ebenfalls dem Begriffspaar „Teilung — Vereinigung" untergeordnet werden; hierbei bezieht sich die Vereinigung auf ihre Bildung, die Teilung auf ihre Auflösung. Die Teilung einer Einzelaktie und die Teilung einer Globalaktie einerseits und die Vereinigung von Einzelaktien zu einer Globalaktie und die Vereinigung von Einzelaktien wieder zu Einzelaktien andererseits sind jedoch etwas voneinander grundsätzlich Verschiedenes. Um für die später durchzuführende Abgrenzung der Globalaktie von ähnlichen Erscheinungen die erforderlichen Voraussetzungen zu schaffen[46], werden deshalb im folgenden die Teilung und die Vereinigung von Einzelaktien sowie die damit ihrer äußeren Erscheinung nach verwandten Formen dargestellt. Im Zusammenhang damit werden die Rechtsverhältnisse erläutert, die an einer Aktie bestehen können. Es sollen auch hiermit die Grundlagen für eine entsprechende Erörterung bei der Darstellung der Globalaktie als Rechtsbegriff[47] gelegt werden.

aa) Die Teilung von Aktien

Als Urheber der Teilung können der Aktionär und die Aktiengesellschaft in Frage kommen.

Dem Aktionär ist die Teilung seiner Aktien versagt, da die Nennbeträge der Aktien durch die Satzung festgelegt sind; für ihn gilt der Grundsatz der Unteilbarkeit.

---

[46] Siehe S. 68.
[47] Siehe S. 70.

Der Grundsatz der Unteilbarkeit bezieht sich einerseits auf den Bruchteil des Grundkapitals und die Mitgliedschaft gemeinsam, andererseits nur auf die Mitgliedschaft. Nach diesem Grundsatz darf der Aktionär weder sein Aktienrecht dem Nennbetrag nach teilen noch einzelne Mitgliedschaftsrechte abspalten und übertragen[48].

Der Grundsatz der Unteilbarkeit schließt nicht aus, daß die Aktien mit einem Nießbrauch oder einem Pfandrecht belastet werden können oder daß Gläubigerrechte, die erst auf Grund eines Mitgliedschaftsrechtes entstanden sind oder zur Entstehung gelangen werden, selbständig veräußert werden dürfen, wie z. B. der Anspruch auf die bereits im Zeitpunkt der Veräußerung beschlossene oder erst in Zukunft zu beschließende Dividende[49]. Die Unteilbarkeit steht ebenfalls nicht der Beteiligung Dritter im Innenverhältnis entgegen, zum Beispiel durch Abtretung einzelner Mitgliedschaftsrechte[50]. Hierdurch werden jedoch nur obligatorische, keine dinglichen Wirkungen ausgelöst. In diesem Zusammenhang spielt vor allem die Bildung von Unterbeteiligungen eine Rolle; es sind dies Innengesellschaften „ohne Gesellschaftsvermögen mit rein forderungsrechtlichen Vereinbarungen, welche die nur im Eigentum eines einzigen Gesellschafters stehende, aber für Rechnung aller Gesellschafter gekaufte, verwaltete, zu verwertende Aktie, insbesondere Art und Zeitpunkt der Verwertung und Teilung des Gewinnes, betreffen“[51].

Der Grundsatz der Unteilbarkeit hindert ferner nicht die Bildung von Rechtsgemeinschaften an der Aktie, wie sie in § 63 AktG ausdrücklich geregelt wird. Die Beteiligung mehrerer an einer Aktie kann danach in Form der Gemeinschaft zur gesamten Hand oder der Bruchteilsgemeinschaft erfolgen[52]. Von den Gemeinschaften zur gesamten Hand kommen hierfür in Frage die Gesellschaft (§§ 705, 718 ff. BGB), der nichtrechtsfähige Verein (§ 54 BGB), die Erbengemeinschaft am ungeteilten Nachlaß (§§ 2032 ff. BGB) sowie die eheliche und die fortgesetzte Gütergemeinschaft (§§ 1415, 1416 ff.; 1483, 1485 ff. BGB)[53].

---

[48] *Schlegelberger*, § 8, Anm. 13, 14.

[49] *Godin*, § 8, Anm. 10; *Gierke*, Handelsrecht, S. 326.
Bei der Veräußerung der künftig zu beschließenden Dividende handelt es sich um die Veräußerung einer künftigen Forderung, im Zweifel in Form einer emtio spei. Die Forderung gelangt zur Entstehung mit dem Verteilungsbeschluß. *Düringer (Flechtheim)*, § 213, Anm. 34.

[50] *Großk. Gadow*, § 8, Anm. 12; *Lehmann*, I, S. 185.

[51] *Godin*, § 8, Anm. 9; *Düringer (Geiler)*, Allg. Einl. zum 2. Buch, Anm. 364.

[52] *Godin*, § 8, Anm. 9. Bei der Bruchteilsgemeinschaft handelt es sich um eine Gemeinschaft nach Bruchteilen an einem unteilbaren Gegenstand (§ 753 BGB).

[53] Seit dem 1. Juli 1958; früher statt der einen ehelichen Gütergemeinschaft: §§ 1438, 1519, 1549 BGB. *Palandt*, Bürgerliches Gesetzbuch (Kommentar), vor § 420; Anm. 4b; Hueck, Gesellschaftsrecht, S. 14, 15.
Nicht hierher gehören, da § 63 AktG „mehrere Berechtigte“ (vgl. z. B.

Bruchteilsgemeinschaften nach § 741 BGB entstehen durch Rechtsgeschäft, so insbesondere durch letztwillige Verfügung, zumeist aber kraft Gesetzes, und zwar vor allem in den Fällen der Vermischung (§ 948 BGB), des Sammellagers (§ 419 HGB) und der Sammelverwahrung (§ 5 Bankdepotgesetz vom 4. Februar 1937). Bei diesen Rechtsgemeinschaften macht sich die Unteilbarkeit der Aktie erst bei der Auseinandersetzung bemerkbar, die entsprechend § 753 BGB, gegebenenfalls in Verbindung mit §§ 731, 1477, 1498 oder 2042 BGB, durch Verkauf nach den Vorschriften über den Pfandverkauf[54] und anteilmäßige Verteilung des Erlöses zu erfolgen hat[55].

Für die Gesellschaft gilt der Grundsatz der Unteilbarkeit nicht. Sie kann die Teilung der Aktien unter Wahrung der Mindestnennbeträge und nach erfolgter Satzungsänderung vornehmen. Jede der aus der Teilung hervorgegangenen Aktien muß jedoch in vollem Umfang die gleichen Rechte gewähren wie die Aktie, aus der sie hervorgegangen ist. Die Teilung von Aktien durch die Gesellschaft läuft somit auf eine Erhöhung der Anzahl der Mitgliedschaftsrechte hinaus[56].

Zu trennen von der Teilung ist die Herabsetzung der Nennbeträge im Zuge der Kapitalherabsetzung.

Da durch die Teilung von Aktien der Umfang der Mitgliedschaftsrechte nicht geschmälert werden darf, ist die Schaffung von Aktienanteilen im Sinne des Art. 207 Abs. 2, 3 des Allgemeinen Deutschen Handelsgesetzbuches auch für die Gesellschaft nicht mehr möglich (§ 8 Abs. 4 AktG)[57]. Die einzelnen Aktienanteile, die durch weitere Zerlegung einer einzelnen Aktie entstehen, gewähren kein volles Mitgliedschaftsrecht, so insbesondere kein Stimmrecht, sondern nur einzelne Vermögensrechte wie ein ihrem Betrage entsprechendes Gewinnanteilsrecht[58].[59]

---

§ 124 HGB) fordert: OHG, KG und Reederei; andere Ansicht: *Gierke*, Handelsrecht, S. 325.

Ebenso fällt nach *Schlegelberger*, § 63, Anm. 2, und *Baumbach*, § 63, Anm. 1, entgegen *Großk. Gadow*, § 63, Anm. 3, und offenbar auch *Godin*, § 8, Anm. 9, die eheliche Gütergemeinschaft nicht unter § 63 AktG. Diese Ansicht ist durch das Gleichberechtigungsgesetz vom 18. Juni 1957 überholt.

54 §§ 1233, 1235, Abs. 2, 1221 BGB.

55 *Düringer (Flechtheim)*, § 179, Anm. 13; *Düringer (Geiler)*, Allg. Einl. zum 2. Buch, Anm. 266.

56 *Teichmann-Koehler*, Aktiengesetz (Kommentar), § 8, Anm. 2b.

57 Seit der 2. Aktiennovelle von 1884; *Lehmann*, I, S. 186.

58 *Lehmann*, I, S. 184 ff.

59 Unterschied zwischen Aktienanteil und Genußrecht: Beim Aktienanteil werden einzelne Mitgliedschaftsrechte, und zwar Vermögensrechte, von der Aktie getrennt. Man kann sich den Vorgang auch so vorstellen, daß die von einer Aktie gewährten Vermögensrechte in einzelne Teile zerlegt werden; die Verwaltungsrechte hingegen ruhen so lange, bis die einzelnen Teile wieder zusammengefügt sind. Der Berechtigte ist Aktionär, wenn auch nicht voll berechtigter Aktionär. Bei Gewährung eines Genußrechts

bb) Die Vereinigung von Aktien

Der Teilung der einzelnen Aktien steht als besondere Form der Vereinigung die Zusammenlegung mehrerer Aktien zu einer Aktie mit dem Gesamtnennwert der verbundenen Aktien gegenüber[60]. Sie kann, ebenso wie die Teilung, nur durch die Aktiengesellschaft vorgenommen werden. Es bedarf hierzu ebenfalls einer Satzungsänderung sowie der Zustimmung der davon betroffenen Aktionäre[61].

Nichts zu tun mit der Zusammenlegung zu Aktien höheren Nennbetrages hat die Vereinigung von Aktien zu einem Aktienpaket. Diese Vereinigung ist rein wirtschaftlicher Natur; sie ist eine verwaltungsmäßige und organisatorische Maßnahme, etwa um eine Vielzahl von einem Eigentümer gehörenden Aktien derselben Gesellschaft zusammenzufassen. Entscheidendes Merkmal wird zumeist die Absicht sein, maßgebenden Einfluß auf die Geschicke der Gesellschaft zu nehmen[62]. In der Praxis wird von einem „Aktienpaket" gesprochen, ohne daß dabei stets auf die Möglichkeit einer Einflußnahme abgestellt oder das Erreichen eines festen prozentualen Mindestanteils am Grundkapital vorausgesetzt wird. Es handelt sich nicht um einen fest umrissenen Begriff.

II. Die Aktie als Aktienurkunde

„Aktie" bedeutet schließlich Aktienurkunde.

Die Aktienurkunde verbrieft die Mitgliedschaftsrechte des Aktionärs. Abzugrenzen sind wiederum die Urkunden über die mitgliedschaftsbezogenen Gläubigerrechte.

1. Die Urkunden über die mit der Mitgliedschaft verbundenen Aktionärrechte

Die Urkunden über die mit der Mitgliedschaft verbundenen Aktionärsrechte verbriefen nach geltendem Recht die Gesamtheit der Mitgliedschaftsrechte; denkbar sind jedoch auch Urkunden über nur einzelne Mitgliedschaftsrechte.

Ihre Darstellung macht zunächst die Bestimmung der Rechtsnatur der Aktienurkunde erforderlich.

a) Die Aktienurkunde als Wertpapier

Mit Übernahme oder Zeichnung eines Bruchteils des Grundkapitals und Eintragung der Aktiengesellschaft in das Handelsregister entsteht

---

werden Forderungsrechte von der Art, daß sie ihrem Inhalt nach typische Mitgliedschaftsrechte sein könnten, neu begründet; der Berechtigte kann, braucht aber nicht Aktionär zu sein.

60 *Düringer (Flechtheim)*, § 179, Anm. 14.

61 *Großk. Gadow*, § 8, Anm. 17.

62 Vgl.: Urteil RFH vom 30. 9. 29, in: Bankarchiv 29/185.

für den Aktionär das Mitgliedschaftsrecht an der Aktiengesellschaft. Dieses Aktienrecht besteht unabhängig von einer Beurkundung und kann grundsätzlich wie ein Recht geltend gemacht und übertragen werden[63].

Wird über das Aktienrecht jedoch eine Urkunde ausgestellt und dem in diesem Zeitpunkt berechtigten Aktionär zu Eigentum übergeben[64], dann verkörpert fortan die Urkunde das Aktienrecht[65]. Papier und bisher unverkörpertes Recht verbinden sich in der Weise, daß künftig zur Ausübung des Rechts die Innehabung der Urkunde erforderlich ist: die begebene Urkunde wird zum Wertpapier[66]. Das hat zur unmittelbaren Folge, daß Berechtigter aus dem Aktienrecht der Eigentümer der Urkunde ist und daß sich der Übertragungsvorgang aus dem Bereich des Schuldrechts in den des Sachenrechts verlagert[67].

Da die Aktienurkunde ein bereits bestehendes Recht verbrieft[68], ist sie kein konstitutives, sondern nur ein deklaratives Wertpapier[69]. Gleichwohl hat der Aktionär einen gesetzlichen Anspruch auf ihre Ausstellung und Aushändigung.

Bis zur Geltendmachung dieses Anspruches besteht weder nach dem Aktiengesetz noch nach sonstigen Vorschriften ein Zwang zur Ausstellung von Urkunden[70]. Aus dem ganzen Zusammenhang der einzelnen aktienrechtlichen Bestimmungen jedoch läßt sich erkennen, daß der Gesetzgeber eine Beurkundung der Aktienrechte voraussetzte und als den Normalfall ansah. Aus dem Fehlen entsprechender Vorschriften ist aber auch abzuleiten, daß er die Verbriefung lediglich als den normalen, nicht als den einzig möglichen Fall betrachtete.

Aus dieser Einstellung des Gesetzgebers wurde in der rechtswissenschaftlichen Literatur und in der Rechtsprechung die grundsätzliche Freiheit der Aktiengesellschaft hinsichtlich der Verbriefung der an ihr bestehenden Aktienrechte abgeleitet. Die Aktiengesellschaft ist dem-

---

[63] Übertragung gem. §§ 413, 398 BGB in Verbindung etwa mit § 433 BGB. Siehe: *Düringer (Flechtheim)*, § 222, Anm. 15.

[64] *Godin*, § 61, Anm. 2, läßt Eigentumserwerb ohne Übergabe genügen.

[65] Vgl., auch zum Folgenden: *Düringer (Flechtheim)*, Vorbem. zu §§ 222 u. 223, Anm. 4—6; *Godin*, § 61, Anm. 2.

[66] Zum Wertpapierbegriff: *Hueck*, Das Recht der Wertpapiere, S. 1; *Brunner*, Die Wertpapiere, in: *Endemann*, Handbuch des deutschen Handels-, See- und Wechselrechts, 2. Bd., S. 147.

[67] Das Recht aus dem Papier folgt dem Recht am Papier. Vgl.:*Rehfeldt*, Wertpapierrecht, S. 5. Über die mögliche Ausnahme bei Namensaktien siehe S. 47.

[68] Ausnahme: Ausgabe von Aktien auf Grund von Wandelschuldverschreibungen. Hier entsteht ein Recht erst mit der Ausgabe; *Schlegelberger*, § 167, Anm. 2.

[69] Vgl. zu diesem Ausdruck: *Rehfeldt*, a.a.O., S. 11. Gegen diese Unterteilung: *Gierke*, Das Recht der Wertpapiere, S. 7, 104.

[70] *Großk. Gadow*, § 10, Anm. 2. Die Ausstellung von Aktienurkunden gehört nicht zu den Begriffsmerkmalen der Aktiengesellschaft; *Lehmann*, I, S. 133.

nach grundsätzlich berechtigt, Einzelaktien auszugeben, Globalaktien auszustellen oder die Aktienrechte auch unbeurkundet zu lassen. Dieses Recht steht ihr solange zu, bis der Aktionär seinen Anspruch auf Ausstellung von (Einzel-)Aktienurkunden geltend macht. Dann ist sie zur Ausgabe von Einzelaktien verpflichtet; weder darf sie dann Globalaktien ausstellen, noch darf sie von einer Beurkundung überhaupt absehen.

b) Die Urkunden über die Gesamtheit der Mitgliedschaftsrechte

Die Urkunden über die Gesamtheit der Mitgliedschaftsrechte können in endgültiger oder vorläufiger Form auftreten.

aa) Die endgültigen Urkunden

Die Aktienurkunden sind je nach der Gattungszugehörigkeit der darin verbrieften Aktienrechte als Stamm- oder Vorzugsaktien ausgewiesen[71].

Nach ihrer äußeren Ausgestaltung sind sie entweder auf den Inhaber oder auf den Namen eines bestimmten Aktionärs ausgestellt (§ 10 AktG). Entsprechend unterscheidet man zwischen Inhaber- und Namensaktien. Sie begründen einen Unterschied nach Arten[72].

Die Inhaberaktien sind Inhaberpapiere. Der Eigentumsübergang vollzieht sich demgemäß durch Einigung und Übergabe des Papiers (§§ 929 ff. BGB). Zur Legitimation ist die tatsächliche Innehabung der Aktienurkunde erforderlich (§ 1006 BGB); Besitz im Rechtssinne genügt nicht[73].

Die Namensaktien sind kraft Gesetzes Orderpapiere (§ 61 Abs. 2 AktG)[74]. Die Übertragung erfolgt durch Indossament und Übergabe der Aktienurkunde. Möglich, wenn auch wenig gebräuchlich, ist daneben eine dem Rechtsübergang bei Rektapapieren entsprechende Übertragung ohne den sachenrechtlichen Schutz des guten Glaubens durch Abtretung des Aktienrechts und Übergabe der Urkunde[75]. Die

---

[71] Werden von einer Gesellschaft Stamm- und Vorzugsaktien ausgegeben, sind sie entsprechend gekennzeichnet. Verfügt eine Gesellschaft nur über Stammaktien, werden sie meistens nicht besonders als „Stammaktien" bezeichnet sein. Bei Fehlen eines Hinweises liegen Stammaktien vor.

[72] Andere Aktienarten sind: unbeurkundete Aktien, Aktien verschiedener Emissionen (alte und junge Aktien); *Godin*, § 10, Anm. II 2; *Brodmann*, Aktienrecht (Kommentar), § 185, Anm. 1a.

[73] *Düringer (Flechtheim)*, Vorbem. zu §§ 222 u. 223, Anm. 5.

[74] Orderpapier kraft Gesetzes = geborenes Orderpapier. Vgl., auch zum Folgenden: *Gierke*, Handelsrecht, S. 323, 324; *Gierke*, Wertpapiere, S. 28; *Rehfeldt*, a.a.O., S. 10; *Düringer (Flechtheim)*, § 222, Anm. 9.

[75] Die Abtretung (§ 413 BGB) hat gem. § 952 BGB den Übergang des Eigentums an der Urkunde zur Folge; die Notwendigkeit der Übergabe folgt aus der Wertpapiernatur der Aktienurkunde. *Düringer (Flechtheim)*, § 222, Anm. 9; *Gierke*, Handelsrecht, S. 324; *O. Gierke*, Deutsches Privatrecht, II. Bd., Sachenrecht, S. 136.

Legitimation erfolgt durch Einschreibung bzw. Umschreibung im Aktienbuch (§ 62 AktG). Dieses ist die Gesellschaft bei Ausgabe von Namensaktien zu führen gesetzlich verpflichtet (§ 61 AktG).

bb) Die vorläufigen Urkunden

Inhaberaktien dürfen im Gegensatz zu Namensaktien vor ihrer vollen Bezahlung nicht ausgegeben werden (§ 10 Abs. 2 AktG). Diese Bestimmung in erster Linie wie auch die Notwendigkeit einer Übergangslösung bis zum Druck von endgültigen Aktienurkunden machten die Einführung von Zwischenscheinen oder — nach ihrer früheren Bezeichnung — Interimsscheinen erforderlich. Es sind dies vorläufige, in einfacherer Ausstattung gehaltene Urkunden über die bereits endgültig entstandenen Aktienrechte[76]. Sie beinhalten somit die gleichen Rechte und Pflichten wie die endgültigen Aktien. Ein Recht auf die Ausgabe von Zwischenscheinen ohne besondere Satzungsbestimmung hat der Aktionär nicht[77], wohl aber auf den Umtausch in Aktienurkunden nach Volleinzahlung. Das hindert nicht die Beibehaltung der Zwischenscheine nach Volleinzahlung bis zur Wahrnehmung dieses Umtauschrechts durch den Aktionär[78]. Die Zwischenscheine erfahren eine den Namensaktien entsprechende Behandlung (§§ 10, 61, 62, 66 bis 68 AktG).

Von den Zwischenscheinen zu unterscheiden sind bloße von den Gesellschaften ausgegebene Quittungen über geleistete Teilzahlungen. Möglich jedoch sind sogenannte Quittungsbogen, in denen neben der erfolgten Teilzahlung auch noch das Anteilsrecht bescheinigt wird; sie werden zuweilen durch die Satzung den Zwischenscheinen oder sogar den Aktien gleichgestellt. Hiervon wiederum zu trennen sind die Kassenquittungen der Emissionsbanken. Während bei den Quittungen der Gesellschaften und den Quittungsbogen der die Zahlung Leistende Aktionärseigenschaft erworben hat, erhält er hier nur einen schuldrechtlichen Lieferungsanspruch gegen die Bank als Verkäuferin, ohne Aktionär geworden zu sein[79].

c) Die Urkunden über einzelne Mitgliedschaftsrechte

Die Verbriefung einzelner Mitgliedschaftsrechte unter Aufrechterhaltung ihrer Eigenschaft als Aktionärsrechte in Aktienanteilscheinen ist nach deutschem Recht nicht mehr zulässig.

[76] Vgl. hierzu: *Düringer (Flechtheim)*, § 179, Anm. 19.
[77] *Staub*, Kommentar zum Handelsgesetzbuch, § 179, Anm. 3.
[78] *Düringer (Flechtheim)*, § 179, Anm. 20; *Staub*, § 179, Anm. 5.
[79] Vgl. zum Vorstehenden: *Düringer (Flechtheim)*, § 179, Anm. 18; *Staub*, § 179, Anm. 5.

Nur vorübergehend wurden Aktienanteilscheine noch einmal eingeführt durch die §§ 17 und 35 der 2. DVO vom 28. März 1924 zur GoldbilanzVO vom 28. Dezember 1923. Sie lauteten mindestens über fünf Goldmark, in Grenzfällen auch über einen geringeren Betrag. Die Gesellschaften konnten nach drei Jahren zum Umtausch auffordern (§ 17 Abs. 5 2. DVO)[80].

2. Die Urkunden über die in einer Beziehung zur Mitgliedschaft stehenden Gläubigerrechte

Werden einzelne Vermögensrechte durch Konkretisierung von allgemeinen Mitgliedschaftsrechten oder durch Abspaltung von dem Gesamtkomplex der von den Aktionären wahrnehmbaren Rechte in Gläubigerrechte umgewandelt oder sind sie solcher Umwandlung in der Zukunft fähig[81], so können sie eine gesonderte Verbriefung erfahren, und zwar das (entstandene oder zukünftige) Recht auf Gewinnanteil in Gewinnanteilscheinen, das (entstandene oder zukünftige) Bezugsrecht in Bezugsrechtsscheinen und die Genußrechte in Genußscheinen.

a) Die Gewinnanteilscheine

Gewinnanteilscheine, auch Dividendenscheine oder Kupons genannt, werden vor allem von den typischen Erwerbsaktiengesellschaften ausgegeben, weniger von den Gesellschaften mit nicht-wirtschaftlichen Zwecken oder von den Familien-Aktiengesellschaften. Sie dienen zur Erleichterung der Einziehung des Gewinnanteils. Infolgedessen sind es ausschließlich Inhaberpapiere. Ein gesetzlicher Anspruch auf ihre Ausstellung besteht nicht. Die Gewinnanteilscheine tragen heute nicht mehr die Bezeichnung des Geschäftsjahres, sondern laufende Ordnungsnummern. Mehrere Gewinnanteilscheine werden in einem „Bogen“ zusammengefaßt. Ihm beigefügt ist der Erneuerungsschein oder Talon, der zum Bezug eines neuen Bogens berechtigt. Er ist ein Legitimationspapier[82]. Bogen und Erneuerungsschein sind sogenannte „Nebenpapiere“ der Aktienurkunde. Sie werden zusammen mit der Aktienurkunde ausgegeben. In ihrer Gegenüberstellung zum Bogen wird die Aktienurkunde auch als „Mantel“ bezeichnet[83].

b) Die Bezugsrechtsscheine

Bezugsrechtsscheine sind Gewinnanteilscheine, die von der Gesellschaft im konkreten Fall zur Ausübung des Bezugsrechts bestimmt

[80] *Staub*, § 179, Anm. 1c; *Quassowski-Susat*, Verordnung über Goldbilanz vom 28. Dezember 1923, S. 144.
[81] Wie z. B. das allgemeine grundsätzliche Recht auf Gewinnanteil, wenn es in einem künftigen Geschäftsjahr durch Festsetzung der Dividende in einen konkreten Anspruch verwandelt wird. Siehe auch S. 43, Fußnote 49.
[82] *Hueck*, Wertpapiere, S. 121.
[83] Vgl. zum Vorstehenden: *Düringer (Flechtheim)*, § 213, Anm. 32, 33, 36.

wurden. Diese Möglichkeit, die Gewinnanteilscheine von Fall zu Fall zur Wahrnehmung des Bezugsrechts zu verwenden, wurde durch die von der Zulassungsstelle an der Berliner Börse herausgegebenen amtlichen Richtlinien über den Neudruck von Wertpapieren vom 13. April 1927 mit der Einführung der Ordnungsnummern auf den Gewinnanteilscheinen eröffnet. Früher bedurfte es zur Ausübung des Bezugsrechts der Abstempelung des Mantels. Die Bezugsrechtscheine sind Inhaberpapiere im Sinne des § 807 BGB[84].

c) Die Genußscheine

Genußscheine sind über Genußrechte im Sinne des § 174 Abs. 3 AktG und über Sondervorteile ausgestellte Urkunden. Sie können Inhaber-, Order- oder Rektapapiere sein. Häufig lauten sie auf einen bestimmten Nennbetrag, der dann die Grundlage für die Berechnung des Anteils am Jahresgewinn oder am Liquidationsüberschuß bildet. Zur Einziehung der Dividende werden auch ihnen Gewinnanteilscheine und ein Erneuerungsschein beigefügt. Als zum Umlauf bestimmte Urkunden können sie Gegenstand börsenmäßigen Handels sein. Sie haben allerdings nur noch eine äußerst geringe Verbreitung. So konnten Genußscheine nur bei der Berliner Aktiengesellschaft für Industriebeteiligungen (30 000 Stück) und bei der Ilse Bergbau Aktiengesellschaft (1 950 000 Stück) festgestellt werden[85].[86]

Als Unterarten der Genußscheine können die Wandel- und Gewinnschuldverschreibungen angesehen werden[87].

III. Die Aktie in ihren drei Bedeutungen

1. Die allgemeine Definition der „Aktie"

Faßt man die drei dargelegten Bedeutungen des Wortes „Aktie" zusammen, so gelangt man zu folgender allgemeinen[88] Definition der „Aktie":

> Die Aktie ist eine Urkunde über die Rechte und Pflichten, die mit der durch Übernahme, Zeichnung oder Übertragung eines Bruchteils des Grundkapitals erworbenen Mitgliedschaft bei einer Aktiengesellschaft verbunden sind.

---

[84] Vgl. hierzu: *Flechtheim*, in: Bankarchiv 29/190; auch: *Gierke*, Wertpapiere, S. 95.

[85] Handbuch der Deutschen Aktiengesellschaften, Jahrg. 1955/56. *Mindner*, Das kleine Börsenlexikon, S. 430, führt noch Genußscheine der Bergbau AG Lothringen an.

[86] Vgl. zu Obigem: *Düringer (Flechtheim)*, Anh. zu § 179, Anm. 5, 6a; *Schlegelbeger*, § 174, Anm. 18.

[87] *Großk. Gadow*, § 174, Anm. 11; *Düringer (Flechtheim)*, Anh. zu § 179, Anm. 1, 19, 23.

[88] Im Gegensatz zu den speziellen Definitionen der „Aktie": Bruchteil, Mitgliedschaft, Urkunde.

Sieht man von dem im Wirtschaftsleben gegenüber den derivativen Erwerbsarten seltenen Fall des originären Erwerbs der Mitgliedschaft ab, so entfallen auch — bis auf ganz vereinzelte Ausnahmen — die Pflichten der Mitgliedschaft; wenn der erste Erwerber, der Übernehmende oder Zeichner, seiner Pflicht gegenüber der Aktiengesellschaft genügt und die Einlage entrichtet hat, entstehen bei der weiteren Übertragung der Aktien, etwa infolge Kaufs, auf seiten des Erwerbers keine neuen Pflichten gegenüber der Aktiengesellschaft, sondern nur gegenüber dem Veräußerer. Die Definition kann dann folgende Form annehmen, die der in der Praxis herrschenden Vorstellung von der Aktie als einem Inbegriff und einer Verbriefung mitgliedschaftlicher Rechte besser entspricht:

Die Aktie ist eine Urkunde über die Rechte, die mit der durch Übertragung eines Bruchteils des Grundkapitals erworbenen Mitgliedschaft bei einer Aktiengesellschaft verbunden sind.

Diese Definition betrifft die Aktie als Urkunde über ein einzelnes Aktienrecht. Sie soll, wie bereits in der Vorbemerkung hervorgehoben wurde, in Gegenüberstellung zur Globalaktie „Einzelaktie" genannt werden.

2. Die Beurteilung der drei Bedeutungen

Den in diesen Definitionen als Merkmal eines umfassenden Aktienbegriffs ausgewiesenen Grundbedeutungen des Wortes „Aktie" — Quote, Mitgliedschaft, Urkunde — kommt ein unterschiedliches Gewicht zu, je nachdem, ob die Bewertung von juristischer oder von wirtschaftlicher Seite her erfolgt.

a) Die Beurteilung nach juristischen Gesichtspunkten

Juristisch gesehen, hat die Mitgliedschaft, vor allen Dingen mit den aus ihr fließenden Rechten, die zentrale Stellung inne; sie ist der Anknüpfungspunkt aller Erörterungen über die rechtliche Stellung des Aktionärs. Die Abgrenzung der Grundkapitalsquote dagegen ist nur vorbereitender Natur; ihre Übernahme oder Übertragung bildet erst die Voraussetzung zum Entstehen oder zum Erwerb der Mitgliedschaft[89]. Demgegenüber ist die Verbriefung von untergeordneter Bedeutung; die Übertragung und Geltendmachung der Rechte ist nur dann an den Besitz von Urkunden gebunden, wenn solche ausgegeben wurden; die Ausgabe wiederum ist nur für den Fall zwingend vorgeschrieben, daß der Aktionär die Aushändigung von Urkunden verlangt. Ihr Inhalt sind — juristisch gesehen — nur Rechte, nicht die ihnen zugrunde liegenden Anteile am Grundkapital.

[89] *Lehmann*, I, S. 173.

b) Die Beurteilung nach wirtschaftlichen Gesichtspunkten

In wirtschaftlicher Sicht liegt das Schwergewicht ebenfalls auf den durch die Mitgliedschaft gewährten Rechten; sie bilden mit den in ihnen enthaltenen Möglichkeiten einer Einflußnahme auf die Geschäftsführung und einer Gewinnbeteiligung in der Mehrzahl der Fälle den angestrebten wirtschaftlichen Erfolg. Dem Anteil am Grundkapital wird zumeist ein größeres Gewicht beigemessen; und zwar dann, wenn außer der Erlangung von Beteiligungsrechten, oder vielleicht auch ganz ohne Rücksicht auf sie, eine sichere Kapitalanlage oder die Möglichkeit einer Erhöhung des eingelegten Kapitalwertes gesucht wird. In diesen Fällen erfüllt der Erwerb der Grundkapitalsquote nicht nur eine Hilfsfunktion, eine seinen Zweck im juristischen Sinne, die Gewinnung der Mitgliedschaft, nur vorbereitende Aufgabe, sondern wird um der Erhaltung von Kapitalwerten willen vorgenommen, bildet also selbst schon den angestrebten wirtschaftlichen Erfolg. Im Gegensatz zur Beurteilung nach juristischen Gesichtspunkten kommt schließlich der Verbriefung eine erhöhte Bedeutung zu. Die Urkunden gestalten die Aktienrechte erst zu einem der Finanzierung und Kapitalanlage dienenden Instrument der Wirtschaft; sie verleihen den Aktienrechten erst die besondere Vertretbarkeit und Umlaufsfähigkeit, die sie zum geeigneten Mittel für den Ausgleich zwischen Kapitalangebot und Kapitalnachfrage machen. Sie verbriefen Rechte *und* — in Gestalt der durch den Nennwert ausgedrückten Grundkapitalsquote — Kapitalanteile; je nachdem, ob man mehr auf die Mitgliedschaft oder auf die Kapitalanlage abstellt, werden bei wirtschaftlicher Betrachtung die Rechte oder der Kapitalanteil als Inhalt der Urkunde stärker hervortreten.

Mit diesen Ausführungen ist der erste Abschnitt und mit ihm die Darstellung der rechtstheoretischen Grundlagen der Globalaktie abgeschlossen. Die gewonnenen und auch hinsichtlich der Globalaktie wichtigen Begriffe sollen im folgenden in einer tabellarischen Übersicht[90] wiedergegeben werden.

---

[90] Anmerkung zur Tabelle: Die Bedeutung der gestrichelten Linien.

1. Allg. Mitgliedschaftsrechte, Vorzugsrechte — (einzelne Mitgliedschaftsrechte) — (Aktienanteilscheine): Die Bildung von Aktienanteilen ist nicht mehr zulässig.
2. Zwischenscheine, Namensaktien — Rektapapier: Zwischenscheine und Namensaktien sind von Gesetzes wegen Orderpapiere, können aber auch wie Rektapapiere übertragen werden.
3. Aktienurkunden — Erneuerungsscheine, Bogen: Alle drei Urkunden werden zusammen ausgegeben.

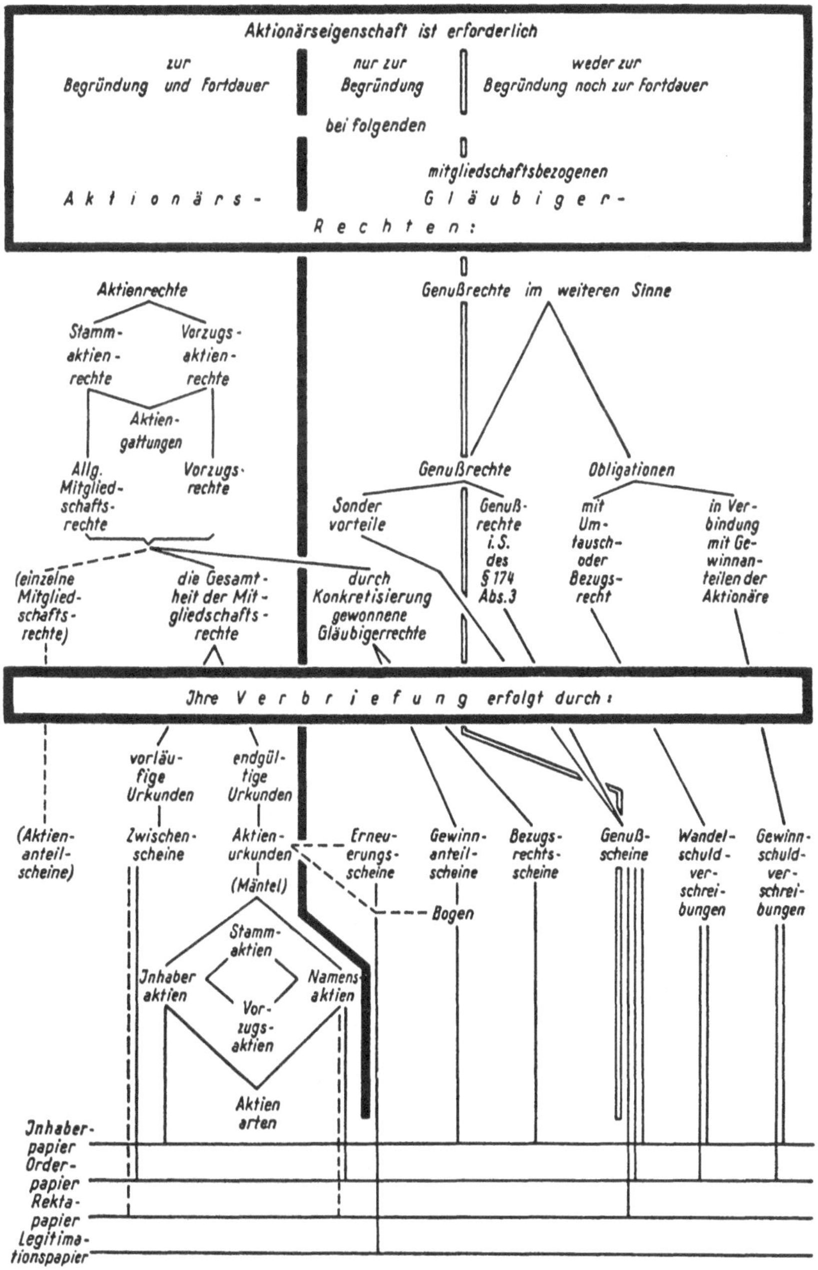
Aktionärseigenschaft ist erforderlich
zur Begründung und Fortdauer
nur zur Begründung
weder zur Begründung noch zur Fortdauer
bei folgenden
mitgliedschaftsbezogenen
Aktionärs-
Gläubiger-
Rechten:
Aktienrechte
Stamm-aktien-rechte
Vorzugs-aktien-rechte
Aktien-gattungen
Allg. Mitglied-schafts-rechte
Vorzugs-rechte
(einzelne Mitglied-schafts-rechte)
die Gesamt-heit der Mit-gliedschafts-rechte
durch Konkretisierung gewonnene Gläubigerrechte
Genußrechte im weiteren Sinne
Genußrechte
Obligationen
Sonder vorteile
Genuß-rechte i. S. des § 174 Abs. 3
mit Um-tausch-oder Bezugs-recht
in Ver-bindung mit Ge-winnan-teilen der Aktionäre
Jhre Verbriefung erfolgt durch:
vorläu-fige Urkunden
endgül-tige Urkunden
(Aktien-anteil-scheine)
Zwischen-scheine
Aktien-urkunden
(Mäntel)
Erneu-erungs-scheine
Gewinn-anteil-scheine
Bezugs-rechts-scheine
Genuß-scheine
Wandel-schuld-ver-schrei-bungen
Gewinn-schuld-ver-schrei-bungen
Bogen
Stamm-aktien
Jnhaber aktien
Namens-aktien
Vor-zugs-aktien
Aktien arten
Jnhaber-papier
Order-papier
Rekta-papier
Legitima-tionspapier

Zweiter Abschnitt

Die Globalaktie als Rechtsbegriff

Aufbauend auf die im ersten Abschnitt mit der Darstellung der Einzelaktien als der Bildungselemente der Globalaktie geschaffenen Grundlagen, sollen im vorliegenden Abschnitt die aus ihrer Zusammenfassung zur Globalaktie sich ergebenden rechtlichen Fragen erörtert werden.

Hierbei wird die Globalaktie unter zwei Gesichtspunkten betrachtet. Zum einen wird sie als für sich allein bestehende Einzelerscheinung, zum anderen als Teilerscheinung im Zusammenhang mit anderen Urkunden gesehen. Dieser Zusammenhang mit anderen Urkunden wird durch den Vorgang hergestellt, durch den die Globalaktie entsteht: durch die Vereinigung mehrerer Rechte in *einer* Urkunde oder, allgemeiner, durch die *Globalverbriefung*.

Der Globalverbriefung können Rechte verschiedener Art unterworfen werden. Je nach dem Grad der Verwandtschaft dieser Rechte mit den Aktienrechten ist der Zusammenhang der aus ihnen durch Globalverbriefung entstehenden Papiere mit der Globalaktie enger oder weiter. Entsprechend ist auch die Anzahl der aus der Globalverbriefung hervorgehenden Papiere, die mit der Globalaktie unter einem bestimmten Oberbegriff zusammengeschlossen werden können, kleiner oder größer. Sie bilden verschieden große Kreise, von denen der nächstfolgende den jeweils vorhergehenden einschließt. Man gelangt so zu einem System von Globalpapieren, das seinen Ausgangspunkt bei der Globalaktie als Einzelerscheinung nimmt und sich in den einzelnen Kreisen der durch Globalverbriefung entstehenden Urkunden fortsetzt.

Sieht man die Globalaktie im Zusammenhang dieses Systems, verliert sie ihre Einzelstellung und wird zur Teilerscheinung eines größeren Ganzen. Das macht die Behandlung der Globalaktie als Einzelerscheinung und als Teilerscheinung erforderlich.

A. Die Globalaktie als Einzelerscheinung

I. Die Entstehung der Globalaktie

1. Die Voraussetzungen zur Entstehung der Globalaktie

Die Struktur des deutschen Gesellschaftswesens wird bestimmt von seinen beiden großen Gegenpolen, der Gesellschaft bürgerlichen Rechts einerseits und der Aktiengesellschaft andererseits[1]. Die Grundlage ist in dem einen Falle rein personeller, in dem anderen Falle rein kapitalistischer Art. Damit ist das Hauptunterscheidungsmerkmal dieser beiden Grundtypen des deutschen Gesellschaftsrechts gegeben: bei der reinen Personalgesellschaft steht die persönliche Leistung des Gesellschafters im Vordergrund, bei der reinen Kapitalgesellschaft erschöpfen sich die Pflichten des Aktionärs in der vermögensrechtlichen Leistung. Da die persönliche Leistung an die Person, und zwar an die bestimmte Person, gebunden ist, die vermögensrechtliche Leistung dagegen in einer von der Person des Verpflichteten unabhängigen Wertüberlassung besteht, ist eine Übertragung der Mitgliedschaft in dem einen Falle grundsätzlich ausgeschlossen, in dem anderen Falle jederzeit möglich. In dem einen Falle sind Mitgliedschaft und Gesellschaft miteinander verbunden, in dem anderen Falle ist die Mitgliedschaft gegenüber der Gesellschaft verselbständigt.

Der Gegensatz von der an die Person gebundenen Leistung und der unpersönlichen Wertüberlassung führt zu einer für die vorliegende Untersuchung grundlegenden weiteren Unterscheidung: da persönliche Leistungen nur einmal, vermögensrechtliche Leistungen durch mehrfache Wertüberlassungen dagegen in beliebig großer Anzahl erbracht werden können, kann ein einzelner Gesellschafter bei einer Personalgesellschaft nur eine einzige, bei einer Kapitalgesellschaft dagegen mehrere Mitgliedschaften innehaben. Hierin liegt die ursprünglich wirksam werdende Voraussetzung zur Entstehung der Globalaktie[2].

2. Der Entstehungsvorgang

Ein Aktionär erwirbt die Mitgliedschaft bei einer Aktiengesellschaft durch orginären oder derivativen Erwerb einer Quote des Grundkapitals. Über diese Mitgliedschaft wird eine Urkunde ausgestellt. Sie ist eine Einzelaktie.

Erwirbt er durch Übernahme, Zeichnung oder Übertragung mehrere Quoten, so erhält er auch die entsprechende Anzahl von Mitgliedschaften. Die Verbriefung dieser von einer einzigen Person erworbenen Mehrzahl von Mitgliedschaften kann auf zweifache Weise erfolgen. Zum einen durch Ausstellung einer der Anzahl der Mitgliedschaften entsprechenden Anzahl von Urkunden. Für j e d e einzelne Mitgliedschaft erhält der Aktionär dann e i n e Urkunde. Das Ergebnis ist eine Vielzahl von E i n z e l a k t i e n. Zum anderen kann die Ver-

---

1 Vgl. hierzu und zum Folgenden auch: *Schmey*, a.a.O., S. 26—29.

2 Andere im Laufe der Entwicklung wirksam werdende Voraussetzungen: Bildung einer Gemeinschaft nach Bruchteilen oder zur gesamten Hand an mehreren, im Eigentum mehrerer Personen stehenden Aktien (siehe S. 70); Einlieferung mehrerer Aktien ins Sammeldepot einer Wertpapiersammelbank (siehe S. 176).

briefung durchgeführt werden durch Ausstellung einer einzigen Urkunde über die Mitgliedschaften. In diesem Falle erhält der Aktionär für alle Mitgliedschaften eine einzige Urkunde. Das Ergebnis ist eine Globalaktie.

II. Die Charakterisierung der Globalaktie

1. Das Wesen der Globalaktie

Die Globalaktie wird geschaffen durch bloße Vereinigung mehrerer Einzelaktien. Hierbei entsteht durch die Vereinigung kein Novum, kein selbständiges, von seinen Entstehungselementen losgelöstes Gebilde. Die Globalaktie als Ergebnis der Vereinigung bleibt vielmehr die Summe ihrer Bestandteile, der zwei oder mehreren Einzelaktien; sie bleibt ein zusammengesetztes, in ihre einzelnen Bestandteile zerlegbares Gebilde.

Diese Bestandteile bewahren auch nach der Vereinigung ihre durch die Satzung begründete rechtliche Selbständigkeit und erfahren weder in ihrem Inhalt noch in ihrer äußeren Ausgestaltung eine Änderung. Sie werden lediglich zusammengefügt, äußerlich zusammengehalten durch die eine Urkunde. Die Globalaktie stellt somit ihrem Wesen nach lediglich die Zusammensetzung, nicht die Verschmelzung ihrer einzelnen Bildungselemente, der Einzelaktien, dar.

Gleichwohl ist die Globalaktie eine echte Aktie im Sinne des Gesetzes; sie ist nicht nur die Bescheinigung des Rechts auf Ausstellung von Einzelaktien[3].

2. Die Definition der Globalaktie

Der Grundbegriff, auf den sich sowohl Einzelaktie als auch Globalaktie zurückführen lassen, ist die Aktie im Sinne der durch die Quote des Grundkapitals ausgedrückten Mitgliedschaft bei einer Aktiengesellschaft. Erfolgt eine Verbriefung, so wird die so verstandene Aktie zur Einzelaktie, wenn die Urkunde nur über eine Mitgliedschaft ausgestellt wird; sie wird dagegen zur Globalaktie, wenn die Urkunde über mehrere Mitgliedschaften ausgestellt wird. Der Unterschied zwischen Einzelaktie und Globalaktie liegt also in der Art der Beurkundung: in dem Verhältnis der Urkunden zur Anzahl der darin verbrieften Mitgliedschaften.

In Anlehnung an die Definition der „Einzelaktie“ und unter Berücksichtigung des Wesens der Globalaktie erhält man so die folgende Definition der „Globalaktie“:

Die Globalaktie ist eine Urkunde, in der die Rechte, die mit den durch Übertragung mehrerer Bruchteile des Grundkapitals erwor-

---

[3] *Düringer (Flechtheim)*, § 179, Anm. 14.

benen Mitgliedschaften bei einer Aktiengesellschaft verbunden sind, unter Wahrung ihrer rechtlichen Selbständigkeit eine einheitliche Verbriefung erfahren haben.

Läßt man die Voraussetzung zur Erlangung der Mitgliedschaft, die Übertragung der Quote, und die Mitgliedschaft selbst außer acht und stellt man nur auf ihr Ausflußrecht, das Aktionärsrecht, ab, so nimmt die Definition folgende Form an:

Die Globalaktie ist eine Urkunde, in der mehrere Aktionärsrechte unter Wahrung ihrer rechtlichen Selbständigkeit einheitlich verbrieft sind.

Diese Definition erklärt die Globalaktie als Vereinigung mehrerer Aktien r e c h t e in einer Urkunde. Das hindert nicht daran, an der Vorstellung festzuhalten, daß die Globalaktie durch Zusammenfassung mehrerer Einzelaktien, also bereits ausgestellter U r k u n d e n über diese Aktienrechte, entsteht. Dieser Vorstellung liegt die Annahme zugrunde, daß zunächst eine Einzelverbriefung der Aktienrechte erfolgte, die später in die Form der globalen Verbriefung überführt wurde. Die Erklärung der Globalaktie als Vereinigung mehrerer Aktienrechte dagegen läßt die Frage der Aufeinanderfolge von Einzel- und Globalverbriefung offen. Sie läßt die Möglichkeit zu, daß bei der Ausstellung von Urkunden über die einzelnen Anteile unmittelbar eine Globalverbriefung erfolgte, unter Außerachtlassung der Stufe der Einzelverbriefung. Sie schließt aber auch die Möglichkeit ein, daß beide Stufen nacheinander durchlaufen wurden; denn letztlich ist auch die als Zusammenfassung mehrerer Einzel u r k u n d e n verstandene Globalaktie zurückzuführen auf eine Zusammenfassung von R e c h t e n.

3. Die Merkmale der Globalaktie

Die Globalaktie trägt verschiedene Merkmale, die zum Teil mit denen der ihnen zugrunde liegenden Einzelaktien übereinstimmen, zum Teil sich erst aus dem Zusammenschluß der Einzelaktien ergeben.

a) Die Kennzeichnung der Globalaktie

aa) Die Kennzeichnung im allgemeinen Sprachgebrauch

Die über mehrere Aktienrechte ausgestellte einheitliche Urkunde wird heute ganz allgemein als „Globalaktie" bezeichnet. Dieser Ausdruck hat sich in der Praxis und in der Literatur durchgesetzt.

Eine Ableitung von dem französischen „titre global"[4] für Globalaktie liegt nahe, wenngleich auch im Deutschen der Ausdruck „global", insbesondere in Wortzusammensetzungen, nicht ungebräuchlich ist.

---

[4] *Passow*, Die Aktiengesellschaft, S. 144.

Daneben treten noch vereinzelt die früher häufiger verwendeten Ausdrücke auf wie „Gesamttitel“[5], „Gesamtaktie“[5], „Mehrzahl-Aktie“[6], „Sammel-Aktie“[7], „Sammelurkunde“[8], „Sammelaktienurkunde“ oder „Zertifikat“[5].

Der Ausdruck „Zertifikat“ im besonderen entstammt dem angelsächsischen Sprachgebrauch. „Certificate“ bedeutet im Englischen als „certificate of share“ und im Amerikanischen als „certificate of stock“[9] die Urkunde über die Mitgliedschaftsrechte an den unseren Aktiengesellschaften entsprechenden Gesellschaften. Es beurkundet in der Regel mehrere der unseren Aktien entsprechenden Rechte, ohne jedoch eine Globalaktie in unserem Sinne zu sein[10]. Mit der Entlehnung dieses Ausdrucks für unsere Globalaktie wurde auf die äußere, nicht auf die rechtliche Übereinstimmung von certificate und Globalaktie abgestellt. Von seiner Verwendung im Deutschen wird daher immer mehr abgesehen.

Mit dem Ausdruck „Globalaktie“ verbindet sich in erster Linie die Vorstellung von „Aktien u r k u n d e“. Ganz allgemein erstreckt sich der Begriff „Aktie“ in gleicher Weise auf die Quote wie auf die Mitgliedschaft wie auf die Urkunde. Im juristischen Sprachgebrauch wird mit der allgemeinen Bezeichnung „Aktie“ keine der drei Bedeutungen besonders hervorgehoben; im kaufmännischen Sprachgebrauch dagegen liegt eine gewisse Betonung auf der Bedeutung von „Urkunde“[11]. Im Unterschied hierzu liegt bei dem Begriff „Globalaktie“ — wie bei dem ihm entsprechenden Begriff „Einzelaktie“ — sowohl im juristischen wie im wirtschaftlichen Sinne das Schwergewicht des Ausdrucks auf der Bedeutung von „Urkunde“.

bb) Die äußere Kennzeichnung als Globalaktie

Die Globalaktien sind in der Regel äußerlich als Globalaktien gekennzeichnet. Es gibt jedoch auch Globalaktienurkunden, die keinen Hinweis auf ihren Globalcharakter tragen. Entsprechend kann man zwischen gekennzeichneten und nicht gekennzeichneten Globalaktien unterscheiden.

Die g e k e n n z e i c h n e t e n Globalaktien lassen die in ihnen durchgeführte Zusammenfassung von Einzelaktien auf verschiedene

---

[5] *Gabler*'s Wirtschaftslexikon, Sp. 1223.
[6] RGStr. 42/41; hier auch: „Gesamt-Aktie“.
[7] Vgl. Anhang Nr .1.
[8] So z. B. im Prospekt für die Börsenzulassung der Aktien der Brown, Boveri & Cie. AG, in: „Frankfurter Allgemeine Zeitung“ vom 24. Oktober 1956.
[9] Daneben auch: "certificate of share"; *Schmey*, a.a.O., S. 46, 35.
[10] Siehe S. 97.
[11] Vgl. hierzu: *Schmey*, a.a.O., S. 45: „Die Tatsache, daß die deutsche Aktienurkunde regelmäßig Inhaberpapier war und ist, hat die Vorstellung entstehen lassen, daß Mitgliedschaft und Mitgliedschaftsurkunde identisch seien.“

Weise erkennen. So tragen sie den Aufdruck „Globalaktie" oder eine entsprechende Bezeichnung und geben sie die Anzahl, den Nennbetrag und die Ordnungsnummern der zusammengefaßten Einzelaktien an[12].

Daneben führt die Globalaktie noch einen eigenen Nennbetrag. Er ist die Summe der Nennbeträge der Einzelaktien. Diese Summe ist gemeint, wenn vom Nennbetrag der Globalaktie gesprochen wird.

Im allgemeinen wird aber zunächst nicht dieser, der Globalaktie zuzuordnende Nennbetrag genannt, sondern die Anzahl und die Nennbeträge der in ihr vereinigten Einzelaktien, um den Wert der Globalaktie anzugeben. Der börsenmäßige und auch sonst übliche Sprachgebrauch ist der, daß etwa von „1 Globalaktie über 100 Aktien zu je DM 1000,— = DM 100 000,—" oder von „50 Globalaktien über je 100 Aktien zu je DM 1000,— = DM 100 000,—" gesprochen wird[13].

Über eine *eigene* Ordnungsnummer verfügt die Globalaktie dagegen nicht. Sie zeigt statt dessen die Ordnungsnummern der in ihr zusammengefügten Einzelaktien, und zwar, wenn die Einzelaktien zusammenhängend aus einer Serie entnommen wurden, die Nummer der ersten und der letzten der vereinigten Aktien. Aus der Differenz der beiden Zahlen kann man die Anzahl der zusammengefügten Einzelaktien erkennen. So könnten die Nummern im ersten der beiden oben genannten Fälle etwa lauten: Nr. 59.201/300; im zweiten Fall könnte die Nummernfolge der genannten 50 Globalaktien zum Beispiel angegeben werden mit: 59.201/300 — 64.101/200[14], oder, in anderer Schreibweise, mit: $\frac{59.201}{59.300} - \frac{64.101}{64.200}$. In diesem Falle entstammen alle zusammengefaßten Einzelaktien einer zusammenhängenden Serie. Aus der Differenz 300 ⁒ 201 bzw. 200 ⁒ 101 kann man die Anzahl der in einer Globalaktie verbrieften Einzelaktien (= 100 Stück), aus der Differenz 64.200 ⁒ 59.201 die Anzahl der Globalaktien (= 5000 : 100 = 50 Stück) erkennen.

Nicht selten kommen von der Gesellschaft mit der Schreibmaschine ausgefüllte Globalaktien vor. Hier wird je nach den gegebenen Bedürfnissen in ein Blanko-Wertpapier-Formular (Blanko-Mantel) der entsprechende Betrag eingesetzt.

---

[12] Vgl. die Wiedergabe einer Globalaktie auf S. 15, die, wie auch der auf S. 83 wiedergegebene Abdruck des dazugehörigen Nebenpapiers, vom Verlag R. Oldenbourg, München, freundlicherweise zur Verfügung gestellt wurde; ebenso den Vordruck einer von der Köln-Bonner Eisenbahnen AG ausgegebenen Globalaktie in Anhang Nr. 1, der von der Gesellschaft entgegenkommenderweise überlassen wurde.

[13] Vgl. Börsenprospekt der Brown, Boveri & Cie. AG, a.a.O.

[14] Dazwischen sind dann die folgenden Nummern zu denken: 59 301 bis 59 400, 59 401—59 500 usw.

Gerade in diesen Fällen wird es sich sehr oft um nichtgekennzeichnete Globalaktien handeln. Sie gleichen äußerlich Einzelaktien, zumeist in der Form von Großaktien. Ihr Globalcharakter geht allein aus der Satzung hervor. Gibt die Satzung den von der in Frage stehenden Urkunde bezeichneten Nennbetrag als einen der Anteile wieder, in die das Grundkapital zerlegt wurde, handelt es sich um eine Großaktie; gibt sie nur kleinere Nennbeträge an, handelt es sich eindeutig um eine Globalaktie.

Die Satzung ist somit in Zweifelsfällen ausschlaggebend. Die hier angegebenen Nennbeträge beziehen sich — von ganz vereinzelten, dann aber auch einwandfrei erkennbaren Ausnahmen abgesehen — auf die Bruchteile des Grundkapitals bzw. auf Einzelaktien, und zwar unabhängig von ihrer näheren Bezeichnung.

Entsprechend ist zum Beispiel auch in einem so mehrdeutigen Fall zu entscheiden wie in dem der Aktienbaugesellschaft für kleine Wohnungen zu Frankfurt am Main, in deren Satzung vom 29. Juni 1957, § 3 Abs. 1, es heißt:

> „Das vollbezahlte Grundkapital der Gesellschaft beträgt 19 624 000,— Deutsche Mark und ist zerlegt in 31 Aktien im Nennbetrag von je 100,— Deutsche Mark, in 32 Aktien im Nennbetrag von je 50,— Deutsche Mark, eine Gesamtaktie im Nennbetrag von 10 495 300,— Deutsche Mark, eine Gesamtaktie im Nennbetrag von 3 500 000,— Deutsche Mark, eine Gesamtaktie im Nennbetrag von 2 000 000,— Deutsche Mark, eine Gesamtaktie im Nennbetrag von 1 250 000,— Deutsche Mark und eine Gesamtaktie im Nennbetrag von 2 374 000,— Deutsche Mark."

Es handelt sich durchweg um Einzelaktien[15], und zwar auch bei den als „Gesamtaktien" bezeichneten (Groß-)Aktien. Die Begründung hierfür liegt allein in der Tatsache, daß sie in der Satzung erwähnt sind. Dies wiederum ergibt sich aus der Bestimmung des § 16 Abs. 3 Nr. 4 AktG, derzufolge die Satzung „die Nennbeträge der einzelnen Aktien" bestimmen muß; unter „einzelnen Aktien" sind hier „einzelne Bruchteile des Grundkapitals" bzw. „einzelne Einzelaktien" zu verstehen.

Das schließt nicht aus, daß in einigen Fällen die Satzungen einen Hinweis auf Globalaktien geben, sei es, daß sie lediglich die Möglichkeit einer Globalverbriefung zulassen, sei es, daß sie die Anzahl der zusammengefaßten Einzelaktien und die Höhe des Nennbetrages der Globalaktie anführen. Stets müssen hier aber zunächst die Einzelaktien der Höhe und der Anzahl nach genau bestimmt sein.

So hat zum Beispiel die Satzung der Sunlicht-Gesellschaft AG[16] folgenden Wortlaut:

---

15 Bestätigt durch Auskunft der Gesellschaft.
16 Die Gesellschaft hat 8 Globalaktien ausgegeben, darunter 1 Globalaktie

„§ 4.

Das Grundkapital beträgt 22 000 000,— Deutsche Mark und ist zerlegt in 1 Stück Aktie im Nennbetrage von 1 128 000,— Deutsche Mark, in drei Stück Aktien im Nennbetrage von je 1 000 000,— Deutsche Mark, in ein Stück Aktie im Nennbetrage von 542 000,— Deutsche Mark und in 17 330 Stück Aktien im Nennbetrage von je 1000,— Deutsche Mark.

§ 5.

(1) ...

(2) ...

(3) Die Zusammenfassung mehrerer Aktien in einer Urkunde ist mit Zustimmung des betroffenen Aktionärs zulässig.

§ 8.

Über Form und Inhalt der Aktienurkunden, der Gewinnanteilscheine und Erneuerungsscheine, sowie über Zusammenfassung und Abänderung einer vorhandenen Zusammenfassung von Aktien in einer Urkunde entscheidet der Vorstand, soweit Gesetz und Satzung nichts anderes bestimmen. Das gleiche gilt für die Entscheidungen der Gesellschafter gemäß § 5 Abs. 2 und 3."

Die Satzung der Gußstahlwerk Witten Aktiengesellschaft sagt in § 3 Abs. 4 folgendes aus:

„Die Gesellschaft ist berechtigt, Anteilscheine auszustellen, von denen jeder mehrere Anteilsrechte verkörpern kann. In den Anteilscheinen sind die laufenden Nummern der Aktien zu vermerken, für die sie ausgestellt sind ..."

Einen ganz allgemein gehaltenen Hinweis enthält zum Beispiel die Satzung der Elektrizitätswerk Rheinhessen Aktiengesellschaft, Worms am Rhein:

„Die Form der Aktienurkunden und der Gewinnanteil- und Erneuerungsscheine setzt der Vorstand mit Zustimmung des Aufsichtsrates fest."

Als ein Sonderfall ist die Satzung der Deutschen Werft Aktiengesellschaft anzusehen. Ihr § 4 lautet:

„Das Grundkapital beträgt 12 000 000,— Deutsche Mark und ist in 9600 Aktien im Nennbetrage von je 1000,— DM, 1500 Aktien im Nennbetrage von je 100,— DM und eine Globalaktie von 2 250 000,— DM eingeteilt."

Wie aus nachstehender Abbildung hervorgeht, handelt es sich tatsächlich um eine Globalaktie, und zwar um eine gekennzeichnete. Ihre Zusammensetzung läßt sich somit nur aus der Urkunde selbst erkennen; die Satzung gibt keinen Hinweis.

über 1 Stück zu DM 1 128 000,—, 1 Stück zu DM 1 000 000,—, 1 Stück zu DM 542 000,— und 3 330 Stück zu je DM 1 000,—. Siehe S. 131, 137, Nr. 12, sowie S. 143.

DEUTSCHE WERFT AKTIENGESELLSCHAFT
HAMBURG

DM 2250000.– GLOBAL-AKTIE Nr. 9601–11850

über

2250 AKTIEN ZU JE EINTAUSEND DEUTSCHE MARK

Der Inhaber dieser Aktie ist mit dem Betrage von
Zweimillionenzweihundertfünfzigtausend Deutsche Mark als Aktionär bei der
DEUTSCHE WERFT AKTIENGESELLSCHAFT, HAMBURG,
nach Maßgabe der Satzung beteiligt.

Die Tatsache, daß in der Satzung dieser Gesellschaft eine Globalaktie aufgeführt ist anstatt der ihr zugrunde liegenden Einzelaktien in Erfüllung der der Gesellschaft durch § 16 Abs. 3 Nr. 4 AktG auferlegten Verpflichtung, ist als ganz vereinzelte Ausnahme zu werten. Die Genehmigung der Satzung durch den Registerrichter[17] ist mit ihrer Eindeutigkeit zu erklären; der Wortlaut der Satzung weist durch die Wahl des zutreffenden Ausdrucks „Globalaktie" unmißverständlich darauf hin, daß die tatsächlich durchgeführte Zerlegung des Grundkapitals über die angegebene hinausgeht.

b) Gattung und Art der Globalaktie

Die Einzelaktien, aus denen die Globalaktie zusammengesetzt ist, beinhalten entweder Stamm- oder Vorzugsaktienrechte und sind entweder Inhaber- oder Orderpapiere. Je nach der Gattungszugehörigkeit der Einzelaktien verbrieft infolgedessen auch die aus ihnen hervorgehende Globalaktie entweder Stamm- oder Vorzugsaktienrechte und je nach der Art der Einzelaktien ist sie entweder ein Inhaber- oder Orderpapier.

Eine Vereinigung von Stamm- und Vorzugseinzelaktien sowie von Inhaber- und Namenseinzelaktien in einer Globalaktie wäre theoretisch denkbar, würde aber dem Sinn der Globalverbriefung von Aktienrechten widersprechen. Der Sinn der Globalverbriefung von Aktienrechten besteht darin, das den mehreren Anteilen am Grundkapital Gemeinsame herauszustellen und ein einziges Mal in einer Urkunde aufzuführen, wobei lediglich der nummernmäßige Unterschied der Anteile durch Angabe der einzelnen Ordnungsnummern festgehalten wird. So werden in der Globalaktie ihrer Definition zufolge mehrere Mitgliedschaften bei *einer* Aktiengesellschaft verbrieft. Die Aktien mehrerer Aktiengesellschaften in einer Globalaktie zu verbriefen, wäre möglich, aber nicht sinnvoll.

[17] Laut Auskunft der Gesellschaft.

Unter Berücksichtigung dieses Sinnes der Globalverbriefung kann die Definition der Globalaktie nunmehr folgende Form annehmen:

Die Globalaktie ist eine Urkunde, die einer bestimmten Aktienart angehört und in der mehrere Aktionärsrechte gleicher Gattung unter Wahrung ihrer rechtlichen Selbständigkeit einheitlich verbrieft sind.

c) Die Auflösbarkeit der Globalaktie

Durch die Zusammenfassung von Einzelaktien zu einer Globalaktie entsteht wohl eine neue wirtschaftliche, aber keine neue rechtliche Einheit. Rechtlich bleibt die Globalaktie ein aus mehreren Teilen zusammengesetztes Gebilde; diese Teile sind nur durch den Tatbestand ihrer gemeinsamen Verbriefung in einer Urkunde miteinander verbunden. Beseitigt man die sie zusammenschließende einheitliche Urkunde, bleiben sie als unveränderte, rechtlich selbständige Aktienrechte zurück.

Hieraus folgt, daß die Globalaktie jederzeit wieder in ihre Bestandteile aufgelöst werden kann. Diese Bestandteile sind Aktienrechte — und zwar auch, wenn man die Globalaktie als Zusammenfassung von Einzelaktienurkunden ansieht.

Die aus der Auflösung der Globalaktie hervorgegangene Mehrheit von Aktienrechten kann unbeurkundet bleiben oder abermals verbrieft werden. Im Falle einer erneuten Verbriefung in Einzelaktien müssen die neu auszustellenden Einzelaktien derselben Aktienart angehören und desselben Inhalts wie die Globalaktie sein, ihre einzelnen Ordnungsnummern müssen den in der Globalaktie angegebenen entsprechen.

d) Die Übertragung der Globalaktie

Die Übertragung der Globalaktie muß in unterschiedlicher Weise vorgenommen werden, je nachdem, ob alle in ihr vereinigten Einzelaktien oder nur ein Teil davon übertragen werden soll.

aa) Die Übertragung aller in der Globalaktie zusammengefaßten Einzelaktien

Je nach der Art der zusammengefaßten Einzelaktien ist die Globalaktie ein Inhaber- oder ein Orderpapier. Damit ist auch die Form ihrer Übertragung festgelegt, sofern alle von der Globalaktie beurkundeten Aktienrechte übertragen werden sollen; sie ist die gleiche wie bei den Einzelaktien und wird bei den Inhaberglobalaktien durch Einigung und Übergabe, bei den Namensglobalaktien durch Indossament und Übergabe vollzogen.

bb) Die Übertragung eines Teiles der in der Globalaktie zusammengefaßten Einzelaktien

Soll nur ein Teil der in der Globalaktie vereinigten Aktien übertragen werden, ist die Anwendung des im anglo-amerikanischen Rechtsbereich üblichen splitting-Verfahrens erforderlich[18]. Die Globalaktie muß hierzu bei der Gesellschaft eingereicht und gegen zwei neue, auf die entsprechend kleineren Nennbeträge lautenden Globalaktien oder gegen die entsprechende Anzahl von Einzelaktien umgetauscht werden. Sowohl die Neuausstellung von Globalaktien als auch der Umtausch in Einzelaktien ist infolge der Auflösbarkeit der Globalaktie jederzeit möglich.

Eine andere Möglichkeit der Übertragung gibt es nicht[19]. Da die Aktienrechte verbrieft worden sind, hat ihre Übertragung nach den Grundsätzen des Sachenrechts — durch Übergabe des Papiers — zu erfolgen. Das gilt auch bei der Ausgabe von Globalaktien. Sollen Teile von ihnen übertragen werden, müssen die zu einer Übertragung nach sachenrechtlichen Regeln erforderlichen Voraussetzungen durch Ausstellung neuer Urkunden geschaffen werden.

e) Die Globalaktie in endgültiger und vorläufiger Form

aa) Der Globalzwischenschein

Die Einzelurkunden über Aktienrechte können in endgültiger oder vorläufiger Form auftreten. Die Zusammenfassung mehrerer endgültiger Einzelurkunden in einer Urkunde führt zur Globalaktie, die Zusammenfassung mehrerer vorläufiger Einzelurkunden bzw. mehrerer Einzelzwischenscheine zum Globalzwischenschein. Seine rechtliche Zulässigkeit ist in RGZ 22/116 (118) ausdrücklich ausgesprochen. Er muß auf Namen lauten.

Der Globalzwischenschein gewährt das Recht auf Bezug entweder mehrerer Einzelaktienurkunden oder einer Globalaktienurkunde.

Der Globalzwischenschein ist zu unterscheiden von dem sogenannten Jungschein[20]. Nach § 1 Abs. 2 des Gesetzes zur Bereinigung des Wertpapierwesens vom 19. August 1949 ist der Jungschein eine Urkunde, welche die Verpflichtung zur Einlieferung von neu auszugebenden Wertpapieren zum Inhalt hat.

Bei einer Aktienemission pflegen die Aktiengesellschaften bis zum Druck der Aktien ihrem Kassenverein durch Vermittlung ihrer Emissionsbank einen Jungschein auszuliefern. In ihm verpflichten sich die

---

[18] Siehe S. 156.

[19] Es sei denn, der verkaufende Aktionär oder der Erwerber oder beide würden auf die Ausstellung der für sie bestimmten Urkunden verzichten.

[20] Dieser Ausdruck wurde von *Opitz* eingeführt; siehe: *Opitz,* Fünfzig depotrechtliche Abhandlungen, S. 108; vgl. auch: *Mindner,* a.a.O., S. 223.

Aktiengesellschaften gegenüber dem Kassenverein unwiderruflich zur Lieferung der endgültigen Stücke. Dem Kassenverein ist es mit Hilfe des Jungscheins möglich, hinsichtlich der neuen, jedoch noch nicht gedruckten Aktien in Giroverkehr mit anderen Kassenvereinen zu treten. Bei Auslieferung der endgültigen Stücke wird der Jungschein zurückgegeben.

bb) Das System der Urkunden über Aktienrechte

Einzelaktie, Globalaktie, Einzelzwischenschein und Globalzwischenschein bilden ein geschlossenes System. Sie lassen sich zusammenfassen unter dem Oberbegriff „Urkunden über Aktienrechte".

Ganz allgemein bedeutet „Aktienurkunde" die endgültige Urkunde über Aktienrechte, „Zwischenschein" die vorläufige Urkunde über Aktienrechte. Die Aktienurkunde kann ihrer Erscheinungsform nach Einzelaktie (Einzelaktienurkunde) oder Globalaktie (Globalaktienurkunde), der Zwischenschein kann Einzelzwischenschein oder Globalzwischenschein sein. Einzelaktie und Einzelzwischenschein wiederum bilden die Einzelurkunden über Aktienrechte[21], Globalaktie und Globalzwischenschein die Globalurkunden über Aktienrechte (Globalurkunden im engeren Sinne[22])[23].

Es besteht somit folgender Zusammenhang:

Einzelaktie	Einzelzwischenschein	Einzelurkunden über Aktienrechte
Globalaktie	Globalzwischenschein	Globalurkunden über Aktienrechte
Aktienurkunden (endgültige Urkunden über Aktienrechte)	Zwischenscheine (vorläufige Urkunden über Aktienrechte)	Urkunden über Aktienrechte

[21] Dieser Ausdruck statt „Einzelaktienurkunden" und entsprechend: „Globalurkunden über Aktienrechte" statt „Globalaktienurkunden", „Urkunden über Aktienrechte" statt „Aktienurkunden" (und aus Gründen der sprachlichen Übereinstimmung: „endgültige Urkunden über Aktienrechte" statt „endgültige Aktienurkunden", „vorläufige Urkunden über Aktienrechte" statt „vorläufige Aktienurkunden") mußte gewählt werden, da der Begriff „Aktienurkunde" für die endgültige Urkunde über Aktienrechte durch den herrschenden Sprachgebrauch festgelegt ist.

[22] Zu den Globalurkunden im weiteren Sinne siehe S. 84.

[23] Möglich sind außerdem die folgenden Bezeichnungen:

für „Einzelaktie":	„endgültige Einzelurkunde über Aktienrechte";
für „Globalaktie":	„endgültige Globalurkunde über Aktienrechte";
für „Zwischenschein":	„vorläufige Aktienurkunde";
für „Einzelzwischenschein":	„vorläufige Einzelaktie" oder „vorläufige Einzelurkunde über Aktienrechte";
für „Globalzwischenschein":	„vorläufige Globalaktie" oder „vorläufige Globalurkunde über Aktienrechte".

4. Der Aktionär und die Globalaktie

a) Die Wahrnehmung der durch die Globalaktie verbrieften Rechte durch den Aktionär

Die Globalaktie vermittelt dem verfügungsberechtigten Aktionär so viele Mitgliedschaftsrechte, wie in der Globalaktie Einzelaktien zusammengeschlossen sind, und zwar sowohl Vermögensrechte als auch Herrschaftsrechte. So steht ihm insbesondere ein der Anzahl der zusammengefaßten Einzelaktien entsprechendes Stimmrecht zu. Das ergibt sich ohne weiteres aus dem Wesen der Globalaktie.

b) Der Aktionär und sein Verhältnis zur Bildung und Auflösung von Globalaktien

In der Mehrzahl der Fälle wird die Ausstellung von Globalaktien auf Veranlassung oder doch wenigstens mit Zustimmung des Aktionärs vorgenommen. Es ist jedoch auch ein Fall denkbar, bei dem die Bildung und Auflösung von Globalaktien ohne seine Zustimmung erfolgt.

aa) Die mit Zustimmung des Aktionärs erfolgende Bildung und Auflösung von Globalaktien

Die Bildung und Auflösung der Globalaktie kann zunächst von der Gesellschaft aus durchgeführt werden.

Das Recht zur Ausstellung von Globalaktien steht ihr auch ohne entsprechenden Hinweis in der Satzung zu. Ist die Ausstellung von Globalaktien in der Satzung nicht geregelt, obliegt sie dem Vorstand[24].

Die Stellung des Aktionärs zu diesen Maßnahmen ist unterschiedlich zu beurteilen.

Zur Bildung von Globalaktien bedarf es stets der Zustimmung des Aktionärs[25]. Dies folgt aus seinem Recht auf Ausstellung von Einzelaktien.

Zur Auflösung von Globalaktien bedarf es, rechtlich gesehen, seiner Zustimmung nicht. Der Aktionär hat kein Recht auf Ausstellung von Globalaktien für mehrere Einzelaktien[26]. Hieraus ist zu folgern, daß er im Falle der Ausstellung von Globalaktien auch kein Recht auf ihre Beibehaltung hat, seine Einwilligung also nicht eingeholt zu werden braucht.

Ein derartiger Fall, in dem die Gesellschaft gegen den Widerspruch des Aktionärs auf Auflösung einmal gebildeter Globalaktien besteht, ist zwar denkbar und müßte dann in dem angegebenen Sinne beurteilt werden, dürfte aber in der Praxis kaum vorkommen. Zumeist

---

[24] *Düringer (Flechtheim)*, § 179, Anm. 14.
[25] *Düringer (Flechtheim)*, § 179, Anm. 14.
[26] Godin, § 6, Anm. 3.

wird die Auflösung mit Zustimmung, in der Regel sogar auf Veranlassung des Aktionärs durchgeführt werden.

Häufiger dagegen tritt der entgegengesetzte Fall ein, daß die Gesellschaft die Beibehaltung der Globalaktie wünscht und der Aktionär ihre Auflösung verlangt.

Die Bildung und Auflösung von Globalaktien kann schließlich auf Veranlassung des Aktionärs erfolgen.

Auf die Ausstellung von Globalaktien hat er, wie bereits hervorgehoben, kein Recht. Es ist jedoch nicht einzusehen, weshalb ihm nicht auch ein Anspruch auf Ausstellung von Globalaktien zugebilligt werden soll, wenn er sich gleichzeitig mit der Geltendmachung des Anspruchs vertraglich bindet, die Kosten sowohl der Ausstellung als auch der Wiederauflösung zu übernehmen, falls bei der Übertragung der Globalaktie die Ausstellung von Einzelaktien sich als erforderlich erweist. Gegen die Ansprüche des Erwerbers einer unter solchen Bedingungen ausgestellten Globalaktie würde ein entsprechender Hinweis auf der Urkunde ausreichenden Schutz geben.

Die Auflösung der Globalaktie indessen kann der Aktionär verlangen. Er hat ein auch durch die Satzung nicht entziehbares Recht auf Ausstellung von Einzelaktien gegen Rückgabe der Globalaktie[27]. Dieses Recht gibt ihm jedoch nur einen Anspruch auf Tätigwerden der Gesellschaft. Wie die Zerlegung der Einzelaktie in Aktienanteile, so ist auch die Zerlegung der Globalaktie in Einzelaktien dem Aktionär nicht gestattet[28]. Der Verzicht auf dieses Recht, den Umtausch in Einzelaktien zu verlangen, sollte gegebenenfalls ebenso wie die Verpflichtung zur Übernahme der durch die Wiederauflösung entstehenden Kosten genügen, dem Aktionär einen Anspruch auf Ausstellung von Globalaktien zuzusprechen.

bb) Die ohne Zustimmung des Aktionärs erfolgende Bildung und Auflösung von Globalaktien

Durch satzungsändernden Beschluß kann die Gesellschaft die Bestimmung über die Aktiennennbeträge ändern und sowohl die Aktien unter Wahrung der Mindestnennbeträge teilen als auch mehrere Aktien zusammenlegen[29]. Hierbei kann der Umtausch der Aktienurkunden nicht — etwa durch Androhung der Kraftloserklärung — erzwungen werden[30].

---

27 *Düringer (Flechtheim),* § 174, Anm. 14; *Schlegelberger,* § 8, Anm. 17; *Großk. Gadow,* § 8, Anm. 4; *Godin,* § 6, Anm. 3.

28 *Staub,* § 179, Anm. 19; *Großk. Gadow,* § 8, Anm. 14.

29 Siehe S. 42.

30 *Schlegelberger,* § 8, Anm. 13; *Großk. Gadow,* § 8, Anm. 13. — Die Kraftloserklärung von Aktien aus Anlaß ihrer Zusammenlegung kann nur zur Ausführung der Herabsetzung des Grundkapitals erfolgen, § 179 AktG.

Im Falle der Teilung stellen die bisherigen Einzelaktien Globalaktien über so viele Einzelaktien dar, wie durch die Teilung aus der bisherigen Einzelaktie hervorgegangen sind[31]. Hier kann man von einer ohne Zustimmung des Aktionärs erfolgten Bildung einer Globalaktie sprechen — wenn man von der etwaigen Zustimmung des Aktionärs zur Änderung der Nennbeträge in der Hauptversammlung absieht.

Entsprechendes ist denkbar für den Fall, daß ein Aktionär eine Globalaktie über Einzelaktien besitzt, deren Nennbeträge durch Satzungsänderung heraufgesetzt wurden, so daß die Globalaktie unter Umständen nur noch eine einzige Einzelaktie beinhaltet und somit selbst zur Einzelaktie wird.

III. Die Abgrenzung der Globalaktie von ähnlichen Erscheinungen

Die Globalaktie ist abzugrenzen von der Einzelaktie und einigen ihrer Ausgestaltungen sowie von den Aktienvereinigungen und dem Aktienanteilschein.

1. Globalaktie und Einzelaktie

a) Der Unterschied zwischen Globalaktie und Einzelaktie

Das der Globalaktie und der Einzelaktie Gemeinsame ist die *eine* Urkunde. Der Unterschied zwischen beiden liegt in dem Verhältnis, in dem sich der Begriff „Urkunde" mit den beiden übrigen von der Bezeichnung „Aktie" umfaßten Begriffen verbindet. Der Begriff „Einzelaktie" stellt eine Beziehung her zwischen *einer* Urkunde, *einem* Bruchteil und *einer* Mitgliedschaft; der Begriff „Globalaktie" verbindet *eine* Urkunde und *mehrere* Bruchteile sowie die entsprechende Anzahl von Mitgliedschaften miteinander.

Die Größe der verbrieften Bruchteile spielt dabei keine Rolle. So gibt es Globalaktien mit einem Nennbetrag von DM 100,— und Einzel-(Groß-)Aktien mit einem Nennbetrag von über 10 Millionen DM.

Ebenso ist die Anzahl der durch die Urkunde verbrieften Stimmrechte für die Unterscheidung von Einzelaktien und Globalaktien ohne Bedeutung. Die Mehrstimmrechts-(Einzel-)Aktie gewährt für den von ihr ausgewiesenen Betrag ebenso wie die Globalaktie für ihren gesamten Nennbetrag mehrere Stimmen. Der Unterschied zwischen beiden liegt auch hier wieder darin, daß die Mehrstimmrechtsaktie eine, die Globalaktie dagegen mehrere Mitgliedschaften verbrieft[32].

---

[31] *Schlegelberger*, § 8, Anm. 13.

[32] Zum Beispiel: Auf DM 100,— sollen bei einer Mehrstimmrechtsaktie über DM 1000,— je 3 Stimmen, bei einer Globalaktie über 2 Aktien zu DM 500,— je 1 Stimme entfallen. Dann gewährt die Mehrstimmrechtsaktie 30 Stimmen, die Globalaktie 10 Stimmen. Die Mehrstimmrechtsaktie verkörpert hingegen nur 1, die Globalaktie 2 Mitgliedschaften.

b) Die Global- und Einzelaktie als Aktienformen

Die Globalaktie unterscheidet sich demnach von der Einzelaktie weder durch einen besonderen Inhalt noch durch eine abweichende äußere Ausgestaltung, also weder nach Gattung noch nach Art. Sie stellt vielmehr lediglich eine besondere Form der Verbriefung dar. Einzelaktien und Globalaktien begründen so einen Unterschied der Form nach.

Mit der „Aktienform" ist ein drittes Unterscheidungsmerkmal für Aktien gewonnen, das neben die bisher bekannten Unterscheidungsmerkmale „Aktiengattung" und „Aktienart" tritt. Sie kann als „allgemeine" oder „besondere" Aktienform auftreten. In dem einen Falle umfaßt sie die Einzelaktien, in dem anderen Falle die Globalaktien.

2. Globalaktie und Vereinigung von Einzelaktien

a) Globalaktie und zusammengelegte Aktie

Werden mehrere Einzelaktien zu einer Aktie mit dem Gesamtnennwert der verbundenen Aktien zusammengelegt, so entsteht wieder eine Einzelaktie. Es bedarf einer Satzungsänderung, und die Anzahl der Mitgliedschaften wird verringert.

Bei der Vereinigung von Einzelaktien zu einer Globalaktie bleibt die Anzahl der Mitgliedschaften dieselbe.

b) Globalaktie und Aktienpaket

Sowohl juristisch als auch wirtschaftlich besteht zwischen Globalaktie und Aktienpaket eine große Verwandtschaft.

Weder die Ausstellung von Globalaktien noch die Bildung von Aktienpaketen bewirkt hinsichtlich der verbrieften Rechte eine Änderung. Beide verfolgen das Ziel, mehrere Einzelaktien zu einem wirtschaftlichen Zweck zusammenzufassen.

Der Unterschied zwischen beiden liegt darin, daß beim Aktienpaket die Einzelaktien(-urkunden) erhalten bleiben, während sie bei der Globalaktie untergehen.

3. Globalaktie und Aktienanteilschein

Vereinigt man mehrere Einzelaktien und stellt man über diese Vereinigung eine Urkunde aus, so entsteht eine Globalaktie. Nimmt man den umgekehrten Vorgang vor, indem man eine Einzelaktie in einzelne Anteile zerlegt und über jeden dieser Teile wiederum eine Urkunde ausstellt, so erhält man mehrere Aktienanteilscheine.

Der Aktienanteilschein verbrieft somit einen Teil einer Gesamtheit, die Globalaktie mehrere dieser Gesamtheiten.

VI. Die Rechte an der Globalaktie

Wie an den Einzelaktien[33], so können auch an der Globalaktie Rechte begründet werden. Die Lösung der damit verbundenen Fragen folgt zum Teil den für die Einzelaktien geltenden, zum Teil der Natur der Globalaktie entsprechenden eigenen Regeln.

1. Die Bildung von Rechtsgemeinschaften

Die Globalaktie kann Gegenstand von Rechtsgemeinschaften sein, und zwar, wie die Einzelaktie, von Gemeinschaften zur gesamten Hand oder von Bruchteilsgemeinschaften.

Praktische Bedeutung wird vor allem die Bruchteilsgemeinschaft in Form des Miteigentums nach Bruchteilen gemäß §§ 1008 ff., 741 ff. BGB erlangen. Dieser Fall tritt etwa dann ein, wenn mehrere Eigentümer von Einzelaktien, zum Beispiel Ehegatten, ihre Aktien gemeinsam in einer Globalaktie verbriefen.

Sofern das Eigentum der einzelnen Miteigentümer sich auf in der Globalaktie zusammengeschlossene Einzelaktien in ihrem ganzen Umfang und nicht nur jeweils auf Teile von ihnen erstreckt, unterscheidet sich das Miteigentum an der Globalaktie von dem an der Einzelaktie dadurch, daß bei der Einzelaktie die mehreren Eigentümer sich durch einen Bevollmächtigten vertreten lassen müssen (§ 63 AktG), während jeder der mehreren Eigentümer der Globalaktie für sich auftreten kann.

2. Die Globalaktie als Gegenstand von Rechtsgeschäften

Als Gegenstand von Rechtsgeschäften kommt die Globalaktie in erster Linie hinsichtlich der Bestellung eines Pfandrechts und der Beteiligung Dritter im Innenverhältnis in Betracht.

a) Die Bestellung eines Pfandrechts an der Globalaktie

Soll die ganze Globalaktie verpfändet werden, entstehen keinerlei rechtliche Schwierigkeiten. Die Verpfändung hat nach § 1292 BGB[34] bei Namens-, nach §§ 1293, 1205 BGB bei Inhaberglobalaktien zu erfolgen.

Zweifel könnten dagegen auftreten, wenn nur ein Teil der in der Globalaktie zusammengefaßten Einzelaktien verpfändet werden soll. Zur Lösung dieser Frage bieten sich zwei Möglichkeiten an.

Die eine Möglichkeit besteht darin, die Globalaktie zum Umtausch gegen Einzelaktien bei der Gesellschaft einzureichen und den Teil der

---

[33] Siehe S. 43.

[34] Möglich, aber selten ist die Verpfändung ohne Indossament gem. § 1274 BGB; *Palandt*, § 1292, Anm. 2.

Einzelaktien, der verpfändet werden soll, den Bestimmungen über die Pfandrechtsbestellung entsprechend zu behandeln.

Die andere Möglichkeit baut auf der analogen Anwendung des § 1258 BGB auf. Diese Bestimmung ist auf Bruchteile einer im Alleineigentum stehenden Sache entsprechend anwendbar, wie auch die rechtsgeschäftliche Bestellung des Pfandrechts an einem Bruchteil einer im Alleineigentum stehenden Sache rechtlich möglich ist[35].

Diese Bestimmung ist anwendbar unabhängig davon, ob die in Frage stehenden Einzelaktien vor ihrem Zusammenschluß zu einer Globalaktie verpfändet wurden oder nach ihrem Zusammenschluß verpfändet werden sollen. Im ersten Fall entsteht ein gesetzliches[36], im zweiten Fall ein vertragliches Pfandrecht an dem Bruchteil der Globalaktie, der aus den in Frage stehenden Einzelaktien zusammengesetzt ist.

Die praktische Ausübung des Pfandrechts erfolgt dadurch, daß dem Pfandgläubiger ein qualifizierter[37] Mitbesitz eingeräumt wird (§ 1206 BGB), etwa durch Hinterlegung der Globalaktie bei einer dritten Person oder an geeigneter Stelle wie zum Beispiel bei einer Bank mit der Vereinbarung, daß die Herausgabe der Globalaktie nur an den Gläubiger und den Verpfänder gemeinsam erfolgen soll. Nach Eintritt der Verkaufsberechtigung (§ 1228 Abs. 2 BGB) kann der Pfandgläubiger entweder unter Aufrechterhaltung der Gemeinschaft seinen Anteil verkaufen oder aber die Aufhebung der Gemeinschaft (§§ 741, 749, 752 BGB) durch Umtausch der Globalaktie in Einzelaktien verlangen und sich das Pfandrecht an den Einzelaktien selbst oder deren Erlös verschaffen.

b) Die Beteiligung Dritter an der Globalaktie im Innenverhältnis

Die Beteiligung Dritter im Innenverhältnis kann sich erstrecken auf einzelne der von den zusammengefaßten Einzelaktien beinhalteten

---

35 Eine entsprechende Bestimmung enthielt der Entwurf I zum BGB in § 1185. Sie wurde gestrichen „in der Erwägung, daß sie einen lediglich gedachten Fall" behandelt (*Planck*'s Kommentar zum Bürgerlichen Gesetzbuch und zum Einführungsgesetz, § 1258, Anm. 7). Die Verpfändung eines Teils der in einer Globalaktie zusammengeschlossenen Einzelaktien dürfte demnach einer der wenigen Fälle sein, auf den diese gestrichene, jetzt durch Analogie gewonnene Bestimmung anwendbar ist.

Von § 1258 BGB sind entsprechend anwendbar: Abs. 1, Abs. 2 Satz 2 Halbsatz 1, Abs. 3, 4.

Palandt, § 1258, Anm. 1; *Planck,* § 1258, Anm. 7; *Staudinger*'s Kommentar zum Bürgerlichen Gesetz und zum Einführungsgesetz, § 1258, Anm. 4.

36 *Planck,* § 1258, Anm. 7.

37 D. h. die alleinige Verfügung des Verpfänders über das Pfand muß tatsächlich ausgeschlossen sein; *Staudinger,* § 1206, Anm. 1.

Mitgliedschaftsrechte, auf einen Teil der Einzelaktien in ihrem ganzen Umfang oder auch auf die gesamte Globalaktie.

Besonders im letzten Fall wird es sich zumeist um Unterbeteiligungen handeln; Unterbeteiligungen an Globalaktien können in der Praxis von einer gewissen Bedeutung sein. Als Eigentümer der Globalaktie und damit der darin zusammengefaßten Mehrheit von Einzelaktien tritt hierbei im Außenverhältnis gegenüber der Aktiengesellschaft ein einzelner Aktionär auf; im Innenverhältnis steht er in einem Gesellschaftsverhältnis zu einem oder mehreren Dritten; die Wahrnehmung der Aktionärsrechte erfolgt durch den als Eigentümer auftretenden Gesellschafter, aber zugunsten aller in der Innengesellschaft zusammengeschlossenen Gesellschafter.

B. Die Globalaktie als Teilerscheinung

Die Globalaktie kann im Zusammenhang gesehen werden mit Globalpapieren über vertretbare Kapitalwerte, mit Globalwertpapieren und mit Globalurkunden (im weiteren Sinne).

I. Die Globalaktie als Globalpapier über vertretbare Kapitalwerte

1. Der Begriff des vertretbaren Kapitalpapiers

Die Globalaktie ist eine Urkunde, deren Innehabung zur Ausübung des verbrieften Rechts erforderlich ist; die Globalaktie ist somit ein Wertpapier. Diese Kennzeichnung ist juristischer Art.

Die Globalaktie ist darüber hinaus zum einen ein vertretbares Wertpapier, zum anderen ein Wertpapier, das einen Anspruch auf dauernden Ertrag gewährt, also ein Wertpapier, das Kapitalwerte[1] verbrieft. Die Globalaktie ist somit ein Effekt[2]. Diese Kennzeichnung ist wirtschaftlicher Art.

Die Begriffe „Wertpapier" und „Effekt" decken sich in der Regel; sie haben jedoch beide Einengungen und Ausweitungen erfahren, so daß bald der eine, bald der andere als Oberbegriff auftritt.

Der Wertpapierbegriff ist weiter als der Effektbegriff, indem er auch nicht vertretbare, Kapitalwerte verbriefende Wertpapiere wie Hypotheken-, Grundschuld- und Darlehnsbriefe und auch Geld- und Sachwerte verbriefende Wertpapiere wie Wechsel, Schecks, Banknoten und Zinsscheine sowie Konnossements, Lager- und Ladescheine mit umfaßt.

---

[1] *Liefmann*, Beteiligungs- und Finanzierungsgesellschaften, S. 26.

[2] Vgl., auch zum Folgenden: *Mellerowicz*, in: Die Handelshochschule, 6. Bd., Der Kapitalverkehr, S. 31 ff.; *Liefmann*, a.a.O., S. 26, 27; *Junge*, Inhaberpapiere, Namenspapiere und Bucheffekten, S. 29; ders., in: Handwörterbuch der Betriebswirtschaftslehre, Sp. 1487 ff.

Der Effektbegriff ist weiter als der Wertpapierbegriff, indem er auch nicht verkörperte Kapitalwerte einschließt wie die Schuldbuchgiroforderungen, die Zuteilungsrechte aus der Wertpapierbereinigung und den inscribed stock des englischen Rechts[3].

Die von den Effekten und einem großen Teil der Wertpapiere beinhalteten Kapitalwerte umfassen einen Bereich, der sich von den nicht vertretbaren, verkörperten bis zu den vertretbaren, nicht verkörperten Kapitalwerten erstreckt[4]. Der Teilabschnitt hieraus, auf den sich sowohl Wertpapiere als auch Effekten erstrecken, ist das Gebiet der Papiere über vertretbare Kapitalwerte oder, kurz, der vertretbaren Kapitalpapiere.

Ihr gemeinsames Merkmal ist, daß sie Urkunden mit Wertpapiercharakter über der Art nach gleiche, durch Gesetz, Satzung, Vertrag oder Beschluß für selbständig erklärte, vertretbare, Kapitalwerte darstellende Anteile an einer größenmäßig festgelegten, einem bestimmten Zweck zugeordneten Kapitalmasse sind.

Diese Anteile gewähren entweder ein allgemeines[5], eigentumsähnliches[6] Recht auf eine ihrer Größe entsprechende Beteiligung am Ge-

---

[3] *Junge*, Handwörterbuch, Sp. 1488. Siehe hierzu auch S. 179 u. S. 155.

[4] Das geltende Recht kennt nur vertretbare Sachen, jedoch weder vertretbare Rechte noch vertretbare Werte, die Rechte gewähren, wie die Kapitalwerte. An dieser Auffassung kann nicht mehr unverändert festgehalten werden: „Rechte können nur insoweit als vertretbar angesprochen werden, als sie einen raumfüllenden Rechtsträger haben, oder wenn sie ohne einen solchen als Sachwerte anzusprechen sind" (*Opitz*, Fünfzig depotrechtliche Abhandlungen, S. 563; Sperrungen vom Verf.). Die Erweiterung um die Rechte, die auch ohne Träger als vertretbar angesprochen werden können, ist eine Folge der Entwicklung, die der Sammeldepotgedanke durch Ausbildung der — vom Gesetzgeber teilweise in einigen Sondergesetzen bereits anerkannten — Wertrechtslehre genommen hat. (Siehe S. 173 ff., insbes. S. 178.)
Effekten sind vertretbar. Das muß auch für die unverkörperten gelten; anderenfalls wären sie keine Effekten. Mit Rücksicht auf diese unverkörperten Effekten wird im folgenden nicht nur von vertretbaren Wertpapieren, sondern auch von vertretbaren Rechten bzw. Geld- oder Kapitalwerten gesprochen. Diese Terminologie steht im Einklang mit der neueren Rechtsentwicklung (siehe S. 180). Vgl. hierzu: Opitz, a.a.O., S. 431, 437, 458, 460, 518, 563; auch: *Junge*, Handwörterbuch, Sp. 1487 ff.; ders., Inhaberpapiere, S. 16, 25.
Im übrigen darf die Tatsache, daß der Gesetzgeber in § 91 BGB den Begriff „vertretbar" nur an körperliche Gegenstände = Sachen bindet, nicht die Bedeutung beigemessen werden, daß er in Verbindung mit Rechten undenkbar wäre; es ist nicht einzusehen, weshalb verbriefte Aktienrechte durch Vermittlung der Urkunde als vertretbar, unverbriefte Aktienrechte dagegen als nicht vertretbar bezeichnet werden sollen. Auch unverbriefte Aktien können ihrer Zahl nach im Verkehr bestimmt werden (§ 91 BGB). Zudem sagt § 90 BGB aus, daß lediglich „im Sinne des Gesetzes", also des BGB, nur körperliche Gegenstände Sachen sind.

[5] Diese Rechte sind nur allgemeiner Art. Zu ihrer Geltendmachung bedürfen sie erst noch der Konkretisierung. Siehe S. 40.

[6] Das Recht begründet kein Eigentumsverhältnis zwischen Kapitalgeber und Unternehmung, wie *Mellerowicz*, a.a.O., S. 46, meint. Das Recht ist nur eigentumsähnlich. Siehe S. 39.

sellschaftsvermögen und am Gesellschaftsertrag bei variabler Verzinsung oder einen schuldrechtlichen Anspruch auf Rückgewährung der zur Verfügung gestellten Summe bei fester Verzinsung. Entsprechend unterscheidet man zwischen Anteils- und Kreditpapieren.

Zwischen beiden stehen die Papiere, die Merkmale sowohl der Anteils- als auch der Kreditpapiere zeigen. Sie stellen Effektenmischformen dar[7]. Sie begründen ein Schuldner-Gläubigerverhältnis; die Verzinsung bei ihnen ist zum Teil variabel, zum Teil gemischt variabel-fest, zum Teil fest, dann unter Gewährung weiterer Rechte.

Zu den Anteilspapieren gehören die Aktien, die Kuxe, die Anteilscheine der Bohr- und Kolonialgesellschaften und die Anteilscheine der Kapitalanlagegesellschaften[8]; zu den Kreditpapieren die Anleihen des Staates und der Länder, die Anleihen der Gemeinden und Gemeindeverbände und sonstiger öffentlich-rechtlicher Körperschaften, die Kommunalobligationen, die Hypotheken- und Schiffs-Pfandbriefe, die Rentenbriefe und die Industrieobligationen; zu den Effektenmischformen die Genußscheine sowie die Gewinn- und Wandelschuldverschreibungen[9].

Die rechtliche Selbständigkeit der in den Anteilspapieren verbrieften Rechte ist durch Gesetz (bei Kapitalanlagegesellschaften[10] und bei Gewerkschaften, sofern sie keine Satzung (Statut) haben[11]), durch Satzung[12] (bei Aktiengesellschaften und Gewerkschaften) oder durch Gesellschaftsvertrag (bei Bohr- und Kolonialgesellschaften), die rechtliche Selbständigkeit der in den Kreditpapieren verbrieften Rechte durch Beschluß oder Vertrag gewährleistet. Die rechtliche Selbständig-

---

[7] *Mellerowicz*, a.a.O., S. 52.

[8] Dieses ist der gesetzliche Ausdruck. Gebäuchlicher ist heute noch der Ausdruck „Investmentgesellschaften".

[9] *Mellerowicz*, a.a.O., S. 46, 47—57.
Zu den Effektenmischformen gehören ebenfalls die Vorzugsaktien. Wenn die Ertragsregelung hierbei auch eine große Rolle spielt, so stehen sie doch in einem so starken inneren und rechtlichen Zusammenhang mit den (Stamm-) Aktien, daß von ihrer gesonderten Aufzählung und Behandlung abgesehen wurde.

[10] Die entsprechende Bestimmung ist in § 18 Abs. 3 in Verbindung mit §§ 6 Abs. 1 Satz 1, 17 Abs. 1 Satz 1 Ges. über Kapitalanlagegesellschaften zu sehen.

[11] Die entsprechende Bestimmung ist § 101 ABG.

[12] Auch die Satzungen und Beschlüsse der Hauptversammlungen sowie die Gesellschaftsverträge der Kolonialgesellschaften (gem. § 8 des Gesetzes vom 15. März 1888) beruhen auf Gesetz. Ihr Inhalt und damit die Größe der Anteile unterliegt jedoch, innerhalb der gesetzlich gegebenen Schranken, der freien Bestimmung durch die Gesellschaften, so daß in diesen Fällen als Grundlage für die rechtliche Selbständigkeit der Anteile nicht das Gesetz in Frage kommt.

keit der in den aufgezählten Effektenmischformen verbrieften Rechte ergibt sich aus dem Beschluß der Hauptversammlung[13].

Die Anteile an der bestimmten Kapitalmasse sind der Art, nicht unbedingt der Größe nach gleich. In der Regel werden die Kapitalmassen in mehrere Serien verschieden großer Anteile zerlegt[14]. Die größenmäßige Festlegung und der bestimmte Zweck der Kapitalmasse ergeben sich aus dem Gesetz, der Satzung, dem Vertrag oder dem Beschluß[15].

Die dargestellten Zusammenhänge werden im folgenden noch einmal veranschaulicht:

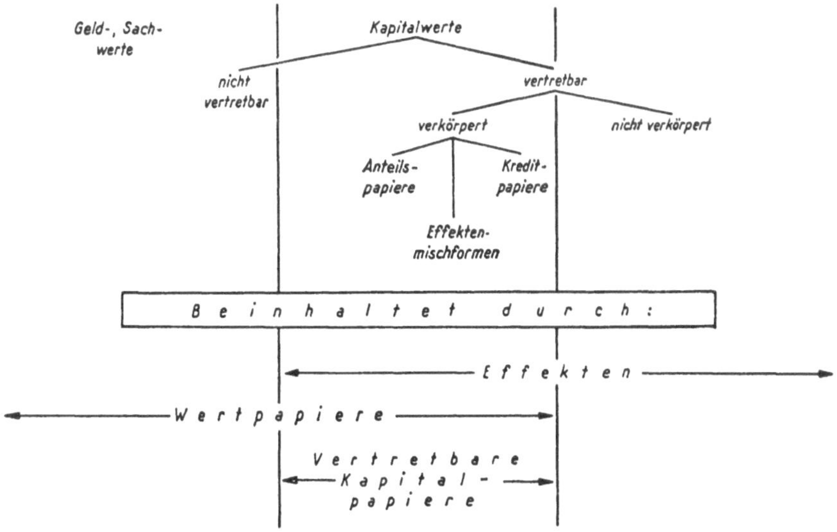

2. Die Globalverbriefung der durch die vertretbaren Kapitalpapiere beurkundeten Rechte

Die Globalaktie wurde als eine Urkunde definiert, in der mehrere Aktienrechte unter Wahrung ihrer rechtlichen Selbständigkeit einheitlich verbrieft sind. Die Globalaktie ist mithin eine Urkunde über mehrere vertretbare Kapitalwerte in der Form von Aktienrechten oder — wenn man auf die über diese Kapitalwerte ausgestellten Einzelurkunden abstellt — die Zusammenfassung mehrerer vertretbarer Kapitalpapiere in der Form von Einzelaktien in einer Urkunde.

---

[13] Zu unterscheiden von dem Beschluß über die Ausgabe von Wandelschuldverschreibungen (§ 174 AktG) ist gegebenenfalls der Beschluß über die bedingte Kapitalerhöhung (§ 159 AktG); er ist erforderlich, da die bedingte Kapitalerhöhung eine Satzungsänderung darstellt.

[14] Für Aktien vgl. S. 126.

[15] So z. B. für die Kapitalmasse, deren Anteile Aktien sind, aus der Bestimmung der Satzung, Grundkapital (= Mindestgarantiefonds) zu sein.

Die Eignung der Aktienrechte zu einer globalen Verbriefung ergibt sich daraus, daß sie verselbständigte und vertretbare Teilberechtigungen[16] an einer Kapitalmasse gewähren. Trägt die Kapitalmasse einen anderen, sich von dem der Aktienkapitalmasse unterscheidenden Charakter, erfolgt jedoch ebenfalls eine Aufteilung in einzelne selbständige und vertretbare, wenigstens in Serien gleich hohe, Kapitalwerte darstellende Anteile, dann besteht zwischen diesen so gewonnenen Anteilen und den Aktien-Anteilen nur ein Unterschied der Art, nicht dem Wesen nach. Solche andere Anteile sind zum Beispiel die Obligationen.

Hieraus folgt, daß nicht die eine besondere Form des vertretbaren Kapitalwertes in Gestalt der Aktie eine Globalverbriefung ermöglicht, sondern die Natur des vertretbaren Kapitalwertes an sich. Alle vertretbaren, zur Beurkundung in Einzelurkunden geeigneten, der Art nach gleichen Kapitalwerte sind einer Globalverbriefung, alle vertretbaren, der Art nach gleichen Kapitalpapiere einer Zusammenfassung in einer Globalurkunde[17] fähig. Das Ergebnis der Globalverbriefung ist das G l o b a l p a p i e r ü b e r v e r t r e t b a r e K a p i t a l w e r t e. Es ist folgendermaßen zu definieren:

> Ein Globalpapier über vertretbare Kapitalwerte ist ein Wertpapier, in dem mehrere, der Art nach gleiche, durch Gesetz, Satzung, Vertrag oder Beschluß für selbständig erklärte, vertretbare, Kapitalwerte darstellende Anteile an einer größenmäßig festgelegten, einem bestimmten Zweck zugeordneten Kapitalmasse unter Wahrung ihrer rechtlichen Selbständigkeit einheitlich verbrieft sind.

Globalpapiere über n i c h t v e r t r e t b a r e Kapitalwerte sind zwar denkbar, aber ohne jeden praktischen Wert. Wollte man sie bilden, zum Beispiel in Form von Globaldarlehnsscheinen oder Globalhypothekenbriefen, müßte man entweder die einheitliche Schuld in Teilforderungen aufteilen oder aber mehrere voneinander unabhängige Darlehen oder Hypotheken vereinigen und in dem einen Falle über die Teilforderungen, in dem anderen Falle über die einzelnen Teile der nunmehr entstandenen Gesamtheit eine einheitliche Urkunde ausstellen.

In dem einen Fall entstände als Ergebnis nichts anderes als eine Globalobligation bzw. ein Globalpfandbrief, also ein Globalpapier über vertretbare Kapitalwerte.

In dem anderen Falle müßten die besonderen Modalitäten j e d e s einzelnen Darlehens bzw. j e d e r einzelnen Hypothek gesondert für sich in der einen Urkunde aufgeführt werden. Das widerspräche jedoch

---

[16] Vgl. zu diesem Ausdruck: *Schmey*, a.a.O., S. 61.
[17] Im weiteren Sinne, siehe S. 84.

dem Sinn der Globalverbriefung. Der Sinn der Globalverbriefung liegt, ganz allgemein, darin, das mehreren Anteilen an einer Kapitalmasse Gemeinsame herauszustellen und ein einziges Mal in einer Urkunde aufzuführen.

Die Vertretbarkeit der Anteile rechtfertigt somit überhaupt erst die Globalverbriefung. Sie soll daher als wesentliche Voraussetzung der Globalverbriefung angesehen und der Begriff „Globalverbriefung" auf die einheitliche Verbriefung vertretbarer Anteile an einer Kapitalmasse beschränkt werden.

3. Die einzelnen Globalpapiere über vertretbare Kapitalwerte

Es sind zu unterscheiden Globalanteilspapiere, Globalkreditpapiere und die in Globalpapieren zusammengefaßten Effektenmischformen.

a) Die Globalanteilspapiere

Zu ihnen gehören die Globalurkunden über Aktienrechte, die Globalkuxe, die Globalanteilscheine der Bohr- und Kolonialgesellschaften und die Globalanteilscheine der Kapitalanlagegesellschaften.

aa) Die Globalurkunden über Aktienrechte

Unter den Globalpapieren über vertretbare Kapitalwerte — wie überhaupt unter den in Deutschland vertretenen Globalpapieren — haben die Globalurkunden über Aktienrechte und hierunter wiederum die Globalaktien die größte Bedeutung. Die in ihnen zusammengefaßten Kapitalmassen erreichen einen Umfang, der von den in den übrigen Globalpapieren verbrieften Kapitalien nicht erreicht wird. Auch der Anzahl nach liegen sie weit vor den übrigen Globalpapieren an der Spitze.

Historisch gesehen, haben sie sich zuerst entwickelt; ein Einfluß auf die Entwicklung der anderen Globalpapiere ist unverkennbar.

bb) Die Globalkuxe

Die von den bergrechtlichen Gewerkschaften neuen Rechts[18] ausgegebenen Kuxe verbriefen sowohl das Mitgliedschaftsrecht des Gewerken als auch seinen quotenmäßig bestimmten Anteil am Gesellschaftsvermögen[19]. Die Übertragung der Anteilsrechte erfolgt ausschließlich durch schriftliche Zession. Zur Geltendmachung der Rechte ist jedoch die Eintragung im Gewerkenbuch erforderlich; diese wieder-

---

[18] Ihnen gegenüber stehen die Gewerkschaften alten Rechts; es sind die Gewerkschaften, die bei Erlaß des Allgemeinen Berggesetzes schon bestanden und ihre Kuxe nicht mobilisiert haben; die Kuxe dieser Gewerkschaften werden wie Grundstücke behandelt. Im übrigen sind sie keine juristischen Personen; ihre Kuxeneinteilung ist eine andere.
Voelkel, Grundzüge des preußischen Bergrechts, S. 184.

[19] Ein Grundkapital besteht nicht; *Mellerowicz*, a.a.O., S. 51.

um erfolgt nur gegen Vorlage des Kuxscheins. Dem Kux ist infolgedessen Wertpapiereigenschaft zuerkannt worden; er ist ein Rektapapier[20].

Die Verbriefung mehrerer Anteile an der Gewerkschaft in einem Kuxschein ist möglich, durch das Allgemeine Berggesetz für die preußischen Staaten vom 24. Juni 1865, § 103 Abs. 2, sogar ausdrücklich zugelassen worden: „Die Kuxscheine sind nach der Wahl des Gewerken über die einzelnen Kuxe oder über eine Mehrheit derselben auszustellen."

Die Kuxe sind heute weitestgehend von den Aktien verdrängt[21]. Infolgedessen kommen auch Globalkuxe in der Praxis heute kaum noch vor.

cc) Die Globalanteilscheine der Bohr- und Kolonialgesellschaften

Bohr- und Kolonialgesellschaften sind äußerst selten vertretene Gesellschaftsformen.

Bohrgesellschaften werden sehr oft als Gesellschaft bürgerlichen Rechts mit unbeschränkter Haftung der Mitglieder betrieben. Die Kolonialgesellschaft ist eine durch das Schutzgebietsgesetz[22] geregelte besondere Gesellschaftsform mit festem, in Anteile zerlegtem Grundkapital.

Über die Anteile am Vermögen der Bohrgesellschaft und am Grundkapital der Kolonialgesellschaft können Anteilscheine ausgegeben werden. Sie können ebenfalls global verbrieft werden. Bei beiden Gesellschaftstypen sind jedoch in der Praxis Globalanteilscheine unbekannt[23].

dd) Die Globalanteilscheine der Kapitalanlagegesellschaften

Nach § 1 des Gesetzes über Kapitalanlagegesellschaften vom 16. April 1957 sind Kapitalanlagegesellschaften „Unternehmen, deren Geschäftsbereich darauf gerichtet ist, bei ihnen eingelegtes Geld im eigenen Namen für gemeinschaftliche Rechnung der Einleger nach dem Grundsatz der Risikomischung in Wertpapieren gesondert von dem eigenen Vermögen anzulegen ...".

Die mit den eingelegten Geldern erworbenen Wertpapiere bilden einen Fonds, der entweder im Miteigentum der Einleger oder im treu-

---

[20] Vgl. *Voelkel*, a.a.O., S. 176, 177; *Isay*, Allgemeines Berggesetz für die preußischen Staaten, S. 520; *Mellerowicz*, a.a.O., S. 51; *Rehfeldt*, a.a.O., S. 3.

[21] *Mellerowicz*, a.a.O., S. 51.

[22] Die Kolonialgesellschaft ist zum erstenmal geregelt in dem am 15. März 1888 verkündeten und in Kraft getretenen Gesetz wegen Abänderung des Gesetzes, betreffend die Rechtsverhältnisse der deutschen Schutzgebiete vom 17. April 1886, §§ 8—10. Durch das Gesetz vom 25. Juli 1900 wurde das Gesetz, betreffend die Rechtsverhältnisse der deutschen Schutzgebiete, in „Schutzgebietsgesetz" umbenannt.

[23] Vgl. zum Vorstehenden: *Mellerowicz*, a.a.O., S. 52.

händerischen Eigentum der Kapitalanlagegesellschaft steht (§ 6 Abs. 1 Ges. über Kapitalanlagegesellschaften)[24].

Die in Deutschland bisher gegründeten Kapitalanlagegesellschaften[25] sind nach dem Prinzip des Miteigentums der Einleger am Fonds aufgebaut. Den Einlegern steht hiernach an dem Fondsvermögen ein Gemeinschaftseigentum nach Bruchteilen zu (§§ 1008 ff., 741 ff. BGB)[26]. Darüber hinaus bilden sie eine Gläubigergemeinschaft[27] hinsichtlich der zum Fonds gehörenden Forderungen. Das Verhältnis der Einleger zueinander und zum Fondsvermögen bestimmt sich somit nach den Regeln der Rechtsgemeinschaft im Sinne der §§ 741 ff. BGB[28].

Die Gesellschaft hat bei dieser Regelung die Stellung einer Verwalterin, die durch Vertrag (im Sinne des § 675 BGB) besonders verpflichtet wird.

Über die Rechte der Einleger, die sich aus der Einlage der Gelder ergeben, werden Urkunden, Anteilscheine, auch Zertifikate genannt, ausgestellt (§ 1 Abs. 1 Ges. über Kapitalanlagegesellschaften). Sie verbriefen das Miteigentumsrecht des Eigentümers an dem Fonds-Vermögen[29] und außerdem den Anspruch, gegen Rückgabe des Anteilscheins die Auszahlung des Wertes zu verlangen, den der Anteil zur Zeit der Geltendmachung des Rückgaberechts aufweist, sowie den Anspruch auf Auszahlung der auf den Anteil entfallenden Fonds-Erträge.

---

[24] Vgl.: *Dürre*, in: Die Sparkasse, Zeitschrift des deutschen Sparkassen- und Giroverbandes, Heft 14/1956, S. 220, Heft 9/1957, S. 132.

[25] Es bestehen zur Zeit in Deutschland die folgenden Kapitalanlagegesellschaften:

1. Allgemeine Deutsche Investment GmbH, München
   (verwaltete Fonds: Fondak, Fondra und Fondis),
2. Union-Investment-Gesellschaft, Frankfurt
   (verwaltete Fonds: Unifonds, Uscafonds),
3. Deutscher Investment Trust Gesellschaft für Wertpapieranlagen mbH,
   Frankfurt (verwalteter Fonds: Concentra),
4. Deutsche Kapitalanlagegesellschaft mbH., Düsseldorf
   (verwalteter Fonds: Dekafonds I),
5. Deutsche Gesellschaft für Wertpapiersparen mbH, Hamburg
   (verwalteter Fonds: Investa),

sowie als ausländische Gesellschaft, die auch an den deutschen Börsen vertreten ist,

6. Television Electronics Fund, Chicago.

[26] Vgl. hierzu, auch zum Folgenden: *Barocka*, Investment-Sparen und Investment-Gesellschaften, S. 59 ff.

[27] Der in den Vertragsbestimmungen hierfür gebräuchliche Ausdruck „Gesamtgläubiger" ist irreführend. Gläubigergemeinschaft = Mitberechtigung mehrerer Personen an einer Forderung. *Barocka*, a.a.O., S. 60. Vgl. auch *Palandt*, Überblick vor § 420, Anm. 4 a.

[28] Die Gemeinschaft der Zertifikatseigentümer stellt allerdings eine Gemeinschaft besonderer Art dar; vgl. *Barocka*, a.a.O., S. 61.

[29] *Barocka*, a.a.O., S. 80.

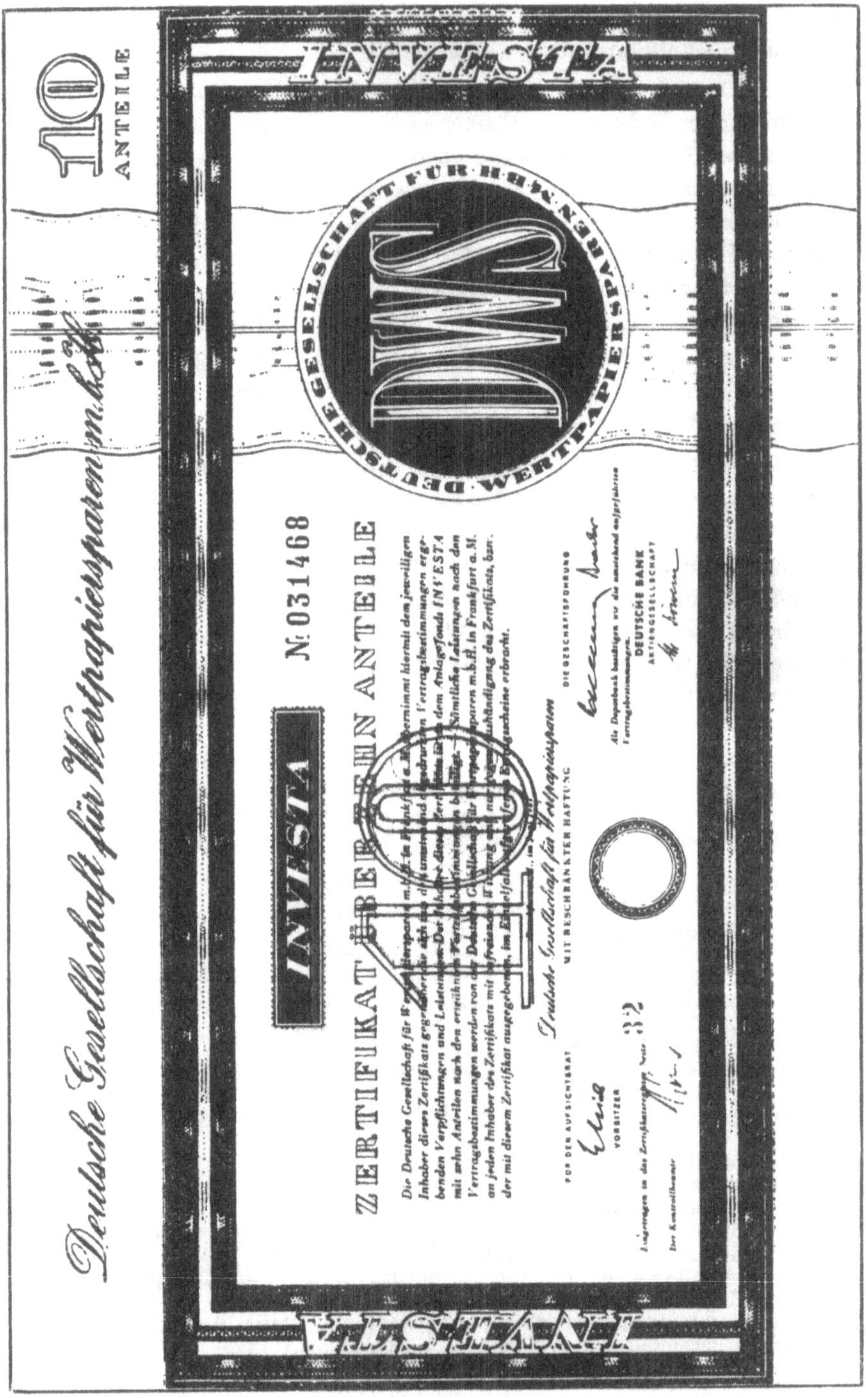

Deutsche Gesellschaft für Wertpapiersparen m.b.H.

10 ANTEILE

INVESTA

INVESTA №031468

ZERTIFIKAT ÜBER ZEHN ANTEILE

Die Deutsche Gesellschaft für Wertpapiersparen m.b.H. in Frankfurt a. M. übernimmt hiermit dem jeweiligen Inhaber dieses Zertifikats gegenüber die sich aus den umstehend abgedruckten Vertragsbestimmungen ergebenden Verpflichtungen und Leistungen. Der Inhaber dieses Zertifikats ist an dem Anlagefonds INVESTA mit zehn Anteilen nach den erwähnten Vertragsbestimmungen beteiligt. — Sämtliche Leistungen nach den Vertragsbestimmungen werden von der Deutschen Gesellschaft für Wertpapiersparen m.b.H. in Frankfurt a. M. an jeden Inhaber des Zertifikats mit befreiender Wirkung und nur gegen Aushändigung des Zertifikats, bzw. der mit diesem Zertifikat ausgegebenen, im Einzelfalle aufgerufenen Ertragsscheine erbracht.

Frankfurt a. M., im [illegible]

Deutsche Gesellschaft für Wertpapiersparen
MIT BESCHRÄNKTER HAFTUNG

FÜR DEN AUFSICHTSRAT
VORSITZER

DIE GESCHÄFTSFÜHRUNG

Eingetragen in das Zertifikatsregister Seite 32

Der Kontrollbeamte

Als Depotbank bestätigen wir die umstehend aufgeführten Vertragsbestimmungen.
DEUTSCHE BANK
AKTIENGESELLSCHAFT

DEUTSCHE GESELLSCHAFT FÜR WERTPAPIERSPAREN M.B.H.
DWS

Die Anteilscheine sind Wertpapiere[30] und zwar entweder Inhaberpapiere oder Namenspapiere (§ 17 Abs. 1 Ges. über Kapitalanlagegesellschaften)[31].

In der Regel werden die Anteilscheine über einen Anteil am Fondsvermögen lauten. Es können jedoch auch Scheine über mehrere Anteile desselben Fondsvermögens ausgestellt werden. Es entstehen dann Globalanteilscheine. Diese Möglichkeit ist im Gesetz ausdrücklich zugelassen (§ 17 Abs. 2 Ges. über Kapitalanlagegesellschaften).

Eine Notwendigkeit zu dieser gesetzlichen Feststellung besteht jedoch nicht[32/33]. Auch die Globalanteilscheine bilden nur die Zusammenfassung mehrerer Einzelanteilscheine bzw. verbriefen nur mehrere Einzelanteile in einer Urkunde. Hieran ändert die Tatsache nichts, daß die Globalanteilscheine im Gegensatz zur Globalaktie eine eigene Ordnungsnummer tragen.

Die Möglichkeit einer Ausstellung von Globalanteilscheinen wird ausdrücklich noch einmal in den Anteilsverträgen zwischen den deutschen Kapitalanlagegesellschaften und den Inhabern der Anteilscheine eröffnet; so zum Beispiel im § 1 Abs. 1 des Vertrages der Deutschen Investment Trust Gesellschaft für Wertpapieranlagen mbH, im § 1 Abs. 2 des Vertrages der Allgemeinen Deutschen Investment GmbH bezüglich des Fonds industrieller Spezialwerte (Fondis) und im § 2 Abs. 1 des Vertrages der Deutschen Kapitalanlagegesellschaft mbH sowie der Deutschen Gesellschaft für Wertpapiersparen mbH.

Nach diesen Vertragsbestimmungen können die Anteilscheine bei den einzelnen Gesellschaften über 1 oder 10[34], über 1, 5 oder 10, über 1, 2, 5 oder 10 sowie über 1, 5, 10 oder 100 Anteile lauten[35].

b) Die Globalkreditpapiere

Kreditpapiere verbriefen Anteile an einer als Darlehen gegebenen Kapitalmasse.

Kreditpapiere kommen in der Praxis im allgemeinen nur als Einzelpapiere vor. Sie lauten sehr oft auf so große Nominalwerte, daß eine Notwendigkeit zur Globalverbriefung in der Regel nicht besteht. Das ist vor allem bei den Schuldverschreibungen mit hypothekarischer Sicherung, den Hypothekenpfandbriefen, der Fall.

---

30 Vgl. auch § 21 Abs. 3 Ges. über Kapitalanlagegesellschaften.

31 Vgl. Anteilsvertrag der Deutschen Kapitalanlagegesellschaft mbH, § 3 Abs. 4 Satz 2: „Sofern nichts anderes vereinbart ist, gilt die Übernahme des Anteilscheins als Übertragung dieser Rechte."

32 Die Anteilscheine sind keine Nominal-, sondern Quotenpapiere. Sie entsprechen daher mehr den Kuxen als den Aktien. Die Ausstellung von Globalkuxen ist ebenfalls ausdrücklich geregelt.

33 Siehe S. 103.

34 Vgl. Abbildung S. 80.

35 In folgender Reihenfolge: Investa, Fondis, Dekafonds I, Concentra.

Auch die verbrieften[36] Anleihen des Staates, die Staatsschuldverschreibungen, und die Industrieobligationen treten in der Regel als Einzelstücke auf. Im Jahre 1938 jedoch ging die Reichsschuldenverwaltung dazu über, Globalschuldverschreibungen in einem Nominalwert von 1, 10, 100 Millionen Reichsmark und darüber zu drucken[37]. Sie waren zur Verwahrung im Sammeldepot[38] bestimmt. Im Zuge der Aufrüstung wurden Schuldverschreibungen in so großen Mengen ausgegeben, daß ihre Verwahrung in den Wertpapiersammelbanken allmählich immer schwieriger wurde. Die Globalschuldverschreibungen lösten das Problem in einfachster Weise.

Insbesondere die Globalschuldverschreibungen bildeten den Anstoß zu einer Entwicklung, die zur Herausbildung der Lehre vom Wertrecht führte[39].

Aus den gleichen Gründen wurden in jenen Jahren Globalindustrieobligationen bei den Wertpapiersammelbanken hinterlegt.

Nach dem 2. Weltkrieg wurden Globalschuldverschreibungen des Staates und Globalindustrieobligationen nicht mehr ausgegeben.

c) Die in Globalpapieren zusammengefaßten Effektenmischformen

Hierunter können in Globalpapieren vereinigte Genußscheine sowie Gewinn- und Wandelschuldverschreibungen fallen: die Globalgenußscheine sowie die Globalgewinn- und Globalwandelschuldverschreibungen.

Alle drei Arten von Globalpapieren sind in der Praxis unbekannt.

II. Die Globalaktie als Globalwertpapier

1. Die Definition des Globalwertpapiers

Den Kapitalwerten gegenüber stehen die Geldwerte. Sie können vertretbar oder nicht vertretbar sein. Werden die vertretbaren Geldwerte verbrieft, so entstehen die Papiere über vertretbare Geldwerte oder, kurz, die vertrebaren Geldpapiere. Ihre globale Verbriefung ergibt die Globalpapiere über vertretbare Geldwerte.

Bezieht man in den Begriff der Globalpapiere über vertretbare Kapitalwerte auch die Globalpapiere über vertretbare Geldwerte ein, so erhält man die Globalwertpapiere. Für sie gilt die folgende Definition:

Ein Globalwertpapier ist ein Wertpapier, in dem mehrere, der Art nach gleiche, durch Gesetz, Satzung, Vertrag oder Beschluß für selb-

---

36 Im Gegensatz zu den unverbrieften, den Schuldbuchforderungen.

37 *Opitz*, a.a.O., S. 478, 510.

38 Vgl. S. 176.

39 Vgl. S. 178.

ständig erklärte, vertretbare, Geld- oder Kapitalwerte darstellende Anteile an einer größenmäßig festgelegten, einem bestimmten Zweck zugeordneten Kapitalmasse unter Wahrung ihrer rechtlichen Selbständigkeit einheitlich verbrieft sind.

Die Sachwerte verkörpernden Wertpapiere bleiben außer Betracht. Sie verbriefen im wesentlichen Ansprüche auf Herausgabe von Waren. Auf sie soll der Begriff der Globalverbriefung nicht ausgedehnt werden.

Von praktischer Bedeutung unter den Papieren, die durch Ausweitung der Globalpapiere über vertretbare Kapitalwerte zu Globalwertpapieren hinzukommen, sind nur die Globalgewinnanteilscheine.

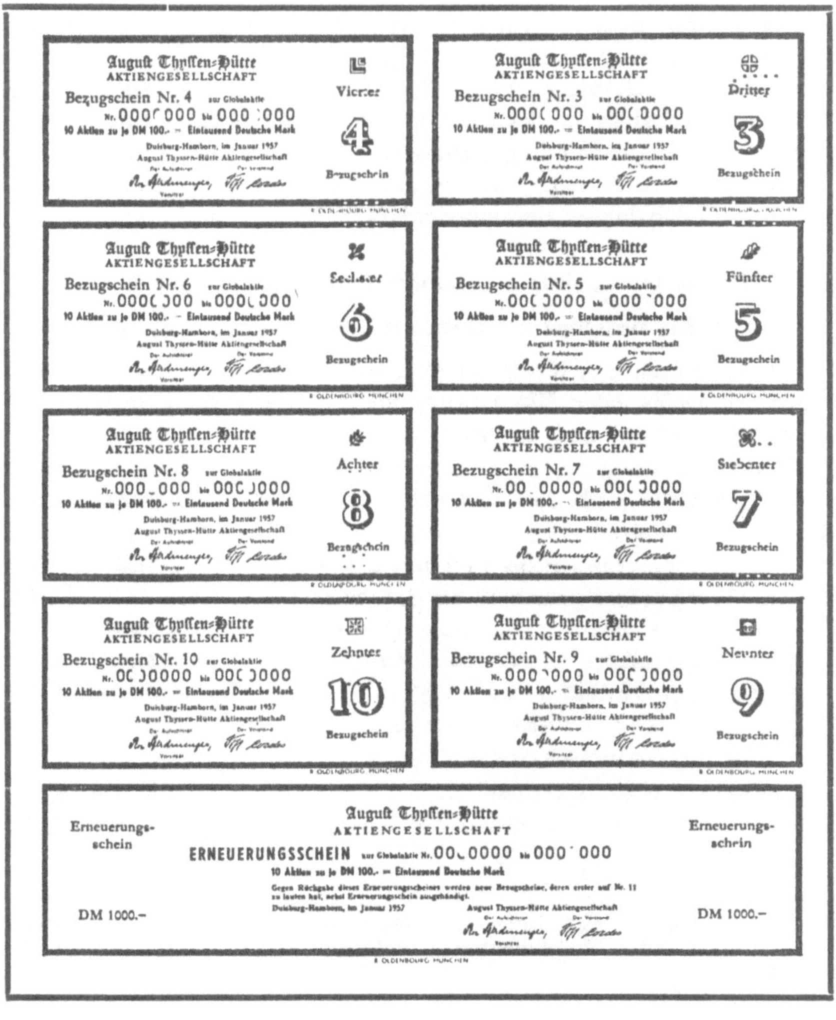
August Thyssen-Hütte
AKTIENGESELLSCHAFT
Bezugschein Nr. 4 zur Globalaktie
Nr. 000 000 bis 000 000
10 Aktien zu je DM 100.- = Eintausend Deutsche Mark
Duisburg-Hamborn, im Januar 1957
August Thyssen-Hütte Aktiengesellschaft
Der Aufsichtsrat Der Vorstand
Vorsitzer
Vierter 4 Bezugschein
R. Oldenbourg München

August Thyssen-Hütte
AKTIENGESELLSCHAFT
Bezugschein Nr. 3 zur Globalaktie
Nr. 000 000 bis 000 000
10 Aktien zu je DM 100.- = Eintausend Deutsche Mark
Duisburg-Hamborn, im Januar 1957
August Thyssen-Hütte Aktiengesellschaft
Der Aufsichtsrat Der Vorstand
Vorsitzer
Dritter 3 Bezugschein
R. Oldenbourg München

August Thyssen-Hütte
AKTIENGESELLSCHAFT
Bezugschein Nr. 6 zur Globalaktie
Nr. 000 000 bis 000 000
10 Aktien zu je DM 100.- = Eintausend Deutsche Mark
Duisburg-Hamborn, im Januar 1957
August Thyssen-Hütte Aktiengesellschaft
Der Aufsichtsrat Der Vorstand
Vorsitzer
Sechster 6 Bezugschein
R. Oldenbourg München

August Thyssen-Hütte
AKTIENGESELLSCHAFT
Bezugschein Nr. 5 zur Globalaktie
Nr. 000 000 bis 000 000
10 Aktien zu je DM 100.- = Eintausend Deutsche Mark
Duisburg-Hamborn, im Januar 1957
August Thyssen-Hütte Aktiengesellschaft
Der Aufsichtsrat Der Vorstand
Vorsitzer
Fünfter 5 Bezugschein
R. Oldenbourg München

August Thyssen-Hütte
AKTIENGESELLSCHAFT
Bezugschein Nr. 8 zur Globalaktie
Nr. 000 000 bis 000 000
10 Aktien zu je DM 100.- = Eintausend Deutsche Mark
Duisburg-Hamborn, im Januar 1957
August Thyssen-Hütte Aktiengesellschaft
Der Aufsichtsrat Der Vorstand
Vorsitzer
Achter 8 Bezugschein
R. Oldenbourg München

August Thyssen-Hütte
AKTIENGESELLSCHAFT
Bezugschein Nr. 7 zur Globalaktie
Nr. 000 000 bis 000 000
10 Aktien zu je DM 100.- = Eintausend Deutsche Mark
Duisburg-Hamborn, im Januar 1957
August Thyssen-Hütte Aktiengesellschaft
Der Aufsichtsrat Der Vorstand
Vorsitzer
Siebenter 7 Bezugschein
R. Oldenbourg München

August Thyssen-Hütte
AKTIENGESELLSCHAFT
Bezugschein Nr. 10 zur Globalaktie
Nr. 000 000 bis 000 000
10 Aktien zu je DM 100.- = Eintausend Deutsche Mark
Duisburg-Hamborn, im Januar 1957
August Thyssen-Hütte Aktiengesellschaft
Der Aufsichtsrat Der Vorstand
Vorsitzer
Zehnter 10 Bezugschein
R. Oldenbourg München

August Thyssen-Hütte
AKTIENGESELLSCHAFT
Bezugschein Nr. 9 zur Globalaktie
Nr. 000 000 bis 000 000
10 Aktien zu je DM 100.- = Eintausend Deutsche Mark
Duisburg-Hamborn, im Januar 1957
August Thyssen-Hütte Aktiengesellschaft
Der Aufsichtsrat Der Vorstand
Vorsitzer
Neunter 9 Bezugschein
R. Oldenbourg München

Erneuerungsschein
August Thyssen-Hütte
AKTIENGESELLSCHAFT
ERNEUERUNGSSCHEIN zur Globalaktie Nr. 000 000 bis 000 000
10 Aktien zu je DM 100.- = Eintausend Deutsche Mark
Gegen Rückgabe dieses Erneuerungsscheines werden neue Bezugscheine, deren erster auf Nr. 11 zu lauten hat, nebst Erneuerungsschein ausgehändigt.
Duisburg-Hamborn, im Januar 1957
August Thyssen-Hütte Aktiengesellschaft
Der Aufsichtsrat Der Vorstand
Vorsitzer
DM 1000.-
Erneuerungsschein
DM 1000.-
R. Oldenbourg München

2. Die Globalgewinnanteilscheine

Die den Einzelaktien beigefügten (Einzel-)Gewinnanteilscheine erleichtern die Wahrnehmung der durch sie gewährten Vermögensrechte. Würde an diesen Einzelgewinnanteilscheinen auch bei Zusammenfassung von Einzelaktien in einer Globalaktie festgehalten werden, verlöre die Globalaktie hinsichtlich der Ausübung der in ihr enthaltenen Vielzahl von Vermögensrechten jegliche Bedeutung.

Aus diesem Grund werden die Einzelgewinnanteilscheine zu Globalgewinnanteilscheinen verbunden. Jeder einzelne Globalgewinnanteilschein trägt die Nummern der Einzelaktien, die in der dazugehörigen Globalaktie zusammengefaßt sind[40].

Seiner Erneuerung dient wiederum ein Talon. Da er das Recht auf Ausgabe eines neuen Globalgewinnanteilschein-Bogens gewährt, soll er die Bezeichnung Globaltalon tragen.

Werden die Globalgewinnanteilscheine zum Bezug neuer Aktien verwendet, erhalten sie den Charakter von Globalbezugsrechtsscheinen. Jeder einzelne Globalbezugsrechtsschein verbrieft das Recht auf den Bezug so vieler Aktien, wie auf die Gesamtheit der in der dazugehörigen Globalaktie zusammengefaßten Einzelaktien entfallen[41].

III. Die Globalaktie als Globalurkunde im weiteren Sinne

1. Die Definition der Globalurkunde im weiteren Sinne

Erweitert man den Kreis der Globalwertpapiere um die einen vertretbaren Geld- oder Kapitalwert verbriefenden Globalpapiere, die keine Wertpapiere sind, so erhält man die G l o b a l u r k u n d e n.

Es sind Globalurkunden im weiteren Sinne im Unterschied zu dem die Globalaktie und den Globalzwischenschein zusammenfassenden Begriff „Globalurkunde im engeren Sinne“[42].

> Eine Globalurkunde im weiteren Sinne ist eine Urkunde mit oder ohne Wertpapiereigenschaft, in der mehrere, der Art nach gleiche, durch Gesetz, Satzung, Vertrag oder Beschluß für selbständig erklärte, vertretbare, Geld- oder Kapitalwerte darstellende Anteile an einer größenmäßig festgelegten, einem bestimmten Zweck zugeordneten Kapitalmasse unter Wahrung ihrer rechtlichen Selbständigkeit einheitlich verbrieft sind.

Hierbei ist unter Urkunde die Verkörperung einer aus sich selbst heraus verständlichen Erklärung zu verstehen, die geeignet und be-

---

[40] Siehe Abbildung S. 83.

[41] Systematisch gehören die Globalbezugsrechtsscheine nicht zu den Globalwertpapieren, sondern bilden eine eigene Gruppe. Sie wurden an dieser Stelle wegen ihres Zusammenhangs mit den Globalgewinnanteilscheinen erwähnt.

[42] Siehe S. 65.

stimmt ist, etwas Rechtserhebliches zu beweisen, und die den Aussteller angibt[43].

Aus dem Kreis der Einzelpapiere, die, zu Globalpapieren zusammengefaßt, zu den Globalpapieren über vertretbare Geld- oder Kapitalwerte ohne Wertpapiereigenschaft gehören und damit unter die Globalurkunden im weiteren Sinne fallen, soll der GmbH-Anteilschein herausgegriffen werden.

2. Die Global-GmbH-Anteil- und Teilanteilscheine

a) Die GmbH-Geschäftsanteile

Die Gesellschaft mit beschränkter Haftung ist wie die Aktiengesellschaft eine Kapitalgesellschaft, und zwar eine Nominalkapitalgesellschaft[44]. Ihre Grundlage bildet das dem Grundkapital entsprechende Stammkapital. Es ist aufgeteilt in Anteile, die als Stammeinlagen von den Gesellschaftern übernommen werden[45]. Die hierdurch erworbene Mitgliedschaft trägt bei der GmbH die besondere Bezeichnung „Geschäftsanteil"; sie ist — wie die Aktie — ein Inbegriff von Rechten und Pflichten[46].

Jeder Gesellschafter kann bei der Errichtung der Gesellschaft nur einen Geschäftsanteil erwerben (§ 5 Abs. 2 GmbHG). Erwirbt er später weitere Gesellschaftsanteile, so behalten sie ihre Selbständigkeit (§ 15 Abs. 2 GmbHG)[47].

b) Die Global-GmbH-Anteilscheine

Die Geschäftsanteile können in Anteilscheinen verbrieft werden. Ein Anspruch auf ihre Ausstellung besteht nicht. Ihrer rechtlichen Natur nach sind sie Beweisurkunden, keine Wertpapiere. Sie können allerdings durch Gesellschaftsvertrag den Wertpapieren angenähert werden[48].

Erfolgt eine Verbriefung der Gesellschaftsanteile, so verfügt jeder Gesellschafter über so viele Anteilscheine, wie er nach durchgeführter Gesellschaftsgründung Geschäftsanteile erworben hat. Die Anteilscheine sind vertretbar. Hieraus und aus der rechtlichen Selbständigkeit der in ihnen verbrieften Geschäftsanteile ergibt sich die Möglichkeit, sie in einer Globalurkunde zusammenzufassen.

---

[43] *Welzel*, Das deutsche Strafrecht, S. 296.

[44] *Schmalenbach*, Beteiligungsfinanzierung, S. 113.

[45] *Schilling* in *Hachenburg*, Kommentar zum Gesetz betreffend die Gesellschaften mit beschränkter Haftung, § 14, Anm. 1—3.

[46] Vgl.: *Schilling* in *Hachenburg*, GmbH-Ges., § 14, Anm. 2—10, 16, 17.

[47] Die rechtliche Selbständigkeit ergibt sich aus dem Gesellschaftsvertrag (= Satzung bei der AG) (§ 3 GmbHG; vgl. auch § 15 Abs. 2 GmbHG), im Falle der Veräußerung von Teilen eines Geschäftsanteiles aus dem Beschluß, in dem die Genehmigung zur Veräußerung erteilt wird (§ 17 GmbHG).

[48] Vgl.: *Schilling* in *Hachenburg*, GmbH-Ges., Anh. zu § 14, Anm. 1—7.

Auf die Global-GmbH-Anteilscheine würden die für die Globalaktien geltenden Regeln in entsprechender Weise Anwendung finden müssen. Insbesondere stände einer Übertragung eines Globalanteilscheins nichts im Wege, da die gleichzeitige Übertragung mehrerer Geschäftsanteile an einen oder mehrere Erwerber rechtlich zulässig ist[49].

Eine derartige Globalverbriefung von GmbH-Anteilscheinen wäre unter Umständen genau so sinnvoll wie die von Aktien. Dennoch wird in der Praxis von ihr kein Gebrauch gemacht. Das mag seinen Grund darin haben, daß die Vereinigung einer großen Anzahl von Anteilscheinen in einer Hand selten vorkommt. Sie ist vor allem für den Fall denkbar, daß ein Gesellschafter weitere Geschäftsanteile nicht einheitlich, sondern nacheinander unter Aufteilung in mehrere Teilanteile[50] erwirbt.

Den Gesetzgeber würde eine Globalverbriefung in seinem Bestreben unterstützen, den Handel mit GmbH-Anteilen zu erschweren und den Grundsatz der einheitlichen Beteiligung zu wahren[51].

c) Die Global-GmbH-Teilanteilscheine

Jeder Geschäftsanteil kann — im Unterschied zur Aktie — zum Zwecke der Veräußerung oder zur Aufhebung eines an dem Geschäftsanteil bestehenden Gemeinschaftsverhältnisses (§ 17 Abs. 6 GmbHG[52]) in weitere Teile zerlegt werden[53]. Während die Übertragung von ganzen Geschäftsanteilen, vorbehaltlich entgegenstehender Bestimmungen im Gesellschaftsvertrag, ohne Zustimmung der Gesellschaft erfolgen kann, bedarf es zur Veräußerung dieser Teile von Geschäftsanteilen der Genehmigung durch die Gesellschaft (§ 17 Abs. 1 GmbHG)[54]. Hinzu kommt als besondere Erschwerung der Veräußerung und zur Verhinderung der Vervielfältigung von Geschäftsanteilen die besondere Vorschrift des § 17 Abs. 5 GmbHG, der zufolge eine gleichzeitige Übertragung mehrerer Teile von Geschäftsanteilen eines Gesellschafters an denselben Erwerber unzulässig ist. Nach der Übertragung bzw. nach der Auflösung der Gemeinschaft entstehen aus dem einen, in Teile zerlegten Geschäftsanteil mehrere neue selb-

---

[49] *Scholz*, GmbH-Kommentar, § 17, Anm. 10.

[50] Siehe anschließend c). Sie werden nach der Übertragung zu selbständigen Geschäftsanteilen.

[51] Vgl. *Schilling* in *Hachenburg*, GmbH-Ges., § 17, Anm. 9.

[52] Die Bestimmung kann auch auf die Realteilung anderer Gemeinschaften als Erbengemeinschaften ausgedehnt werden; *Schilling* in *Hachenburg*, GmbH-Ges., § 17, Anm. 4.

[53] *Schilling* in *Hachenburg*, GmbH-Ges., § 17, Einleitung und Anm. 4.

[54] Die Genehmigungspflicht kann durch den Gesellschaftsvertrag ausgeschlossen werden, z. B. § 4 Abs. 3 des Gesellschaftsvertrages der Deutschen Gesellschaft für Wertpapiersparen mbH. vom 1. Oktober 1956.

ständige Geschäftsanteile; das Ergebnis ist somit eine Vermehrung der Mitgliedschaften.

Werden diese Teile von Geschäftsanteilen verbrieft, so entstehen Teilanteilscheine[55]. Ihre Zusammenfassung zu Global-GmbH-Teilanteilscheinen ist theoretisch möglich; in der Praxis wird sie sich jedoch nur in seltenen Fällen als sinnvoll erweisen. Gemäß § 17 Abs. 6 GmbHG findet außer bei Veräußerungen und Auflösungen von Gemeinschaftsverhältnissen eine Teilung von Geschäftsanteilen nicht statt. Werden zum Zwecke der Veräußerung Teilanteilscheine ausgestellt, so ist ihre globale Verbriefung nicht erforderlich, falls die Veräußerung an mehrere Erwerber erfolgen soll. Sollen die Teilanteilscheine dagegen auf einen einzigen Erwerber übertragen werden, so scheitert eine Globalverbriefung an der Vorschrift des § 17 Abs. 5 GmbHG.

Allerdings hat diese Bestimmung geringen praktischen Wert, insbesondere da der Begriff der Gleichzeitigkeit strittig ist. Die Gleichzeitigkeit wird zum Teil bei Übertragung in einer einzigen Abtretungsurkunde, zum Teil bei Vorliegen eines einheitlichen Entschlusses zur Übertragung der einzelnen Anteile bejaht und entsprechend bei Übertragung in mehreren Abtretungsurkunden oder bei Vorliegen mehrerer, aufeinanderfolgender Übertragungsentschlüsse verneint. Nach BGHZ 11, 124 wiederum ist darauf abzustellen, ob die Aufteilung eines Geschäftsanteils Selbstzweck ist oder ob der Abtretungserfolg auf verschiedene Zeitpunkte verlegt und die Aufteilung des Geschäftsanteils geschäftlich bedingt und wirtschaftlich gerechtfertigt ist[56].

In Anbetracht dieser nur schwer lösbaren Streitfragen wäre bei einer künftigen Reform eine Streichung des § 17 Abs. 5 GmbHG zu erwägen[57]. Damit würden auch die Hindernisse beseitigt werden, die sich bis jetzt einer Ausstellung von Globalteilanteilscheinen aus diesem Anlaß entgegenstellen.

Die Ausstellung von Globalteilanteilscheinen könnte allerdings dann in Frage kommen, wenn bei der Veräußerung von Teilen eines Geschäftsanteils an mehrere Erwerber oder bei der Aufhebung eines Gemeinschaftsverhältnisses an einem Geschäftsanteil von vornherein feststeht, daß die Erwerber oder die Teilhaber an der Gemeinschaft eine globale Verbriefung ihrer Anteile und Bildung einer Gesamthands- oder Bruchteilsgemeinschaft an dem Globalpapier wünschen.

---

[55] Vgl. zu dieser Bezeichnung: *Schilling* in *Hachenburg*, GmbH-Ges., § 17, Anm. 11.
Da aus jedem Teilanteil nach der Übertragung bzw. nach der Auflösung der Gemeinschaft ein voller Geschäftsanteil wird, wird der Teilanteilschein dann entsprechend zum Anteilschein.

[56] Vgl.: *Schilling* in *Hachenburg*, GmbH-Ges., § 17, Anm. 9.

[57] So: *Scholz*, GmbH-Kommentar, § 17, Anm. 10, unter Hinweis auf das Fehlen einer entsprechenden Bestimmung in ausländischen Gesetzen.

Mit vollendeter Übertragung oder Gemeinschaftsauflösung wird der Globalteilanteilschein dann zum Globalanteilschein.

Sollten Teilanteilscheine — entgegen § 17 Abs. 6 GmbHG — für künftige Veräußerungs- oder Auflösungsfälle, gleichsam auf Vorrat, ausgestellt werden, so ist dies rechtlich bedeutungslos. Der Eigentümer solcher, durch Zerlegung eines Geschäftsanteils gewonnenen Teilanteilscheine bleibt Eigentümer nur eines einzigen Geschäftsanteils. Die Ausstellung von Teilanteilscheinen alleine vermag keine Teilgeschäftsanteile zu schaffen[58].

Die Zusammenfassung von in dieser Weise gebildeten Teilanteilscheinen in einer Globalurkunde würde somit nichts anderes bewirken als die Neuausstellung des Anteilscheines, aus dem die Teilanteilscheine erst hervorgegangen sind; sie würde somit den durch die Ausstellung der Teilanteilscheine beabsichtigten Erfolg wieder rückgängig machen. Praktische Bedeutung würde die Globalverbriefung nur bei Vorliegen der gleichen Voraussetzungen erlangen, wie sie für die Ausstellung von Globalteilanteilscheinen bei unmittelbar bevorstehender Veräußerung oder Gemeinschaftsauflösung gelten.

3. Das System der Globalpapiere

Mit der Darstellung der Globalaktie in endgültiger und in vorläufiger Form als Einzelerscheinung, als Globalpapier über vertretbare Kapitalwerte, als Globalwertpapier und als Globalurkunde im weiteren Sinne ist das System der Globalpapiere aufgebaut. Es zeigt das auf Seite 89 wiedergegebene Bild.

Den Kern des Systems stellt die Globalaktie dar. Die nächstfolgenden Stufen wurden gebildet, indem der jeweilige Oberbegriff ausgeweitet wurde. Durch Hinzufügung der Globalzwischenscheine wurden die Globalurkunden im engeren Sinne gewonnen, durch Einbeziehung der übrigen global verbrieften Papiere, die sowohl Wertpapier als auch Effekt sind, die Globalpapiere über vertretbare Kapitalwerte, durch Hinzunahme der Globalpapiere über vertretbare Geldwerte die Globalwertpapiere und schließlich durch Eingliederung der Globalpapiere über vertretbare Geld- oder Kapitalwerte ohne Wertpapiereigenschaft die Globalurkunden im weiteren Sinne. Für sie alle trifft die Sammelbezeichnung „Globalpapier" zu.

---

[58] *Schilling* in *Hachenburg*, GmbH-Ges., Anhang zu § 14, Anm. 6, § 17, Anm. 4.
Die so geschaffenen Teilanteilscheine lassen sich mit den Aktienanteilscheinen vergleichen.

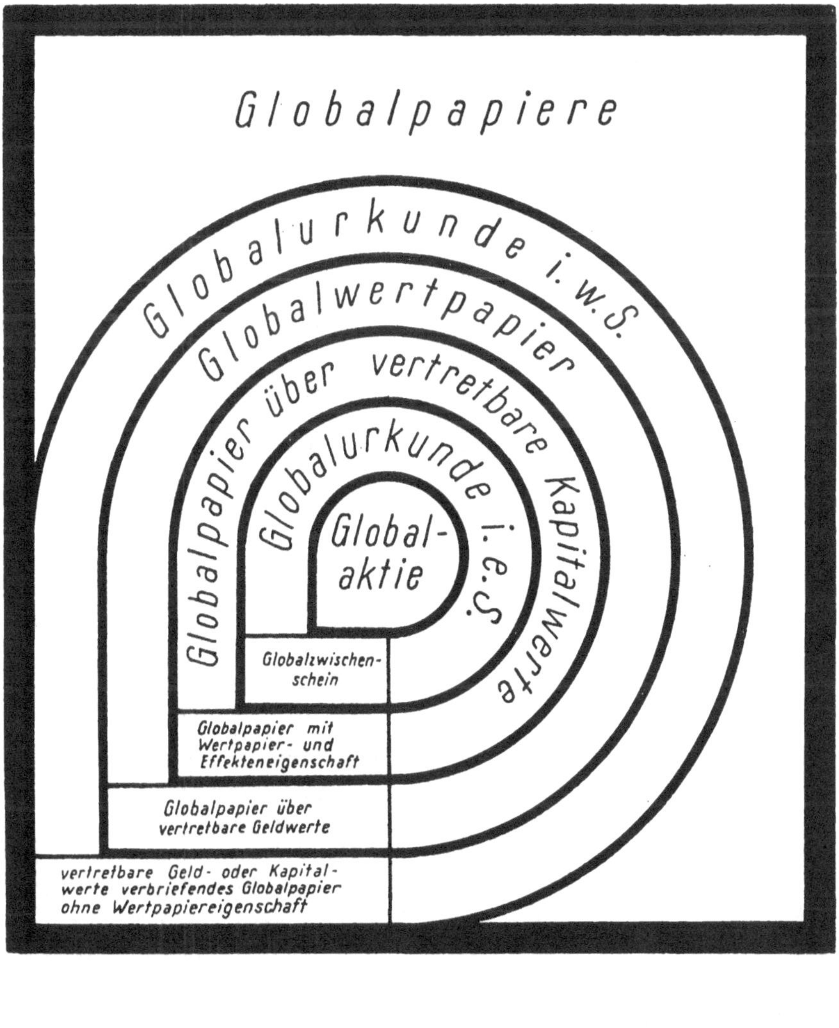
Globalpapiere
Globalurkunde i.w.S.
Globalwertpapier
Globalpapier über vertretbare Kapitalwerte
Globalurkunde i.e.S.
Global-aktie
Globalzwischen-schein
Globalpapier mit Wertpapier- und Effekteneigenschaft
Globalpapier über vertretbare Geldwerte
vertretbare Geld- oder Kapital-werte verbriefendes Globalpapier ohne Wertpapiereigenschaft

Diese Zusammenhänge lassen sich auch folgendermaßen darstellen:

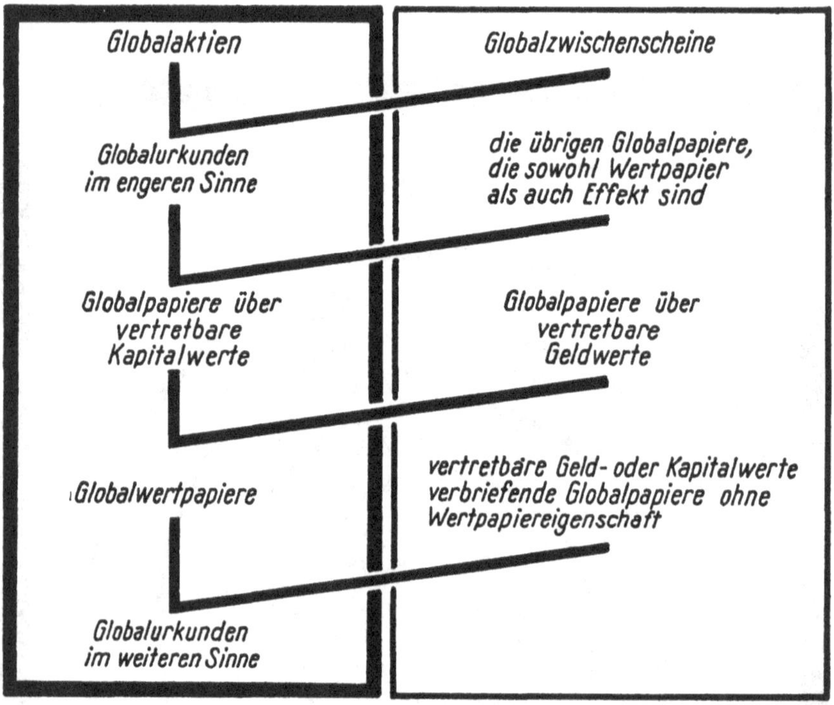

Den einzelnen Kreisen wurden zum Teil in der Praxis tatsächlich vorkommende, zum Teil jedoch auch nur denkbare Globalpapiere zugeordnet. Das System ist infolgedessen teils praktischer, teils theoretischer Natur. Diese theoretische Seite ändert nichts an seiner Allgemeingültigkeit. Zum einen liegt es durchaus im Bereich des Möglichen, daß Globalpapiere, die zur Zeit in der Praxis nicht vorkommen, sich im weiteren Verlauf der Entwicklung herausbilden. Zum anderen ließe sich die Anzahl der den einzelnen Kreisen angehörenden Urkunden durch Einbeziehung auch ausländischer Urkunden mit Globalcharakter vergrößern. So wären zum Beispiel die in den Vereinigten Staaten, in England und Holland auftretenden Trust-Zertifikate dem letzten Kreis der Globalpapiere über vertretbare Geld- oder Kapitalwerte ohne Wertpapiereigenschaft zuzurechnen, ebenso die amerikanischen certificates of stock und einige englische Papiere wie die share warrants of bearer, die certificates of share, die certificates of stock und die certificates of debenture stock[59]. Und schließlich entwickelt die Wirtschaft, den wechselnden Kapitalbedürfnissen entsprechend, laufend neue Papiere über Geld- und Kapitalwerte. So tauchen seit Mitte des Jahres 1957 die Zertifikate der im gleichen Jahre gegründeten Hansa-Sachwerte-Anlagegesellschaft mbH auf dem deutschen Markt auf[60] und seit Dezember 1958 die Zertifikate der als erste deutsche Immobilien-Investmentgesellschaft in München gegründeten Internationalen Immobilen-Institut AG[61]. Diese Papiere sind durchaus als Globalanteilscheine denkbar und wären dann ebenfalls in den Kreis der Globalurkunden im weiteren Sinne einzuordnen[62].

Der Kreis der Globalurkunden im weiteren Sinne schließt die in den anderen Kreisen zusammengefaßten Globalpapiere mit ein. Die „Globalurkunde im weiteren Sinne“ kann daher als Oberbegriff für alle in dieses System fallenden Papiere gelten.

In den Globalurkunden im weiteren Sinne ist der Gedanke der Globalverbriefung in ganz allgemeiner und umfassender Form verwirklicht. Dieser Gedanke erfährt eine zu den Globalpapieren über vertretbare Kapitalwerte hin immer stärker werdende Einengung und Verdichtung; unter ihnen hat er in der Globalaktie seine sinnfälligste Ausprägung gefunden.

Die Globalaktie erscheint damit als besondere Ausdrucksform eines allgemeinen, sich auf einen großen Kreis der unterschiedlichsten Urkunden erstreckenden und erstreckbaren Gedankens, des Gedankens der Globalverbriefung.

---

59 Siehe S. 161, 165; 152, 157; 152, 155; 154, 157.

60 Die Gesellschaft gibt Anteilscheine über verschiedene Spezialfonds wie Immobilienfonds, Schiffonds, Industriefonds und Auslandsfonds aus. Das Vermögen der als Treuhänderin auftretenden Gesellschaft besteht aus Beteiligungen, Eigentumsrechten oder Gläubigerrechten. Die Anteilscheine sind keine Wertpapiere, sondern Beweisurkunden.
Siehe: „Die Welt“, 29. April 1957, S. 7: „Eine neue Sparform entsteht“; „Handelsblatt“, 1. Mai 1957, S. 7: „‚Echter Sachwert‘ als Investment“.

61 Siehe: „Frankfurter Allgemeine Zeitung“, 3. Dezember 1958, S. 20: „Immobilien-Zertifikate zu 100 D-Mark“.

62 Für Ende Februar 1959 ist die Einführung von Kassenobligationen der Lastenausgleichsbank Bad Godesberg an den Wertpapierbörsen zu Frankfurt und Düsseldorf geplant. Sie sind insofern ein neuer Wertpapiertyp, als „hiermit erstmalig mittelfristige Papiere mit einer Laufzeit von vier Jahren, die eine Zwitterstellung zwischen Geldmarkt- und Kapitalmarkttiteln einnehmen, zum Börsenhandel zugelassen werden“: „Frankfurer Allgemeine Zeitung“, 7. Januar 1959, S. 11: „Kassenobligationen — ein neuer Wertpapiertyp an der Börse“.

Zweiter Hauptteil

Die Globalaktie als Wirtschaftsobjekt

Dritter Abschnitt

Die Globalaktie als Erscheinung in der Wirtschaft

Die Globalaktie ist eine Aktienform, die in den einzelnen Ländern eine unterschiedlich starke Verbreitung gefunden hat. Entsprechend ist auch ihr Anteil am wirtschaftlichen Geschehen unterschiedlich groß. Ausschlaggebend für den Grad ihrer wirtschaftlichen Bedeutung ist in erster Linie die rechtliche Ausgestaltung des Aktienwesens in dem betreffenden Lande. Die Bedeutung wird groß sein, wenn die Übertragung von Aktienrechten nicht an den Besitz von Urkunden über diese Rechte gebunden ist und jeder Übertragungsakt die Ausstellung neuer Urkunden erforderlich macht. Das ist — im allgemeinen — in England und Amerika der Fall. Die Bedeutung wird geringer sein, wenn, sobald Aktienurkunden ausgestellt sind, die Übertragung der Aktienrechte nur noch durch Vermittlung dieser Urkunden erfolgen kann. Die Ausstellung von Urkunden wird in diesem Fall in einem einmaligen Vorgang und dann über Aktienrechte von einer solchen Größe erfolgen, daß die Möglichkeit leichter Übertragung gewährleistet ist. Diese Regelung findet sich u. a. in Deutschland.

Das Hauptanwendungsgebiet globaler Verbriefung ist daher der anglo-amerikanische Raum. Hier spielen Globalurkunden eine große, wenn nicht sogar überragende Rolle.

In Deutschland dagegen war die Verbreitung der Globalaktie bis etwa zum Jahre 1947 gering. Ihr Anteil an dem Bestand der über Aktienrechte ausgestellten Urkunden war verschwindend klein, ihre Existenz und Bedeutung weitestgehend unbekannt, ihre juristische Ausgestaltung und wirtschaftliche Anwendungsmöglichkeit selbst Fachkreisen oft nicht geläufig.

Dieser Zustand spiegelt sich in der heute wohl noch allgemein vertretenen Auffassung wider, daß der Globalaktie auch für die deutschen Verhältnisse der Gegenwart keine große Bedeutung beizumessen ist[1].

Diese Auffassung ist nicht mehr gerechtfertigt. Sie ist überholt und steht nicht mehr im Einklang mit den tatsächlichen Gegebenheiten. Den Beweis hierfür zu erbringen, ist in erster Linie die Aufgabe dieses Abschnittes. An Hand eines umfangreichen Zahlenmaterials wird ein Bild der Lage entworfen werden, wie es die deutsche Wirt-

---

[1] Z. B.: *Gabler*, Wirtschaftslexikon, Sp. 1223.

schaft der Gegenwart hinsichtlich der Verbriefung von Aktienrechten bietet. Die nähere Würdigung der gefundenen Ergebnisse ist dem vierten Abschnitt vorbehalten.

Dieser Beschreibung der Lage in West-Deutschland wird eine Schilderung der Verhältnisse im Ausland gegenübergestellt werden.

Die historische Betrachtung am Anfang dieses Abschnitts, die das Auftreten von Globalaktien in der Vergangenheit zum Gegenstand hat, soll der Abrundung des Gesamtbildes und der tieferen theoretischen Durchdringung der mit der Globalaktie zusammenhängenden Fragen dienen.

A. Die Globalaktie von den Anfängen des Aktienwesens bis zur Gegenwart

Es sollen zunächst die rechtlichen und wirtschaftlichen Verhältnisse in der Vergangenheit auf ihre Eignung für die Globalverbriefung von Aktienrechten hin untersucht werden. Im Anschluß daran werden einige Einzelfälle geschildert werden, in denen Globalaktien ausgegeben wurden.

Die Darstellung ist auf den europäischen Kontinent abgestellt. Für England und Amerika gelten keine Besonderheiten. Hinsichtlich der Globalverbriefung von Aktienrechten stehen sie auf einer Entwicklungsstufe, die von den Aktienrechten des Kontinents einmal eingenommen wurde, seit geraumer Zeit aber überwunden ist.

Die Erläuterung der historischen Gegebenheiten einheitlich für den ganzen europäischen Kontinent trägt der Tatsache Rechnung, daß die verschiedenen kontinentalen Aktienwesen eine gemeinsame Wurzel haben; auch für Frankreich und Deutschland nachgewiesene Einzelfälle von globaler Verbriefung sind nur Ausdruck einer von allen kontinentalen Aktienrechten durchlaufenen, im Kern gleichgerichteten und gleichgearteten Entwicklung.

I. Allgemeine historische Betrachtung

Die Darstellung der Geschichte der Einzelaktie ergab, daß sich die Entwicklung der Aktienurkunde von der einfachen Bescheinigung über die erfolgte Zahlung der Einlage bis zum umlaufsfähigen Marktpapier in drei Phasen vollzogen hat[1]. Das Unterscheidungsmerkmal für die drei Entwicklungsstufen ist das Verhältnis von konstitutiver und deklaratorischer Funktion, die Rechtsübertragungsakt, Eintragung ins Aktienbuch und Übergabe der Aktienurkunde jeweils ausüben. Auf der ersten Entwicklungsstufe wirkt die bloße, auf Vertrag beruhende

[1] Siehe S. 29.

Abtretung des Aktienrechts konstitutiv, Bucheintragung und Aktienurkunde liefern lediglich Beweis für die erfolgte Übertragung. Auf der zweiten Stufe bedarf die Abtretung des Aktienrechts noch der Eintragung ins Aktienbuch, um rechtsbegründend zu wirken; die Übergabe der Aktienurkunde hat weiterhin nur deklaratorische Bedeutung. Auf der dritten Stufe wird die Aktienurkunde zum Wertpapier und damit die Übergabe, neben Indossament oder Einigung, zum konstitutiven Akt; die Eintragung ins Aktienbuch wirkt nur noch deklaratorisch.

Auf der ersten Stufe vollzieht sich die Übertragung des Aktienrechts demzufolge nach rein schuldrechtlichen Regeln, auf der zweiten ebenfalls nach schuldrechtlichen Grundsätzen, jedoch modifiziert durch eine der Eintragung im Grundbuch bei Grundstücksveräußerungen ähnliche Sicherung im Aktienbuch. Auf der dritten Stufe ist der Übergang vom Recht zur Sache vollzogen, die Rechtsabtretung wird in eine Sachübertragung umgewandelt und entsprechend der Übertragungsvorgang ins Gebiet des Sachenrechts verlagert.

Aus dieser Charakterisierung der drei Stufen ergibt sich hinsichtlich der Ausstellung von Urkunden, daß auf den beiden ersten Stufen jeder Übertragungsvorgang die Ausstellung neuer Urkunden notwendig macht, während auf der dritten Stufe die Urkunden in einem einmaligen Ausstellungsakt, in der Regel bei der Begründung der Aktienrechte, geschaffen werden. Wie bereits hervorgehoben, findet sich die Regelung der dritten Stufe in Deutschland wie in anderen kontinentalen Ländern, während die Übertragung von Aktienrechten in England und in den Vereinigten Staaten im Prinzip auch heute noch nach dem auf der zweiten Stufe herrschenden Verfahren erfolgt.

Damit ist der zeitliche Bereich umrissen, in dem auf dem Kontinent eine globale Verbriefung von Aktienrechten zur Entfaltung kommen konnte. Über den von den beiden ersten Stufen umfaßten Zeitraum hinweg, also vom Beginn des 17. Jahrhunderts bis etwa zur Mitte des 18. Jahrhunderts, war die Ausstellung von Globalaktien die Regel. Da jeder Veräußerung die Ausstellung neuer, auf den Namen des nunmehrigen Eigentümers lautender Urkunden folgen mußte, bot sich die Globalverbriefung als das wirtschaftlichste und schnellste Mittel an.

Die so geschaffenen Globalurkunden waren Globalaktien im Sinne der damaligen, nicht jedoch der heutigen Zeit. Nach heutiger kontinentaler Rechtsauffassung waren es lediglich Globalbescheinigungen, zum einen über die erfolgte Einzahlung auf das Grundkapital, zum anderen über den Besitz von Aktienrechten und zum dritten über die Aufnahme ins Aktienbuch der Gesellschaft. Sie trugen damit den gleichen Charakter wie die heute noch in England und in den Vereinigten Staaten bestehenden Urkunden über die Anteile an den dortigen Aktiengesellschaften, die shares. Wenn die heutigen kontinentalen Globalaktien auch selbst Aktien und nicht nur Bescheinigungen über Aktien darstellen, so ergibt sich doch aus dem geschichtlichen Zusammenhang, daß in diesen Globalbescheinigungen die Vorläufer für unsere heutigen Globalaktien zu sehen sind.

II. Einzelfälle

1. Der erste bekannt gewordene Hinweis auf eine globale Verbriefung von Aktienrechten, allerdings noch im Sinne einer Globalbescheinigung, ist in dem bereits erwähnten Oktroi der Brandenburgisch-Ostindischen Kompagnie vom 16. August 1651[2] enthalten. Nach einer Bestimmung dieses Oktrois sollte unter gewissen Umständen den Gesellschaftsmitgliedern statt auf ihren Namen lautender Urkunden Scheine mit den Nummern der Aktien, also in einer den späteren Inhaberaktien schon sehr angenäherten Form, ausgehändigt werden. Es heißt im Punkt Nr. 17 des Oktrois:

„Und ob einer oder ander der Participanten Bedenken hette, seinen Namen bekant zu machen, so sollen die Directorn zufolge der niederländischen Compagnie Ordre Macht haben, zu solcher ungenanten Participanten Versicherung und Beweis der eingelegten Gelder, einen Schein mit Nombres ihnen zu erteilen, der aber von den sämtlichen Directorn soll müßen unterschrieben werden."[3]

Es sollte also ein Schein über mehrere Nummern ausgegeben werden.

2. Als erste in einem Gesellschaftsstatut festgelegte Globalaktien — und zwar schon Globalaktien im modernen Sinne — können die angesehen werden, die von der Compagnie d'occident aus dem Jahre 1717[4] ausgegeben wurden. In dem Statut der Gesellschaft heißt es: „Les billets des actions sont établis de deux sortes, les uns d'une seule action et les autres de dix; les uns et les autres payables au porteur."

---

[2] Siehe S. 30.

[3] *Schück*, a.a.O., S. 27.

[4] Zur besseren Einordnung in das geschichtliche Gesamtbild soll kurz die Geschichte dieser Gesellschaft angeführt werden.

Vorläuferin dieser Gesellschaft war die 1628 gegründete Compagnie des Indes occidentales, die erste französische Aktiengesellschaft. Sie endete im Jahre 1674 dadurch, daß der König unter Rückzahlung der Aktienbeträge sämtliche Besitzungen der Gesellschaft an sich zog. Ihr Platz wurde dann von der 1664 gegründeten Compagnie des Indes orientales eingenommen, an der sich wiederum der König stark beteiligte. Im Jahre 1717 wurde die Compagnie d'occident gegründet, die noch im gleichen Jahre mit der Compagnie des Indes orientales fusionierte. Weitere Fusionen mit der Compagnie du Sénégal, du Canada und de la Chine folgten. Die so vergrößerte Gesellschaft nahm im Mai 1719 den Namen Compagnie des Indes an. Sie wurde

Es wird also ausdrücklich von zwei Arten von Aktienurkunden gesprochen, von denen die eine nur ein Aktienrecht, die andere dagegen zehn Aktienrechte verbrieft.

3. Der Zeitpunkt des ersten für einen Einzelfall nachweisbaren Auftretens von Globalaktien in Deutschland kann mit dem Jahre 1853 angegeben werden[5]. Es handelt sich allerdings um Aktien einer ausländischen Gesellschaft.

Am 18. April 1853 erließ das Bankhaus B. H. Goldschmidt in Frankfurt am Main die folgende Ankündigung:

„Zur Vollendung des Eisenbahnlinie von Lucca nach Pistoja, von welcher die größere Strecke von Lucca nach Pescia bereits in Exploitation ist, wurde die Gesellschaft dieser Eisenbahn von der Toskanischen Regierung ermächtigt, eine Anleihe von Lire 5 250 000 Prioritäts-Actien aufzunehmen.

Diesen Prioritäts-Actien sind, laut Großherzogl. Decrete vom 8. Decbr. 1852 und 4. März 1853, von der Toskanischen Regierung 5 pCt. Zinsen pro anno auf 99 Jahre garantiert; ...

Die auszugebenden Original-Prioritäts-Actien in Beträgen von 1500 Lire werden mit halbjährigen Zins-Coupons und besonderen Dividenden-Scheinen versehen, welche in Florenz und auch in London und Frankfurt am Main bei den Bankhäusern der Gesellschaft zahlbar sind."

Die Zeichner erhielten zunächst Zwischenscheine über je 1500, 3000 oder 6000 Lire. Ihr Ansehen zeigt die Abbildung auf Seite 101.

Die in ihnen angekündigten „definitiven Actienscheine" lauteten über 1500 Lire, aufgeteilt in 10 Aktien zu 150 Lire. Es waren somit echte Globalaktien. Dies ergibt sich zum einen aus dem Text der Urkunden, zum anderen aus den 10 angegebenen Aktiennummern. Eine Abbildung einer dieser Globalaktien ist auf Seite 100 wiedergegeben.

Das Grundkapital der Gesellschaft war demnach in Aktien zu 150 Lire eingeteilt. Hieraus folgt, daß es sich auch bei den Zwischenscheinen um Globalzwischenscheine handelte, wenn dies auch aus dem Text der Urkunden nicht hervorgeht.

---

unter dem Namen Mississippi-Gesellschaft bekannt. Am 23. Februar 1720 wurde sie mit der am 23. Mai 1716 von John Law gegründeten und unter seiner Leitung stehenden, zunächst Banque générale de France, vom 4. Dezember 1718 ab Banque royale genannten Bank vereinigt. Die Gesellschaft ging zugrunde im Verlaufe des von dieser Bank ausgehenden Aktienschwindels.

Vgl. hierzu und zu Folgendem: *Weinhagen,* a.a.O., S. XVIII ff.; *Renaud,* a.a.O., S. 26—28.

[5] Siehe auch zum Folgenden: *Goldschmidt,* Der Lucca-Pistoja-Actien-Streit, S. 1—5.

COMPAGNIE DU CHEMIN DE FER
DE LUCQUES A PISTOIE.

EMISSION DE 30,000 ACTIONS PRIVILEGIÉES.

Nr. 16431 to 16440.

Stempel:
CARTA GRADUALE.

Stempel:
DA LIRE UNA A LE. MILLE
3 10.
Stempel:
STRADA FERRATA DA LUCCA A PISTOJA.

Suivant le décret du 8. Decembre 1852.

LE PORTEUR du présent Certificat est propriétaire de DIX Actions privilegiées de CENT CINQUANTE LIVRES FLORENTINES, soit CINQ LIVRES STERLING chacune, et il a droit: —

1° A recevoir, avant toutes les actions existant aujourd'hui, un Intérêt annuel de CINQ POUR CENT, garanti par le Gouvernement Toscane, conformément au Décret de SON ALTESSE IMPÉRIALE ET ROYALE LE GRAND DUC DE TOSCANE, en date du 8 Décembre 1852.

2° De partager au pro-rata tous dividendes après prélèvement de Deux-et-demi pour Cent. au profit des Actions originairement émises.

Lucques, le 18 Décembre 1852.

LE PRÉSIDENT DU CONSEIL, m. p.	LE GÉRANT, m. p.
T. Giannini.	G. Vitali.
LE SECRÉTAIRE DU CONSEIL, m. p.	LE CAISSIER, m. p.
D. A. Carina.	F. Francesconi.

Avis à Messieurs les Actionnaires.

L'Intérêt de 5 pour Cent. sera payé les 31 Janvier et 31 Juillet de chaque année à Londres chez MESSIEURS STRAHAN, PAUL, & CIE., ou à Francfort chez Mr. B. H GOLDSCHMIDT, ou en Toscane au siège social à Lucques.

Les Porteurs d'Actions Privilégiées auront droit de voter dans les assemblées de la Compagnie, ainsi que les Porteurs d'Actions originairement émises, et ils auront une Voix pour 67 Actions.

Les Assemblées générales se tiendront une fois par an.

THE BEARER of this Certificate is a Holder of TEN Preference Shares of ONE HUNDRED AND FIFTY FLORENTINE LIRES, or FIVE POUNDS STERLING each, and is entitled: —

1st. To receive before all other existing Shareholders, an annual Interest of FIVE PER CENT, guaranteed by the Tuscan Government, in accordance with the Decree of HIS IMPERIAL AND ROYAL HIGHNESS THE GRAND DUKE OF TUSCANY, bearing date 8th. December, 1852.

2nd. To partake equally of all dividends after Two-and-a-Half per Cent has been paid on the original Shares

Lucca, 18th. December 1852.

PRESIDENT OF THE COUNCIL,	GERANT,
T. Giannini.	G. Vitali.
SECRETARY OF THE COUNCIL,	CASHIER,
D. A. Carina.	F. Francesconi.

Information to Shareholders.

The Interest of 5 per Cent. will be paid the 31th. January and 31th. July in each year, in London at MESSRS. STRAHAN, PAUL, & CO.'s or at Francfort at B. H. GOLDSCHMIDT's, or in Tuscany at the offices of the Company at Lucca.

The Holders of Preference Shares will be entitled to vote at the several meetings of the Company equally with the Holders of the Original Shares, in the proportion of one Vote for every 67 Shares.

The general meetings take place once every year.

Großherzoglich Toscanische concessionirte

Lucca-Pistoja-Eisenbahn.

Interims-Schein

No. 202.

über

Sechs Tausend Lire Prioritäts-Actien,

wovon bereits 20 Procent mit **Zwölf Hundert Lire** einbezahlt worden sind.

Nach erfolgter Einzahlung sämmtlicher Raten wird der definitive Actienschein baldthunlichst ausgehändigt. Die Zinsen der Theilzahlung werden mit 5 Procent vergütet.

Frankfurt a. M., den 18. April 1853.

4. Eine der ersten statutenmäßigen Bestimmungen über Globalaktien in Deutschland findet sich im Statut des Vereins Chemischer Fabriken in Mannheim aus dem Jahre 1854, das im § 9 bestimmt, daß für mehrere einem Aktionär gehörende Aktienrechte nur ein Aktienbrief ausgefertigt werden soll[6].

B. Die Globalaktie in Deutschland

Der Untersuchung über die Zusammensetzung der in Deutschland bestehenden Urkunden über Aktienrechte aus Einzel- und Globalurkunden soll eine kurze Ausführung darüber vorangestellt werden, welche Behandlung die Globalaktie durch Gesetzgebung, Rechtsprechung und Literatur erfahren hat.

---

[6] *Renaud*, a.a.O., S. 106.

I. Die juristische und literarische Behandlung der Globalaktie

1. Die Globalaktie in der Gesetzgebung

Für eine gesetzliche Regelung der Ausgabe von Globalaktien kommen nur die Bestimmungen in Frage, die sich mit der Zerlegung des Grundkapitals in Anteile und mit den damit zusammenhängenden Problemen befassen. Einzelgesetze hierüber bestehen in Deutschland nicht; die einschlägigen Bestimmungen sind stets Bestandteil umfassender, die Aktiengesellschaft in ihrer Gesamtheit betreffender Regelungen.

Seit Beginn der aktienrechtlichen Gesetzgebung in Deutschland wurden im wesentlichen die folgenden, unter anderem auch die Anteile am Grundkapital betreffenden Aktiengesetze erlassen:

1. (Preußisches) Gesetz über die Eisenbahnunternehmungen vom 3. November 1838;
2. (Preußisches) Gesetz über Aktiengesellschaften vom 9. November 1843;
3. Allgemeines Deutsches Handelsgesetzbuch, am 5. Juni 1869 zum Norddeutschen Bundesgesetz erhoben, am 1. Januar 1870 als Bundes-, am 1. Januar 1871 als Reichsgesetz in Kraft getreten[1];
4. (Preußisches) Gesetz über die Aktiengesellschaften, bei welchen der Gegenstand des Unternehmens nicht in Handelsgeschäften besteht, vom 15. Februar 1864[2];
5. (Sog.) Erste Aktiennovelle vom 11. Juni 1870, zuerst Bundes-, dann Reichsgesetz[3];
6. (Sog.) Zweite Aktiennovelle vom 18. Juli 1884 (Gesetz betreffend die Kommanditgesellschaften auf Aktien und die Aktiengesellschaften)[4];
7. Handelsgesetzbuch für das Deutsche Reich vom 10. Mai 1897[5];
8. Goldbilanz VO vom 28. Dezember 1923;
9. Verordnung über Aktienrecht und Bankaufsicht vom 19. Dezember 1931[6];
10. Gesetz über die Aktiengesellschaft und Kommanditgesellschaft auf Aktien vom 30. Januar 1937;

---

[1] Es fand keine Anwendung auf Aktiengesellschaften, deren Unternehmen nicht im erwerbsmäßigen Betrieb von Handelsgeschäften im Sinne des Gesetzes bestanden.

[2] Es betraf die sog. Zivil-Aktiengesellschaften. Ähnliche Gesetze bestanden in Braunschweig, Bayern, Sachsen; *Renaud*, a.a.O., S. 48.

[3] Es beseitigte den Unterschied zwischen Zivil- und Handelsaktiengesellschaften.

[4] Es brachte eine Überarbeitung des Handelsgesetzbuches und zahlreiche neue Bestimmungen.

[5] Es brachte die Angleichung des ADHGB an das BGB.

[6] Sie führte eine Teilreform des Aktienrechts durch.

11. D-Markbilanzgesetz vom 21. August 1949;
12. Erstes, Zweites und Drittes D-Markbilanzergänzungsgesetz vom 28. Dezember 1950, 20. Dezember 1952 und 21. August 1953.[7]

In keinem dieser Gesetze findet sich eine Erwähnung der Globalaktie oder ein Hinweis auf die Möglichkeit einer Globalverbriefung von Aktienrechten.

Die Globalaktie ist lediglich eine besondere Aktienform. Für die in ihr beurkundeten mehreren Aktienrechte gelten die gleichen rechtlichen Bestimmungen wie für die in den Einzelaktien verbrieften Rechte. Aus ihrer Zusammenfassung in einer Urkunde entstehen keine besonderen rechtlichen Schwierigkeiten. Alle auftretenden Fragen lassen sich mit Hilfe der vorhandenen Bestimmungen lösen.

Dem Gesetzgeber mag daher die Aufstellung besonderer Gesetzesnormen für die Ausgestaltung und Anwendung der Globalaktie nicht erforderlich erschienen sein. Es ist wahrscheinlich, daß er der Globalaktie als einer von der Praxis den auftretenden Bedürfnissen angepaßten Form der Verbriefung innerhalb des durch die geltenden aktien- und wertpapierrechtlichen Regeln abgesteckten Rahmens alle weiteren Entwicklungsmöglichkeiten belassen und sich jedes Eingriffes enthalten wollte.

2. Die Globalaktie in der Rechtsprechung

Gegenstand gerichtlicher Entscheidungen waren bisher — soweit ersichtlich — nur ausländische, unseren Globalaktien entsprechende Urkunden über mehrere Anteilsrechte an einer Aktiengesellschaft. Mit ihnen befaßte sich das Reichsgericht in RGZ 36/154, 37/114, 42/39 und 68/83. Es handelt sich um südafrikanische, kanadische, dänische und amerikanische Urkunden.

Die Entscheidungen betreffen die Frage, ob die Urkunden Wertpapiere im Sinne der Reichsstempelgesetze vom 1. Juli 1881, 29. Mai 1885, 27. April 1894 und 14. Juni 1900 seien und ob der Stempel für jede einzelne Aktie oder für den Gesamtbetrag der in der einen Urkunde zusammengefaßten Aktien zu berechnen sei, im ersten Falle unter Aufrundung jedes einzelnen Aktiennennbetrages, im zweiten Falle unter einmaliger Aufrundung des Gesamtbetrages. Die erste Frage nach der Wertpapiernatur wurde bejaht. Die zweite Frage wurde unterschiedlich beurteilt. In den beiden ersten Entscheidungen stellte sich das Reichsgericht auf den Standpunkt, jede einzelne Aktie

---

[7] Daneben wurden vor der Reichsbildung in einigen deutschen Ländern zahlreiche aktienrechtliche Einzelbestimmungen erlassen, so in Hamburg, Sachsen, Hessen, Nassau und Bremen, außerdem Entwürfe deutscher Zivil- und Handelsgesetzbücher, die Bestimmungen über die Aktiengesellschaft enthielten, so in Württemberg, Nassau, Sachsen; bekannt wurden der Frankfurter, der Preußische und der Österreichische Entwurf. *Renaud*, a.a.O., S. 45—46.

sei mit einem Stempel zu belegen; in den beiden letzten Entscheidungen dagegen vertrat das Reichsgericht die Auffassung, der Gesamtbetrag der Globalurkunde sei der Berechnung der Stempelgebühr zugrunde zu legen.

Die Entscheidungen sind infolge der Ablösung der Reichsstempelgesetze durch die Kapitalverkehrssteuergesetze gegenstandslos geworden. Während nach den Reichsstempelgesetzen die Urkunde besteuert wurde, entscheidet heute der Gesamtnennbetrag aller originär oder derivativ erworbenen Aktien, und zwar unabhängig davon, in wieviel Urkunden diese Aktien verbrieft sind[8].

3. Die Globalaktie in der Literatur

In der älteren Literatur, etwa bis zum Ende des 2. Weltkrieges, findet die Globalaktie so gut wie überhaupt keine Beachtung. Am eingehendsten befassen sich noch die juristischen Kommentare mit ihr, und zwar hier vor allem *J. Flechtheim* im Kommentar von *Düringer-Hachenburg*[9]. Die Darstellungen beschränken sich jedoch darauf, die Möglichkeit einer Ausstellung von Globalaktien zu erwähnen und — mit einer Ausnahme[10] — ihre rechtliche Zulässigkeit zu bejahen.

In der neueren Literatur wird sie des öfteren, jedoch zumeist nur beiläufig, erwähnt, so vor allem im Zusammenhang mit der Entflechtung der Montangesellschaften, mit der Wertpapierbereinigung und mit dem Sammeldepotwesen. Als einzige Monographie über die Globalaktie ist die Dissertation von *Kirchner*[11] aus dem Jahre 1948 zu nennen.

II. Die Globalaktie in der deutschen Wirtschaft der Gegenwart

Das Grundkapital einer Aktiengesellschaft ist in Bruchteile oder Anteile zerlegt; über diese Anteile werden — in der Regel — Urkunden ausgestellt. Diese Urkunden werden auch als Stücke bezeichnet.

Im folgenden soll daher unter „Zerlegung" die Aufteilung des Grundkapitals in Bruchteile, unter „Stückelung" die Ausstellung von Urkunden über die mit diesen Bruchteilen verbundenen Mitgliedschaftsrechte verstanden werden. Wird mit beiden Begriffen somit die Vorstellung eines Geschehens verbunden, so soll damit darüber hinaus auch der durch den Vorgang herbeigeführte Zustand gekennzeichnet werden: mit „Zerlegung" die Mehrheit von Anteilen, in die das Grundkapital aufgeteilt, mit „Stückelung" die Mehrheit von Urkunden, in denen das Grundkapital verbrieft wurde. Entsprechend kann man nun-

---

[8] Vgl.: *Boruttou*, Grundriß der Kapitalverkehrssteuer, S. 3.
[9] § 179, Anm. 14.
[10] *Brodmann*, § 179, Anm. 3.
[11] *Kirchner*, Die Globalaktie, Kölner Diss. 1948 (Wirtschafts- und sozialwissenschaftliche Fakultät).

mehr der „Zerlegung des Grundkapitals" die „Stückelung des Grundkapitals" oder die „Aufteilung des Grundkapitals in Stücke" gegenüberstellen.

Im Falle der Globalverbriefung entsteht aus mehreren (Einzel-) Stücken ein einziges (Global-)Stück. Die Globalverbriefung betrifft in erster Linie die Stückelung. Die Zerlegung ist nur ihre Voraussetzung.

Die durch Zerlegung gebildeten Anteile und die durch Stückelung gewonnenen Urkunden stimmen zahlenmäßig überein, wenn Einzelaktien ausgegeben werden; die beiden Begriffe „Zerlegung" und „Stükkelung" können dann gleichbedeutend gebraucht werden. Die Anzahl der durch Zerlegung entstandenen Anteile weicht dagegen von der Anzahl der durch Stückelung erzielten Urkunden ab, wenn Globalaktien ausgestellt werden. In diesem Falle ist eine strenge Unterscheidung beider Begriffe erforderlich.

Die aus der Globalverbriefung hervorgehenden Stücke stehen neben den durch Einzelverbriefung erzielten Stücken: aus der Anzahl aller bei den Aktiengesellschaften durch Zerlegung des Grundkapitals gebildeten Anteile wird eine gewisse Menge abgesondert und einer globalen Verbriefung zugeführt; der Rest der Anteile erfährt eine Verbriefung in Einzelstücken[12].

Will man den Umfang der Globalverbriefung und das Ausmaß der Verbreitung von Globalurkunden (im engeren Sinne) feststellen, so ist die Bestimmung zweier Zahlenverhältnisse erforderlich: zum einen das Verhältnis der Einzelurkunden zu den Globalurkunden und zum anderen das Verhältnis der in den Einzelurkunden verbrieften Anteile zu den in den Globalurkunden verbrieften Anteilen. Das erste Verhältnis stellt auf die Stückelung, das zweite auf die Zerlegung ab. Die aus beiden Verhältnissen gewonnenen Ziffern vermögen die Größe der Globalverbriefung anzugeben, und zwar die aus dem ersten Verhältnis gewonnene Ziffer die Größe hinsichtlich der Urkunden selbst, die aus dem zweiten Verhältnis gewonnene Ziffer die Größe hinsichtlich des Inhalts dieser Urkunden.

Die Bestimmung dieser Verhältnisse macht die Untersuchung des Grundkapitals der Aktiengesellschaften in bezug auf seine Zerlegung und Stückelung erforderlich. Es wurde infolgedessen das Grund-

---

[12] Hierbei ist der Tatsache nicht Rechnung getragen, daß bei einigen Gesellschaften auch unbeurkundete Aktien bestehen. Es handelt sich meistens um solche Gesellschaften, bei denen eine Beteiligung Außenstehender nicht beabsichtigt ist, also vor allem um Familiengesellschaften und um Gesellschaften, bei denen sich die Zusammensetzung der Aktionäre nicht ändert, etwa bei der Beteiligung von Gemeinden. Die unbeurkundeten Aktien bilden aber eine seltene Ausnahme, so daß sie hier wie auch im ganzen übrigen Verlauf der Arbeit unberücksichtigt bleiben sollen.

kapital sämtlicher in West-Deutschland bestehenden Aktiengesellschaften einer umfassenden Untersuchung unterzogen.

Dieser Untersuchung sowie der Erläuterung der damit im Zusammenhang stehenden Einzelfragen ist das vorliegende Kapitel gewidmet. Es wird in ihm an Hand von Gesamt- und Einzel-Statistiken ein Bild des Zustandes entworfen, wie es sich gegenwärtig in West-Deutschland hinsichtlich der Größe, der Anzahl und der Verbriefung der Aktien bietet.

Im vierten Abschnitt dieser Arbeit werden die hier gefundenen Ergebnisse dann mit herangezogen werden, um die Anwendung von Globalaktien in der deutschen Wirtschaftspraxis zu deuten und zu erklären.

1. Das Quellenmaterial der Untersuchung

Die Quelle dieser Untersuchung ist das Handbuch der deutschen Aktiengesellschaften für das Jahr 1955/56[13]. Das Berichtsjahr der im folgenden wiedergegebenen statistischen Aufstellungen ist infolgedessen das Jahr 1955/56, beginnend im Juni 1955.

Die Angaben des Handbuchs wurden ergänzt durch eine direkte Befragung von insgesamt 93 Gesellschaften. Es wurden die folgenden Gesellschaften befragt:

1. die Gesellschaften, deren Angaben im Handbuch über die von ihnen ausgegebenen Globalaktien nicht ausreichten;
2. die Gesellschaften mit einem Grundkapital von DM 10 000 000,— und darüber, die im Handbuch die Zerlegung ihres Grundkapitals nicht angegeben haben;
3. die Gesellschaften, die nach ihren Angaben im Handbuch Großstücke über DM 50 000,— ausgegeben haben.

Es wurde dadurch erreicht:

1. daß auch nicht veröffentlichte Einzelheiten über die Globalaktien in Erfahrung gebracht werden konnten;
2. daß — bis auf zwei Ausnahmen[14] — alle Gesellschaften, die im folgenden als Gesellschaften aufgeführt sind, von deren Grundkapital die Zerlegung im Handbuch nicht angegeben ist, ein Grundkapital aufweisen, das unter DM 10 000 000,— liegt;
3. daß einige der als Großstücke ausgewiesenen Aktien als Globalaktien erkannt werden konnten und daß die in der folgenden Aufstellung mit einem höheren Nennbetrag als DM 50 000,— ausgewiesenen Aktien auch tatsächlich Großstücke und nicht Global-

[13] Handbuch der deutschen Aktiengesellschaften, Jahrgang 1956.

[14] Die beiden Ausnahmen sind: 1. Bayerische Berg-, Hütten- und Salzwerke AG, DM 20 000 000,—; 2. Eisen- und Stahlhandel AG, DM 15 000 000,—. Hier konnte eine Klärung nicht erzielt werden.

aktien sind[15]. An den Aktien mit einem Nennbetrag von genau DM 50 000,— wurden Stichproben durchgeführt.

2. Die Abgrenzung der Untersuchungsmasse

Es wurden insgesamt 2950 Gesellschaften untersucht. Hiervon wurden für eine Untersuchung des Grundkapitals zunächst 164 Gesellschaften ausgeschieden. Diese 164 Gesellschaften setzen sich wie folgt zusammen:

1. 67 Gesellschaften mit einem noch nicht auf Deutsche Mark umgestellten Grundkapital in Höhe von RM 1 052 977 200,—[16].
2. 59 Gesellschaften, die sich in Liquidation befinden[17].
3. 28 Gesellschaften mit dem Sitz im Saarland mit einem Grundkapital in Höhe von ffrs. 14 687 600 000,—.
4. 2 Gesellschaften mit einem in DM-Ost ausgedrückten Grundkapital in Höhe von insgesamt DM-Ost 9 500 000,—[18].
5. 1 Kolonialgesellschaft mit einem in £ ausgedrückten Grundkapital in Höhe von £ 720 000.—.—[19].
6. 4 weitere Kolonialgesellschaften mit einem Grundkapital in Höhe von insgesamt DM 2 001 270,—[20].

---

[15] Nicht eindeutig konnten allerdings die folgenden Aktien geklärt werden, da die betreffenden Gesellschaften zu Angaben nicht bereit waren: 80 Stücke zu DM 100 000,— (Emil Köster KGaA); 6 Stücke zu DM 175 000,—, 6 Stücke zu DM 250 000,—, 14 Stücke zu DM 500 000,— (Osthannoversche Eisenbahnen AG).

[16] Hierin sind u. a. enthalten:
1. Deutsche Industriebank mit RM 200 000 000,—. Sie hat eine Sonderstellung inne. Laut § 6 ihrer Satzung vom 26. Februar 1953 sind die Inhaber der Aktien Treuhänder der Gesamtheit der Unternehmer, die nach dem Aufbringungsgesetz vom 30. August 1924 und dem Gesetz über die Abwicklung der Aufbringungsumlage und die Neugestaltung der Bank für deutsche Industrie-Obligationen (Industriebankgesetz) vom 31. März 1931 bis zum 31. März 1937 zu Leistungen verpflichtet waren (aufbringungspflichtige Wirtschaft).
2. Deutsche Wohnstätten-Hypothekenbank AG mit RM 7 000 000,—. Ihr Grundkapital ist zerlegt in 7 000 Aktien zu RM 1 000,—, die in 700 Globalurkunden über je 10 Aktien zusammengefaßt sind. Sie ist die einzige RM-Aktiengesellschaft, die Globalaktien ausgegeben hat.

[17] Darin sind u. a. enthalten:
1. Deutsche Rentenbank-Kreditanstalt mit RM 500 000 000,— (Kapital- und Hauptrücklage).
2. Deutsche Golddiskont-Bank mit RM 600 000 000,—.

[18] Es handelt sich um:
1. Aktien-Bauverein Passage mit DM-Ost 7 500 000,—.
2. Zschopauer Baumwollspinnerei AG mit DM-Ost 2 000 000,—.

[19] Es handelt sich um die Otavi Minen- und Eisenbahn-Gesellschaft, Frankfurt.

[20] Es handelt sich um:
1. Deutsch-Ostafrikanische Gesellschaft; Grundkapital: DM 1 500 000,—; Stückelung: 60 000 Aktien zu DM 7,50 (!), 3 000 Aktien zu DM 75,—, 5 500 Aktien zu DM 150,—.

7. 3 Gesellschaften, die im Handbuch enthalten sind, aber nach den Auskünften der Gesellschaften keine Aktiengesellschaften (des Privatrechts) sind[21].

Bei den verbleibenden 2786 Gesellschaften handelt es sich[22] um sämtliche Aktiengesellschaften mit einem in Deutschen Mark ausgedrückten Grundkapital, die im Jahre 1955/56 im Bundesgebiet, im Saarland und in Berlin bestanden. Ihr Gesamtgrundkapital beläuft sich auf DM 23 625 697 310,—[23].

Hiervon konnte bei 131 Gesellschaften mit einem Gesamtgrundkapital von DM 202 462 250,— die Zerlegung des Grundkapitals nicht ermittelt werden, da das Handbuch keine Angaben darüber enthält. Es handelt sich, wie bereits angegeben, durchweg um Gesellschaften mit einem geringeren Grundkapital als DM 10 000 000,—. Diese 131 Gesellschaften mußten infolgedessen ebenfalls aus der Untersuchung über die Zerlegung ausgeschieden werden. Das Gesamtbild verändert sich dadurch nur unmerklich, da die Anzahl dieser Gesellschaften nur 4,7 % von der Gesamtzahl der DM-Gesellschaften (2786 Stück), ihr Grundkapital von dem Gesamtgrundkapital aller DM-Gesellschaften sogar nur 0,86 % ausmacht.

Unter den 131 Gesellschaften befindet sich eine Gesellschaft, die Globalaktien ausgegeben hat. Es handelt sich um die Superphosphatfabrik Nordenham mit einem Grundkapital von DM 1 350 000,—[24].

---

2. Gesellschaft Süd-Kamerun; Grundkapital: DM 440 100,—; Stückelung: 21 875 Anteile zu DM 20,—, 65 Anteile zu DM 40,—.
3. Ostafrika Kompagnie; Grundkapital: DM 56 000,—; Stückelung: 2 800 Anteile zu DM 20,—.
4. Deutsche Samoa Gesellschaft; Grundkapital: DM 5 170,—; Stückelung: 517 Anteile zu DM 10,—.

[21] Es handelt sich um:
1. Bayerische Staatsbank mit DM 40 000 000,—; juristische Person des öffentlichen Rechts, Aktienkapital besteht als eine lediglich buchmäßige, voll eingezahlte Beteiligung des Freistaates Bayern.
2. Braunschweigische Staatsbank mit DM 10 000 000,—; steht als öffentlich-rechtliches Kreditinstitut unter der Haftung des Staates, das Grundkapital wird vom Lande Niedersachsen als dem Gewährsträger des Instituts gehalten.
3. Landwirtschaftliche Rentenbank mit RM 130 000 000,—; juristische Person des öffentlichen Rechts, die ihr Grundkapital durch die Erhebung von Rentenbankgrundschuldzinsen bildet.

[22] Entsprechend den Versicherungen des Verlages des Handbuches.

[23] Demgegenüber stehen 2 542 Gesellschaften mit einem Grundkapital von DM 22 096 535 000 und 91 Gesellschaften mit einem Grundkapital von RM 1 024 599 000 am 31. Dezember 1955 nach dem Statistischen Jahrbuch 1956, S. 183.

[24] Von dieser Gesellschaft wurden keine näheren Auskünfte gegeben. Es bestehen so viel Globalaktien, wie die Gesellschaft Aktionäre hat; es handelt sich um eine Familien-Aktiengesellschaft. Das Fehlen der Angaben macht eine Aufnahme dieser Gesellschaft in die Statistik der Gesellschaften, die Globalaktien ausgegeben haben, unmöglich.

Die Untersuchung basiert daher auf einer Anzahl von 2655 Aktiengesellschaften — das sind 95,3 % aller im Jahre 1955/56 in West-Deutschland bestehenden DM-Aktiengesellschaften mit einem Gesamtgrundkapital von DM 23 423 235 060,—[25] — das sind 99,14 % des Gesamtgrundkapitals aller in West-Deutschland bestehenden DM-Gesellschaften.

Die statistische Masse ist somit das Gesamtgrundkapital der 2655 Aktiengesellschaften, die statistische Einheit ist das Grundkapital der einzelnen Aktiengesellschaft und die quantitativen Merkmale sind zum einen die Anzahl der Aktien, in die das Grundkapital zerlegt ist, und zum anderen die Anzahl der darüber ausgestellten Urkunden.

Von diesen 2655 Gesellschaften sind 25 Gesellschaften Kommanditgesellschaften auf Aktien mit einem Gesamtgrundkapital von DM 112 499 000,—[26]. Sie erfahren im folgenden keine besondere Behandlung.

3. Die Aufteilung der Aktiengesellschaften in „Einzel-" und „Globalaktiengesellschaften"

Unter den 2655 Gesellschaften konnten 83 Gesellschaften ermittelt werden, die Globalurkunden ausgegeben haben, mit einem Gesamtgrundkapital von DM 3 968 202 600,—; das sind 3,13 % der der Untersuchung zugrunde liegenden Gesellschaften und 16,94 % des Gesamtgrundkapitals dieser Gesellschaften. Von diesen 83 Gesellschaften haben 75 Gesellschaften (= 2,82 %) mit einem Gesamtgrundkapital von DM 3 935 662 600[27] (= 16,80 %) Globalaktien und 8 Gesellschaften (= 0,31 %) mit einem Gesamtgrundkapital von DM 32 540 000,— (= 0,14 %) Globalzwischenscheine ausgegeben. Diese Gesellschaften werden im folgenden der Kürze halber als „G l o b a l - A k t i e n g e s e l l s c h a f t e n" bezeichnet.

Ihnen gegenüber stehen dann entsprechend 2572 „E i n z e l - A k t i e n g e s e l l s c h a f t e n" (= 96,87 %) mit einem Gesamtgrundkapital von DM 19 455 032 460,—[28] (= 83,06 %).

Die Tabelle 1 a auf Seite 110 gibt einen auf die Höhe des Grundkapitals abgestellten Überblick über die Gesellschaften. Es soll damit das Verhältnis der Einzel- zu den Global-Aktiengesellschaften dargestellt werden.

---

[25] Davon DM 770 000,— Kapitaleinlage des persönlich haftenden Gesellschafters bei 3 KGaA.

[26] Darunter 1 Gesellschaft, die Globalaktien ausgegeben hat, siehe S. 132, Nr. 18.

[27] Davon DM 360 000,— Kapitaleinlage des persönlich haftenden Gesellschafters der 1 KGaA mit Globalaktien.

[28] Davon DM 410 000,— Kapitaleinlage bei 2 KGaA (DM 400 000,— und DM 10 000,—).

Die Einzel-Aktiengesellschaften setzen sich zusammen aus solchen, von denen die Zerlegung des Grundkapitals bekannt (2572 Stück), und solchen, von denen die Zerlegung des Grundkapitals unbekannt ist (131 Stück); letztere mußten für den Zweck dieser Tabelle, die nicht auf die Zerlegung, sondern auf die Höhe des Grundkapitals abstellt, noch einmal in den Bereich der Untersuchung einbezogen werden. Die Zusammensetzung der Einzel-Aktiengesellschaften aus hinsichtlich der Zerlegung des Grundkapitals geklärten und nicht geklärten Gesellschaften ist in der Tabelle angegeben.

Tabelle 1a: **Größenordnung der Einzel- und Global-Aktiengesellschaften**

Kopfleiste (Grundkapital in DM 1000,—)	links oben (Einzel-AG)	links unten (Global-AG)	rechts oben	rechts unten
u. 100	120	2	108	12
100	91	2	86	5
ü. 100 – u. 200	104		98	6
200	56		51	5
ü. 200 – u. 300	99	1	91	8
300	81	2	77	4
ü. 300 – u. 400	71		64	7
400	53		48	5
ü. 400 – u. 500	61		58	3
500	113		109	4
ü. 500 – u. 600	50		48	2
600	59		56	3
ü. 600 – u. 700	27		26	1
700	25	1	24	1
ü. 700 – u. 800	66	1	64	2
800	31	2	29	2
ü. 800 – u. 900	22		22	
900	28		26	2
ü. 900 – u. 1.000	23		20	3
1.000	133	2	125	8
ü. 1.000 – u. 2.000	318	3	306	12
2.000	80		74	6
ü. 2.000 – u. 3.000	141		130	11
3.000	74	2	72	2
ü. 3.000 – u. 4.000	84	3	83	1
4.000	54		50	4
ü. 4.000 – u. 5.000	70	3	66	4
5.000	46	3	45	1
ü. 5.000 – u. 6.000	31	1	31	
6.000	42	2	40	2
ü. 6.000 – u. 7.000	22	1	22	
7.000	13		12	1
ü. 7.000 – u. 8.000	29	2	28	1
8.000	25	1	25	
ü. 8.000 – u. 9.000	12		11	1
9.000	12		12	
ü. 9.000 – u. 10.000	7	1	7	
10.000	25	2	25	
ü. 10.000 – u. 20.000	100	6	99	1
20.000	23	1	22	1
ü. 20.000 – u. 30.000	47	6	47	
30.000	15		15	
ü. 30.000 – u. 40.000	18	2	18	
40.000	6	1	6	
ü. 40.000 – u. 50.000	16	6	16	
50.000	4	2	4	
ü. 50.000 – u. 60.000	6	1	6	
60.000	8	1	8	
ü. 60.000 – u. 70.000	10	3	10	
70.000	4		4	
ü. 70.000 – u. 80.000	7		7	
80.000	4		4	
ü. 80.000 – u. 90.000	3		3	
90.000	2	1	2	
ü. 90.000 – u. 100.000	2	1	2	
100.000	2	1	2	
ü. 100.000 – u. 200.000	10	9	10	
200.000	4		4	
ü. 200.000 – u. 300.000	6	3	6	
300.000	1		1	
ü. 300.000	7	2	7	
Summe	2.703	83	2.572	131

Die Tabelle ist in einzelne Rechtecke unterteilt. Hierin bedeuten:

1. die Zahlen in der Kopfleiste die Höhe des Grundkapitals der Gesellschaften in DM 1000,—;
2. von den beiden Zahlen in der linken Hälfte jedes Rechteckes die obere die Anzahl der Einzel-Aktiengesellschaften, die untere (verstärkt gedruckte) die Anzahl der Global-Aktiengesellschaften;

3. von den beiden Zahlen in der rechten Hälfte jedes Rechteckes die obere die Anzahl der Einzel-Aktiengesellschaften, von denen die Zerlegung des Grundkapitals bekannt (insgesamt 2572 Stück), die untere die Anzahl der Einzel-Aktiengesellschaften, von denen die Zerlegung des Grundkapitals unbekannt ist (insgesamt 131 Stück).

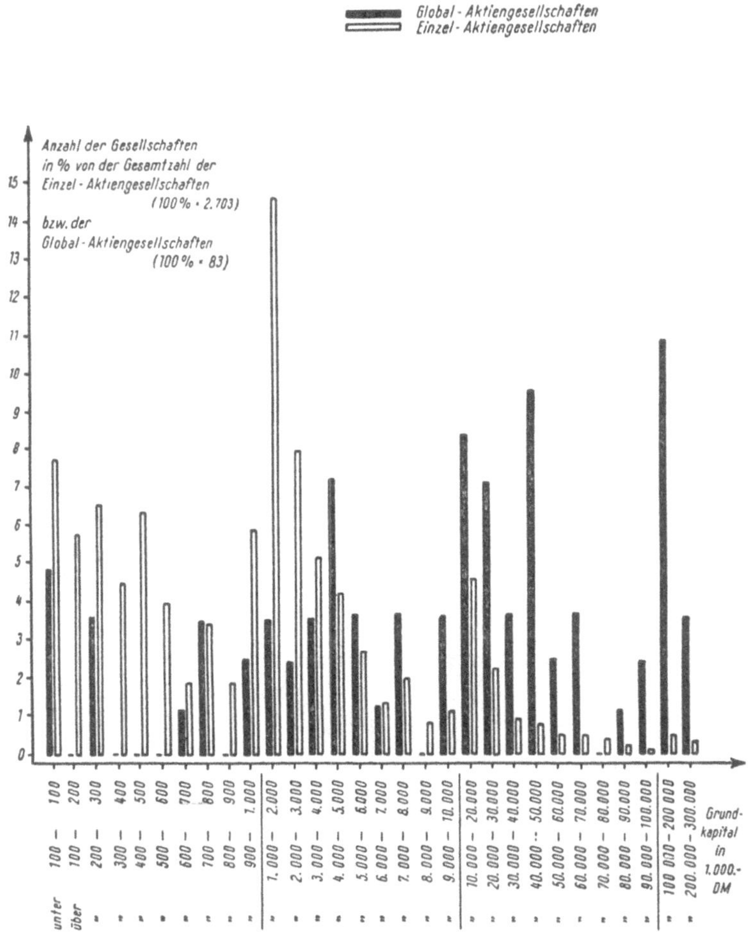

Graphische Darstellung zur Tabelle 1a

Zur besseren Veranschaulichung wird eine graphische Darstellung der Tabelle 1 a gegeben. Auf der Ordinate ist die Anzahl der Gesellschaften in Prozenten von der Gesamtanzahl der Einzel- bzw. Globalaktiengesellschaften angegeben, für die Einzelaktiengesellschaften also von 2703, für die Global-Aktiengesellschaften von 83 Gesellschaften.

Die Darstellung verdeutlicht die im Verhältnis unterschiedlich große Besetzung der einzelnen Klassen durch Global- und Einzel-Aktiengesellschaften.

Man erkennt, daß verhältnismäßig in den Klassen bis DM 4 000 000,— die Einzel-Aktiengesellschaften, in den Klassen darüber die Global-Aktiengesellschaften überwiegen. Ausnahmen bilden in der ersten Gruppe die Klasse: DM 700 000,— bis 800 000,—, in der zweiten Gruppe die Klassen: DM 6 000 000,— bis 7 000 000,—, DM 8 000 000,— bis 9 000 000,— und DM 70 000 000,— bis 80 000 000,—.

Es folgt daraus, daß Globalaktien in der Hauptsache bei den großen Gesellschaften, mit einem Grundkapital über 4 Millionen DM, ausgegeben werden.

Ein Grundkapital über 4 Millionen DM haben von den Einzel-Aktiengesellschaften 23,6 %, von den Global-Aktiengesellschaften 74,7 %; ein Grundkapital über 5 Millionen DM haben von den Einzel-Aktiengesellschaften 19,3 %, von den Global-Aktiengesellschaften 67,4 %.

Dieses Ergebnis veranschaulicht hinsichtlich der Global-Aktiengesellschaften noch einmal im besonderen Tabelle 1 b. Faßt man die Tabelle 1 a in 8 Klassen zusammen, so ergibt eine Einordnung der Global-Aktiengesellschaften[29]:

Tabelle 1 b: **Größenordnung der Global-Aktiengesellschaften**

Grundkapital in DM 1000.—	unter 100 bis 100	über 100 bis 500	über 500 bis 1 000	über 1 000 bis 5 000	über 5 000 bis 10 000	über 10 000 bis 50 000	über 50 000 bis 100 000	über 100 000
Anzahl der Global-Aktiengesellschaften	4	3	6	14	10	24	8	14

4. Die Stückelung des Grundkapitals der Aktiengesellschaften

a) Die Zusammensetzung der Stückelung aus endgültigen und vorläufigen, Einzel- und Globalurkunden

Das Gesamtgrundkapital der 2655 Gesellschaften ist zerlegt in insgesamt 84 237 543 Aktien[30].

[29] Vgl. Tabelle 4, S. 126.

[30] Zur Klarstellung soll noch einmal auf die auf S. 65 entwickelte, hier und im folgenden angewandte Terminologie hingewiesen werden. Lediglich der Zusatz „über Aktienrechte“ wird im allgemeinen weggelassen, da die Gefahr einer Verwechslung mit anderen Urkunden im vorliegenden Ab-

Davon sind verbrieft 27 923 410 Aktien (= 33,15 % aller Aktien) mit einem Gesamtnennbetrag von DM 3 421 041 900,— (= 14,6 % des Gesamtgrundkapitals aller Gesellschaften) in insgesamt 2 159 841 Globalurkunden.

Unterstellt man, daß alle Aktien eine Verbriefung erfahren haben, so ist durch die Globalverbriefung der fiktive Gesamtbestand von 84 237 543 Einzelurkunden herabgesetzt worden auf den tatsächlichen Bestand von insgesamt 58 473 974 Urkunden über Aktienrechte; die Minderung beträgt 30,6 %.

Im einzelnen sind von der Gesamtanzahl von 84 237 543 Aktien verbrieft:

1. 56 296 439 Aktien in *Einzelaktien*
mit einem Gesamtnennbetrag von DM 19 981 343 160,—;
das sind 66,831 % aller Aktien
und 85,305 % des Gesamtgrundkapitals aller Gesellschaften (2655 Stück).
2. 17 694 Aktien in *Einzelzwischenscheinen*
mit einem Gesamtnennbetrag von DM 20 080 000,—;
das sind 0,021 % aller Aktien
und 0,086 % des Gesamtgrundkapitals aller Gesellschaften.
3. 27 911 510 Aktien in insgesamt
2 159 824 *Globalaktien*
mit einem Gesamtnennbetrag von DM 3 388 501 900,—;
das sind 33,134 % aller Aktien
und 14 467 % des Gesamtgrundkapitals aller Gesellschaften.
4. 11 900 Aktien in insgesamt
17 *Globalzwischenscheinen*
mit einem Gesamtnennbetrag von DM 32 540 000,—;
das sind 0,014 % aller Aktien
und 0,139 % des Gesamtgrundkapitals aller Gesellschaften.[31]

Hierbei kommt die Verbriefung des gesamten Grundkapitals einer Gesellschaft in Zwischenscheinen nur bei den acht Gesellschaften vor, die die Globalzwischenscheine ausgegeben haben. Bei allen übrigen Gesellschaften, die Zwischenscheine ausgegeben haben, bestehen neben den Zwischenscheinen auch noch Aktienurkunden, und zwar in überwiegender Anzahl.

---

schnitt nicht besteht. Mit „Aktie“ wird der Bruchteil des Grundkapitals bezeichnet.

[31] Um auf die Summe des Gesamtgrundkapitals zu kommen, müssen DM 770 000,— (= 0,003 %) Kapitaleinlage hinzugefügt werden; siehe Fußnote 25.

Auf Grund dieser Übersicht läßt sich feststellen, daß
der Anteil der Globalurkunden
an den Urkunden über Aktienrechte 3,693 %
beträgt,
und zwar im einzelnen
der Anteil der Globalaktien
an den Aktienurkunden 3,694 %
und
der Anteil der Globalzwischenscheine
an den Zwischenscheinen 0,096 %.

Es ergibt sich aus der Zusammenstellung weiterhin, daß auf
1 Globalurkunde
rund 26 Einzelurkunden entfallen,
und zwar im einzelnen auf
1 Globalaktie 26 Einzelaktien und auf
1 Globalzwischenschein 1041 Einzelzwischenscheine.

Schließlich ergibt sich daraus, daß auf
1 in Globalurkunden verbriefte Aktie
rund 2 in Einzelurkunden verbriefte Aktien entfallen,
und zwar im einzelnen auf
1 in Globalaktien verbriefte Aktie
2 in Einzelaktien verbriefte Aktien und auf
1 in Globalzwischenscheinen verbriefte Aktie
1,5 in Einzelzwischenscheinen verbriefte Aktien.

Das Verhältnis von Einzelurkunden und Globalurkunden soll durch zwei Kreisdiagramme veranschaulicht werden[32]. Hiervon stellt Diagramm 1 das Verhältnis der Urkunden, Diagramm 2 das Verhältnis der in ihnen beurkundeten Aktienrechte dar.

Der durchschnittliche Anteil der Aktiengesellschaften an diesen Urkunden ist verschieden hoch, je nachdem ob sie Einzel- oder Global-Aktiengesellschaften sind.

Von den insgesamt 58 473 974 Urkunden haben ausgegeben
die Einzel-Aktiengesellschaften
52 036 680 Urkunden
(= 89 % aller Urkunden),
die Global-Aktiengesellschaften
6 437 294 Urkunden
(= 11 % aller Urkunden),

---

[32] Einzel- und Globalzwischenscheine und die in ihnen verbrieften Rechte wurden in dem Diagramm nicht besonders gekennzeichnet. Der Winkel des sie darstellenden Segments würde betragen: bei den Einzelzwischenscheinen = 0,1°; bei den Globalzwischenscheinen = 0,0001°; bei den in Einzelzwischenscheinen verbrieften Rechten = 0,07°; bei den in Globalzwischenscheinen verbrieften Rechten = 0,05°.

davon

2 159 841 Globalurkunden und
4 277 453 Einzelurkunden[33].

Es entfallen somit durchschnittlich auf jede
Einzel-Aktiengesellschaft 20 232 Urkunden,
und auf jede
Global-Aktiengesellschaft 77 558 Urkunden.

Diagramm 1: **Verhältnis der Globalurkunden zu den Einzelurkunden**

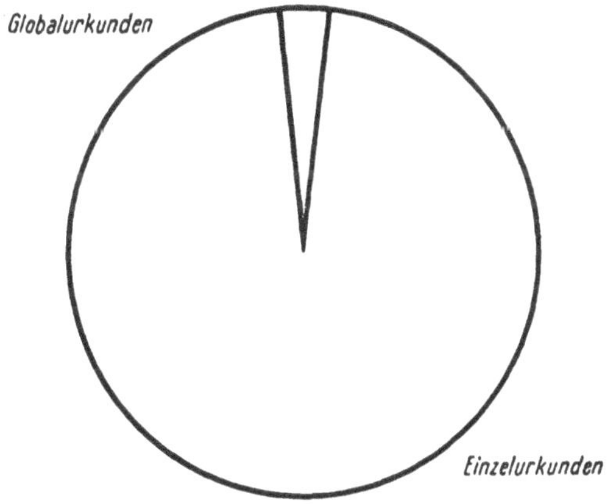

Diagramm 2: **Verhältnis der in den Globalurkunden verbrieften Rechte zu den in den Einzelurkunden verbrieften Rechten**

[33] Einzelzwischenscheine haben die Global-Aktiengesellschaften nicht ausgegeben.

Man ersieht hieraus, daß die Global-Aktiengesellschaften trotz der eine Zusammenfassung von Urkunden bewirkenden Globalverbriefung durchschnittlich über bedeutend mehr Urkunden verfügen als die Einzel-Aktiengesellschaften. Das wiederum ist vor allem dadurch zu erklären, daß es sich bei den Global-Aktiengesellschaften zumeist um Gesellschaften mit sehr hohem Grundkapital handelt.

Allerdings wurde trotz dieser immer noch sehr großen Anzahl von Urkunden, die durchschnittlich auf die einzelne Global-Aktiengesellschaft entfallen, eine bedeutende Verringerung der Urkunden erreicht. Hätte bei den Global-Aktiengesellschaften keine Globalverbriefung stattgefunden, würden auf jede von ihnen durchschnittlich 387 962 Urkunden entfallen, das heißt rund fünfmal soviel Urkunden wie bei Durchführung der Globalverbriefung.

Welche Auswirkung die Globalverbriefung auf die Gesamtheit der Aktiengesellschaften — also Einzel- und Global-Aktiengesellschaften zusammengenommen — hat, zeigt sich aus folgender Gegenüberstellung:

Von der Gesamtheit der Aktiengesellschaften entfallen auf jede Gesellschaft durchschnittlich

22 024 Urkunden.

Gäbe es keine Globalverbriefung, würden auf jede Gesellschaft durchschnittlich

31 728 Urkunden

entfallen, das heißt rund 1,4 mal soviel Urkunden.

Damit sind die zu Beginn dieses Kapitels genannten Verhältnisse zahlenmäßig umrissen, das Verhältnis zwischen den Einzel- und den Globalurkunden und das Verhältnis zwischen den in den Urkunden der einen und der anderen Form verbrieften Anteilen.

Die beiden Verhältnisse sind damit als Gesamterscheinung charakterisiert. In den folgenden Ausführungen werden hiermit in Verbindung stehende Einzelfragen erörtert.

b) Die endgültigen und vorläufigen Einzelurkunden nach ihren Nennbeträgen und ihre Zusammenfassung in Globalurkunden

Um in die Struktur der Stückelung des Grundkapitals der deutschen Aktiengesellschaften tiefer einzudringen, insbesondere aber um festzustellen, aus welchen Einzelaktien sich die Globalaktien und aus welchen Einzelzwischenscheinen sich die Globalzwischenscheine zusammensetzen, soll im folgenden ein Überblick über die in Deutschland vorkommenden Aktiennennbeträge gegeben werden.

Hierfür wird zunächst aus Vereinfachungsgründen die Gesamtzahl von 84 237 543 Aktien in zwei Gruppen aufgeteilt, von denen die eine die in endgültigen Urkunden, d. h. in Aktienurkunden, und die andere die in vorläufigen Urkunden, d. h. in Zwischenscheinen, verbrieften Aktien umfaßt. Es ergibt sich folgende Aufteilung:

I. Gruppe der Aktienurkunden.
Sie umfaßt insgesamt 84 207 949 Aktien mit einem Gesamtnennbetrag von DM 23 369 845 060,—;
das sind 99,97 % aller Aktien und 99,77 % des Gesamtgrundkapitals aller der Untersuchung zugrunde liegenden Gesellschaften.

II. Gruppe der Zwischenscheine.
Sie umfaßt insgesamt 29 594 Aktien mit einem Gesamtnennbetrag von DM 52 620 000,—;
das sind 0,03 % aller Aktien und 0,23 % des Gesamtgrundkapitals aller der Untersuchung zugrunde liegenden Gesellschaften.[34]

Im folgenden werden zunächst die Aktien der Gruppe I, im Anschluß daran die der Gruppe II einer näheren Untersuchung unterzogen.

aa) Die endgültigen Einzelurkunden nach ihren Nennbeträgen und ihre Zusammenfassung in Globalaktien

Die Zusammenstellung in der Tabelle 2 auf S. 119 bis 121 gibt sämtliche[35] in West-Deutschland vorkommenden Nennbeträge der in Aktienurkunden verbrieften Aktien (Gruppe I) wieder; es handelt sich um insgesamt 112 verschiedene Nennbeträge. Die Gesamtzahl der darauf lautenden Aktien beträgt, wie bereits festgestellt, 84 207 949 Stück; die Untersuchung erstreckt sich somit auf 99,97 % aller zur statistischen Masse gehörenden Aktien.

Die Tabelle zeigt folgenden Aufbau:

Spalte I gibt den Nennbetrag der Aktien an.[36]

Spalte II gibt an, wieviel Aktien dieses Nennbetrages insgesamt bestehen.

[34] Da die in Zwischenscheinen verbrieften Aktien nur einen äußerst geringen Anteil an der Gesamtanzahl der Aktien haben, spielen sie für die Gewinnung eines Gesamtbildes, auch hinsichtlich der Prozentzahlen, so gut wie gar keine Rolle. Ihre Aufnahme in eine endgültige und vorläufige Urkunden vereinigende Zusammenstellung würde die Tabelle jedoch nur unübersichtlich machen und den Erkenntniswert hinsichtlich der endgültigen Urkunden beeinträchtigen.

[35] Abgesehen von möglichen weiteren Nennbeträgen bei den auf S. 108 ausgeschlossenen Gesellschaften.

[36] Die Nennbeträge der Aktien, über die auch Zwischenscheine ausgestellt sind, sind mit einem * versehen (siehe S. 129).

Sind über die Aktien dieses Nennbetrages keine Globalaktien ausgestellt, so gibt die Spalte zugleich die insgesamt bestehenden Einzelaktien dieses Nennbetrages an.

Spalte III gibt die Anzahl der von jedem einzelnen Nennbetrag bestehenden Aktien (Spalte II) in Prozenten von der Gesamtanzahl der in Aktienurkunden verbrieften Aktien (84 207 949 Stück) an.

Hierbei ist bei 30 verschiedenen Nennbeträgen, von denen jeder einzelne weniger als zehnmal vorkommt und auf die insgesamt 52 Aktien lauten, keine besondere Prozentangabe gemacht worden. Diese Aktien umfassen zusammen 0,00006 % aller zur Gruppe der Aktienurkunden gehörenden Aktien.

Spalte IV gibt den Gesamtnennbetrag der Aktien in Prozenten vom gesamten in Aktienurkunden verbrieften Grundkapital aller den Gegenstand der Untersuchung bildenden (2 655) Gesellschaften (DM 23 369 845 060,—) an.

Der Gesamtnennbetrag der in Spalte III erwähnten 52 Aktien macht 0,3 % des Gesamtgrundkapitals der Gesellschaften aus.

Spalte V gibt die Anzahl der Fälle an, in denen Aktien des jeweiligen Nennbetrages bestehen. Es wird damit eine Aussage darüber getroffen, wieviel Aktiengesellschaften Aktien dieses Nennbetrages aufweisen. Die Gesamtanzahl der Fälle ist höher als die der Aktiengesellschaften, da viele Gesellschaften ihr Grundkapital in Aktien verschiedenen Nennbetrages zerlegt haben.

Spalte VI gibt an, wieviel von den in Spalte II genannten Aktien in G l o b a l a k t i e n zusammengefaßt sind.

Die Anzahl der Einzelaktien des betreffenden Nennbetrages ergibt sich dann aus der Differenz der Spalten II und VI.

Spalte VII gibt die in den Globalaktien zusammengefaßten Aktien in Prozenten von der Gesamtanzahl der auf diesen Nennbetrag lautenden Aktien (Spalte II) an.

T a b e l l e 2: **Die einzelnen Aktiennennbeträge, die darauf lautenden Einzelaktien und die aus ihnen gebildeten Globalaktien**

I	II	III	IV	V	VI	VII
Nennbetrag der Aktien	Anzahl der Aktien	II in % von der Gesamtanzahl der Aktien	Gesamtnennbetr. von II in % vom Gesamtgrundkap.	Anzahl der Fälle	Anzahl der in Globalaktien zusammengefaßten Aktien	VI in % von II
10	23 048	0,027	0,0009	6		
15	1			1		
20	710 812	0,84	0,06	102		
25	42 000	0,049	0,0045	2		
30	96 840	0,11	0,012	6		
35	73 550	0,087	0,011	6		
40	313 029	0,37	0,053	26		
50	385 738	0,45	0,082	87	2 000	0,51
60	112 010	0,13	0,028	19		
70	134 482	0,15	0,041	6		
75	9 080	0,01	0,0029	4		
80	148 102	0,17	0,05	14		
100*	62 519 760	74,24	26,75	1075	27 241 154	43,57
120	6 166	0,0072	0,0031	7		
125	6 000	0,0072	0,0032	1		
140	3 266	0,0038	0,0019	3		
150	134 864	0,16	0,086	28		
160	14 470	0,017	0,0098	5		
170	500	0,00059	0,0003	1		
175	5 847	0,0069	0,0043	1		
180	1 109	0,0013	0,0008	3		
200*	1 715 188	2,03	1,46	157		
210	16 666	0,019	0,015	1		
220	40 290	0,047	0,037	2		
230	1 000	0,0011	0,0009	1		
250	37 276	0,044	0,039	20		
280	2 032	0,0024	0,0024	1		
300	708 647	0,84	0,9	89	24 000	3,38
320	7 666	0,0091	0,01	1		
325	1 000	0,0011	0,0013	1		
350	26 196	0,031	0,039	6		
365	5 500	0,0065	0,0085	1		
380	204	0,00024	0,0003	1		
400	1 741 976	2,068	2,98	91	400	0,02
440	600	0,00071	0,0011	1		
450	21 000	0,024	0,04	4		
500*	1 769 950	2,1	3,78	258	139	0,007
600	222 016	0,26	0,57	61	9 400	4,23
650	1			1		
700	301 893	0,35	0,9	43	9 000	2,98
750	30 768	0,036	0,098	15		
800	117 801	0,14	0,4	44		
830	1 750	0,002	0,0062	1		
900	69 784	0,083	0,26	13		
1 000*	12 327 949	14,64	52,59	1607	621 487	5,04
1 100	8 800	0,01	0,041	2		

Noch Tabelle 2

I	II	III	IV	V	VI	VII
Nennbetrag der Aktien	Anzahl der Aktien	II in % von der Gesamtanzahl der Aktien	Gesamtnennbetr. von II in % vom Gesamtgrundkap.	Anzahl der Fälle	Anzahl der in Globalaktien zusammengefaßten Aktien	VI in % von II
1 200	58 491	0,069	0,3	17		
1 250	1 340	0,0015	0,0071	2		
1 300	51 450	0,061	0,28	5		
1 400	8 795	0,01	0,052	5		
1 500	32 436	0,038	0,2	33		
1 600	13 330	0,015	0,091	5		
1 700	550	0,00065	0,004	1		
1 750	1			1		
1 800	1 538	0,0018	0,011	3		
1 900	300	0,00035	0,0024	1		
1 950	600	0,00071	0,005	1		
2 000*	14 689	0,017	0,12	31		
2 400	500	0,00059	0,0051	1		
2 500	5 199	0,0061	0,055	9		
3 000	17 618	0,02	0,22	12	500	2,83
3 100	1 000	0,0011	0,013	1		
3 250	1			1		
3 400	500	0,00059	0,0072	1		
3 500	5 001	0,0059	0,074	2	3 360	67,18
4 000	2 696	0,0032	0,046	8		
4 300	1			1		
4 500	1			1		
5 000*	18 470	0,021	0,39	29		
5 300	14	0,00001	0,0003	1		
6 000	7 489	0,0089	0,19	6		
6 500	11	0,00001	0,0003	11		
8 000	1 000	0,0011	0,034	1		
9 000	200	0,00025	0,0077	1		
10 000	41 361	0,049	1,77	53	50	0,12
11 000	1			1		
11 500	1			1		
12 000	110	0,00013	0,0056	1		
12 500	80	0,00009	0,0042	1		
13 000	4 000	0,0047	0,22	1		
14 000	1			1		
20 000	349	0,00041	0,029	3		
24 000*	60	0,00007	0,0061	1		
25 000*	6			2		
26 500	1			1		
27 000	1			1		
30 000	200	0,00025	0,025	1		
36 000	1			1		
40 000	1			1		
50 000	166	0,00019	0,035	6		
75 000	11	0,00001	0,0039	2		
90 000	106	0,00012	0,04	2		

Noch Tabelle 2

I	II	III	IV	V	VI	VII
Nennbetrag der Aktien	Anzahl der Aktien	II in % von der Gesamtanzahl der Aktien	Gesamtnennbetr. von II in % vom Gesamtgrundkap.	Anzahl der Fälle	Anzahl der in Globalaktien zusammengefaßten Aktien	VI in % von II
100 000*	742	0,00088	0,31	10	5	0,67
151 500	1			1		
166 400	1			1		
175 000	7			2		
207 000	1			1		
250 000	6			1		
300 000	1			1		
450 000	10	0,00001	0,019	1	10	100
500 000	29	0,00003	0,061	3		
542 000	1			1	1	100
950 000	1			1		
1 000 000*	831	0,00099	3,55	6	3	0,36
1 128 000	1			1	1	100
1 773 500	1			1		
2 000 000	1			1		
3 500 000	1			1		
4 000 000	3			2		
5 000 000	5			1		
10 000 000	1			1		
10 495 300	1			1		
Summe	84 207 949	100	100	4 134	27 911 510	—

Eine Einteilung der Aktien nach Klein-, Normal- und Großaktien ergibt, daß

2 048 692 Kleinaktien mit einem Gesamtnennbetrag von DM 81 447 745,—, (= 2,433 % aller Aktien der Gruppe I)

82 152 517 Normalaktien mit einem Gesamtnennbetrag von DM 22 205 537 615,— und (= 97,559 % aller Aktien der Gruppe I)

6 740	Großaktien mit einem Gesamtnennbetrag von DM 1 082 859 700,— bestehen.	(= 0,008 % aller Aktien der Gruppe I)

Davon sind in Globalaktien zusammengefaßt:

2 000	Kleinaktien	(= 0,09 % aller Kleinaktien),
27 909 490	Normalaktien	(= 33,97 % aller Normalaktien),
20	Großaktien	(= 0,29 % aller Großaktien).

Aus der Tabelle lassen sich verschiedene Schlußfolgerungen ziehen, die zum Teil allgemeiner Art sind, zum Teil die Grundlage für speziell die Globalaktien betreffende Untersuchungen abgeben.

1. Die Zusammenstellung läßt zunächst erkennen, in welcher Weise die Gesamtmasse der Globalaktien aus den Einzelaktien der verschiedenen Nennbeträge zusammengesetzt ist. Hierauf soll in dem folgenden Abschnitt über die Stückelung des Grundkapitals der Global-Aktiengesellschaften näher eingegangen werden[37].

2. Die Übersicht ergibt des weiteren, daß den Aktien der verschiedenen Nennbeträge in der Wirtschaftspraxis eine unterschiedliche Bedeutung zukommt. Diese Bedeutung kann gemessen werden an ihrem Anteil an der Gesamtmasse der Aktien (Spalte III), an dem Anteil des durch sie verkörperten Kapitals am Gesamtgrundkapital aller Gesellschaften (Spalte IV) oder an der Häufigkeit, in der sich die Aktiengesellschaften ihrer zur Stückelung des Grundkapitals bedienen (Spalte V).

Im Anhang Nr. 2 wird eine Zusammenstellung gegeben, die die Aktien nicht nach der Größe ihres Nennbetrages, sondern nach ihrer wirtschaftlichen Bedeutung geordnet aufführt. Hierbei wurde die Bedeutung in der Wirtschaft an ihrem Anteil an der Gesamtmasse der Aktien (Spalte III) gemessen.

Bildet man von diesen Nennbeträgen Klassen nach dem Gesichtspunkt, in welchem Maße die auf sie lautenden Aktien an der Gesamtmasse der Aktien beteiligt sind (Spalte III), so kann man 5 Klassen bilden und die Aktiennennbeträge entsprechend einordnen.

Die folgende Tabelle 3 trägt in der Kopfleiste des Textteiles die Ordnungsnummern der Klassen und die Anzahl der von jedem einzelnen Nennbetrag bestehenden Aktien in Prozenten von der Gesamt-

---

37 Siehe S. 140.

Tabelle 3: **Die wirtschaftliche Bedeutung der auf die einzelnen Nennbeträge lautenden Aktien**

Klasse	I	II	III	IV	V
	Es umfaßt von der Gesamtmasse der Aktien				
Anteil an der Gesamtmasse der Aktien	0,000001 % bis unter 0,01 %	0,01 % bis unter 0,1 %	0,1 % bis unter 1 %	1 % bis unter 15 %	15 % und darüber
	die Anzahl der auf die folgenden Nennbeträge lautenden Aktien:				
Nennbeträge	Die übrigen, nicht in die Klassen II bis V fallenden Nennbeträge	10 25 35 75 160 210 220 250 350 450 750 900 1 100 1 200 1 300 1 400 1 500 1 600 2 000 3 000 5 000 10 000	20 30 40 50 60 70 80 150 300 600 700 800	200 400 500 1 000	100
Anzahl der Nennbeträge in % von der Gesamtzahl der Nennbeträge	65,18	19,64	10,72	3,57	0,89
Anzahl der auf diese Nennbeträge lautenden Aktien in % von der Gesamtanzahl der Aktien	0,11	0,81	3,99	20,85	74,24

anzahl der Aktien (Tabelle 2, Spalte III). Im Zahlenteil der Tabelle stehen die Nennbeträge der Aktien, darunter die Anzahl der Aktiennennbeträge in Prozenten von der Gesamtanzahl der Nennbeträge (112 Stück) und in der Abschlußzeile schließlich die Anzahl der auf die Nennbeträge entfallenden Aktien in Prozenten von der Gesamtanzahl der in Aktienurkunden verbrieften Aktien.

Je höher die Ordnungsziffer der Gruppe ist, zu der die Aktie eines bestimmten Nennbetrages gehört, desto größer ist ihre wirtschaftliche Bedeutung.

Auf diese Klasseneinteilung wird bei der im Anschluß erfolgenden Untersuchung des Grundkapitals der Global-Aktiengesellschaften im besonderen noch einmal zurückgekommen werden[38].

3. Die Übersicht gibt schließlich einen Einblick in die Art, in der von den Gesellschaften Aktien verschiedener Nennbeträge zur Stückelung des Grundkapitals verwendet werden.

Die Gesamtanzahl der Fälle, in denen bei den Aktiengesellschaften Aktien der verschiedenen Nennbeträge bestehen, beträgt 4134 (Summe der Spalte V). Dividiert man diese Gesamtanzahl der Fälle durch die Anzahl der Gesellschaften, die nur oder — neben Zwischenscheinen — auch Aktienurkunden ausgegeben haben — das sind insgesamt 2647 Stück[39] —, dann ergibt sich ein abgerundeter Wert von 1,6. Er besagt, daß jede Gesellschaft durchschnittlich 1,6 verschiedene Aktiennennbeträge zur Stückelung ihres in Aktienurkunden verbrieften Grundkapitals verwendet, sei es nun durch Einzel-, sei es durch Globalverbriefung[40].

In welcher Weise im einzelnen bei den Gesellschaften der unterschiedlichen Größenordnungen Aktien der verschiedenen Nennbeträge zur Stückelung des Grundkapitals Verwendung finden, insbesondere welche Nennbeträge und welche Kombinationen von Nennbeträgen bevorzugt werden, darüber unterrichtet die auf S. 126 dargestellte Tabelle 4.

In der Kopfleiste stehen die nach der Größe ihres Grundkapitals in Klassen eingeteilten Gesellschaften. In der linken Randspalte sind die Nennbeträge der Aktien aufgeführt, in die das Grundkapital jeweils zerlegt ist. Hierzu ist folgende Erläuterung erforderlich: Es wurde danach unterschieden, ob das Grundkapital der betreffenden Gesell-

---

38 Siehe S. 141.

39 2 655 ⁒ 8; siehe S. 109.

40 Diesem Wert liegen 99,77 % des Gesamtgrundkapitals aller untersuchten Gesellschaften zugrunde. Bei Einbeziehung auch des in Zwischenscheinen verbrieften Grundkapitals würde sich keine Veränderung ergeben (Anzahl der Gesellschaften = 2 655; Anzahl der Fälle = 4 134 + 26, siehe S. 129).

schaft „nur" oder „überwiegend" in Aktien des angegebenen Nennbetrages zerlegt wurde. Als „überwiegend" in Aktien des angegebenen Nennbetrages zerlegt wurde eine Grundkapital dann angesehen, wenn mehr als die Hälfte aller bei der betreffenden Gesellschaft bestehenden Aktien sich aus Aktien des angegebenen Nennbetrages zusammensetzt. War die Zerlegung eines Grundkapitals nicht eindeutig in dieser Weise zu bestimmen, erreichten also insbesondere bei einer Gesellschaft die Aktien eines bestimmten Nennbetrages nur genau die Hälfte aller bei ihr bestehenden Aktien oder machten die Aktien eines jeden Nennbetrages nur weniger als die Hälfte aus, dann wurde die betreffende Gesellschaft in der Zeile „Sonstige Verbindungen von Nennbeträgen", kurz: „Sonstige Verbindungen", geführt[41]. Für die Zeilen, die keinen der Zusätze „nur" oder „überwiegend" tragen, gelten beide Zusätze; die Zeile „über 100 bis 500" zum Beispiel ist also zu lesen: „Aktien nur oder überwiegend von einem Nennbetrag zwischen DM 101,— und DM 500,—"[42].

Die Global-Aktiengesellschaften sind in den im Zahlenteil der Tabelle gegebenen Anzahlen der Gesellschaften (linke obere Ecke) mit enthalten. Ihr Anteil daran ist durch die in der rechten unteren Ecke des betreffenden Feldes stehende (verstärkt gedruckte) Zahl jeweils angegeben. In einer Abschlußzeile und Abschlußspalte werden sie noch einmal gesondert aufgeführt.

In der Tabelle ist auch der in Zwischenscheinen verbriefte Teil des Grundkapitals der Aktiengesellschaften mit berücksichtigt. Allerdings treten die von den Einzel-Aktiengesellschaften ausgegebenen Zwischenscheine in der Tabelle nicht hervor, da bei keiner der Gesellschaften, die Zwischenscheine ausgegeben haben, die Anzahl der Zwischenscheine mehr als 50 % der insgesamt ausgegebenen Urkunden beträgt. Bei den Global-Aktiengesellschaften dagegen ist in acht Fällen[43] das gesamte Grundkapital in (Global-)Zwischenscheinen verbrieft. Ihr An-

---

[41] Z. B.:
100 Aktien zu DM 100,—, 99 Aktien zu DM 500,— = „überw. 100,—".
100 Aktien zu DM 100,—, 100 Aktien zu DM 500,— = „Sonst. Verbind.".
100 Aktien zu DM 100,—, 100 Aktien zu DM 1 000,— = „nur 100,— und 1 000,—".
100 Aktien zu DM 100,—, 100 Aktien zu DM 1 000,—, 100 Aktien zu 500,— = „überw. 100,— und 1 000,—".
100 Aktien zu DM 100,—, 100 Aktien zu DM 1 000,— 200 Aktien zu 500,— = „Sonst. Verbind.".

[42] 100 Aktien zu DM 400,— = „über 100,— bis 500.—".
100 Aktien zu DM 400,—, 50 Aktien zu DM 600,— = „über 100,— bis 500,—".
100 Aktien zu DM 400,—, 110 Aktien zu DM 600,— = „über 500,— bis 1 000,—".

[43] Siehe S. 109, 113, 147.

Tabelle 4: **Die von den Gesellschaften zur Stückelung bevorzugten Nennbeträge und Kombinationen von Nennbeträgen**

Zeilen-Nr.	Grundk. in DM 1000 / Aktien-Nennbeträge in DM	unter 100	100	über 100 bis 500	über 500 bis 1 000	über 1 000 bis 5 000	über 5 000 bis 10 000	über 10 000 bis 100 000	über 100 000	Summe (Einzel- u. Global-AG)	Global-AG	Einzel-Aktiengesellschaften in %	Global-Aktiengesellschaften in %
1.	unter 100.—	23	4	41	12	16	3	1	—	100	—	3,9	—
2.	nur 100.—	23 **1**	19 (1) **1**	71 (2) **2**	19 **1**	16 **1**	7	51 **18**	16 **11**	222	**35**	7,3	42,2
3.	nur 1000.—	16	34 (1) **1**	161 (1) **1**	134 **2**	243 (1) **7**	61 **3**	70 **3**	7 **1**	726	**18**	27,5	21,7
4.	nur 100.— und 1000.—	5	4	88	73	229 **5**	74 **2**	106 **5**	5 **1**	584	**13**	22,2	15,7
5.	überw. 100.—	2	2	8	8	5	2	1	1 **1**	29	**1**	1,1	1,2
6.	überw. 1000.—	3	1	6	13 **1**	26	6	5 **3**	—	60	**4**	2,2	4,8
7.	überw. 100.— und 1000.—	1	—	9	12	36	18 **1**	23 **1**	1	100	**2**	3,8	2,4
8.	über 100.— bis 500.—	27 **1**	16	131	69 **1**	115	15 **1**	14	3	390	**3**	15,0	3,6
9.	über 500.— bis unter 1000.—	2	3	23	29	45	6 **2**	5	—	113	**2**	4,3	2,4
10.	über 1000.— bis 5000.—	2	2	18	26	43	9	6 **1**	—	106	**1**	4,1	1,2
11.	über 5000.— bis 50 000.—	2	—	1	6 **1**	8	4	5	1	27	**1**	1,0	1,2
12.	über 50 000.—	—	—	—	2	2 **1**	6 (1) **1**	5 (1) **1**	3	18	**3**	0,6	3,6
13.	Sonstige Verbindungen	4	3	42	43	56	12	15	5	180	—	7,0	—
Summe (Einzel-u. Global-AG)		110	88	599	446	840	223	307	42	2655	—	100	100
Global-AG		**2**	**2**	**3**	**6**	**14**	**10**	**32**	**14**	—	**83**	—	—

teil an den Global-Aktiengesellschaften ist in Klammern und Kursivdruck in dem betreffenden Feld angegeben.

Die Prozentzahlen in den beiden rechten Randspalten bestimmen sich bei den Einzel-Aktiengesellschaften von der Gesamtanzahl von 2572 Gesellschaften, bei den Global-Aktiengesellschaften von der Gesamtanzahl von 83 Gesellschaften.

Zur Klarstellung soll hervorgehoben werden, daß es sich bei den Aktien, von denen die Nennbeträge in der Randspalte angegeben sind, für die Einzel-Aktiengesellschaften um Bruchteile des Grundkapitals bzw. um Aktienurkunden, für die Global-Aktiengesellschaften nur um Bruchteile handelt.

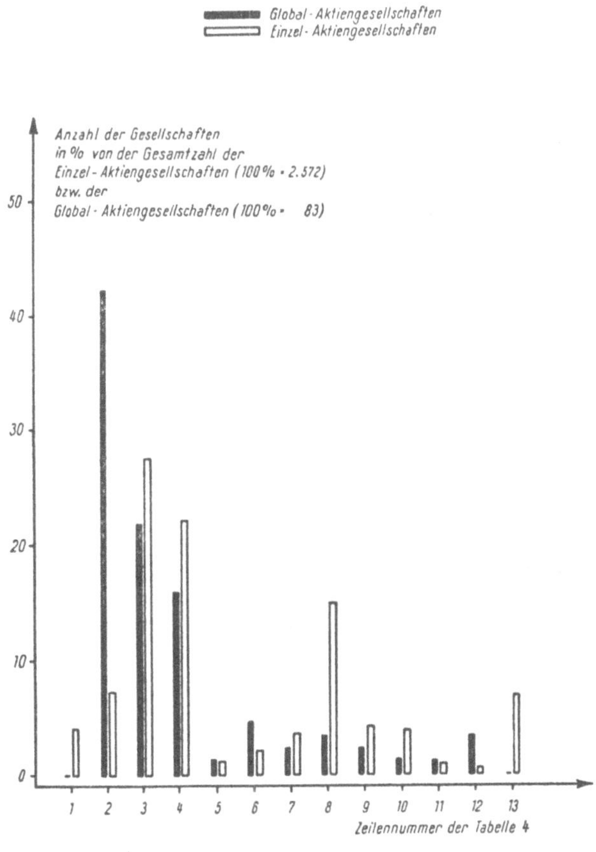

Graphische Darstellung zur Tabelle 4

Stellt man die in den beiden rechten Randspalten für die Einzel- und Global-Aktiengesellschaften angegebenen Prozentzahlen graphisch dar, so kann man wiederum die im Verhältnis unterschiedliche Besetzung der einzelnen Klassen erkennen.

Unter den Einzel-Aktiengesellschaften herrschen die Gesellschaften mit einer Zerlegung des Grundkapitals in Aktien zu nur DM 1000,—, zu nur DM 100,— und 1000,— und zu über DM 100,— bis 500,— vor. Bei den Global-Aktiengesellschaften liegt das Schwergewicht auf den Gesellschaften mit einer Zerlegung des Grundkapitals in Aktien zu nur DM 100,—, zu nur DM 1000,— und zu nur DM 100,— und 1000,—.

Die übrigen Kombinationen von Nennbeträgen sind bei den Einzel- und Global-Aktiengesellschaften bis auf geringe Abweichungen verhältnismäßig gleich stark vertreten.

Die Tabelle 4 wird im vierten Abschnitt über die Verwendung der Globalaktie in der Wirtschaft eine besondere Berücksichtigung finden[44].

bb) Die vorläufigen Einzelurkunden und ihre Zusammenfassung in Globalzwischenscheinen

Die Zusammenstellung in der Tabelle 5 auf S. 129 gibt sämtliche[45] in West-Deutschland vorkommenden Nennbeträge der in Zwischenscheinen verbrieften Aktien (Gruppe II) wieder; es handelt sich um insgesamt 16 verschiedene Nennbeträge, von denen 10 Stück schon unter den 112 Nennbeträgen der in Aktienurkunden verbrieften Aktien zu finden sind. Die Gesamtanzahl der darauf lautenden Aktien beträgt 29 594 Stück; die Untersuchung erstreckt sich somit auf 0,03 % aller zur statistischen Masse gehörenden Aktien.

Die Tabelle 5 zeigt einen der Tabelle 2[46] entsprechenden Aufbau[47]. Spalte III insbesondere gibt die Anzahl der von jedem einzelnen Nennbetrag bestehenden Aktien in Prozenten von der Gesamtanzahl der in Zwischenscheinen verbrieften Aktien (29 594 Stück), Spalte IV den Gesamtnennbetrag der Aktien in Prozenten vom gesamten in Zwischenscheinen verbrieften Grundkapital der untersuchten Gesellschaften (DM 52 620 000,—), Spalte V die Anzahl der in Globalzwischenscheinen zusammengefaßten Aktien an.

---

[44] Siehe S. 201.
[45] Siehe S. 117, Anm. 35.
[46] Siehe S. 119 ff.
[47] Die Nennbeträge der Aktien, über die auch Aktienurkunden ausgestellt sind, sind mit einem * versehen.

Tabelle 5: **Die einzelnen Aktiennennbeträge, die darauf lautenden Einzelzwischenscheine und die daraus gebildeten Globalzwischenscheine**

I	II	III	IV	V	VI	VII
Nennbetrag der Aktien	Anzahl der Aktien	II in % von der Gesamtanzahl der Aktien	Gesamtnennbetr. von II in % vom Gesamtgrundkap.	Anzahl der Fälle	Anzahl der in Globalzwischenscheinen zusammengefaßten Aktien	VI in % von II
100*	9 400	31,76	1,79	4	6 400	68,08
200*	500	1,68	0,19	1		
500*	100	0,33	0,095	1		
1 000*	19 420	65,62	36,9	7	5 400	27,80
2 000*	30	0,1	0,11	1		
5 000*	20	0,067	0,19	1		
24 000*	10	0,033	0,45	1		
25 000*	20	0,067	0,95	1	20	100
45 000	1	0,00003	0,085	1		
100 000*	68	0,23	12,92	2	60	88,23
135 000	1	0,00003	0,25	1		
280 000	1	0,00003	0,53	1		
400 000	1	0,00003	0,76	1		
1 000 000*	20	0,067	38,0	1	20	100
1 040 000	1	0,00003	1,97	1		
2 510 000	1	0,00003	4,77	1		
Summe	29 594	100	100	26	11 900	—

5. Die Stückelung des Grundkapitals der Global-Aktiengesellschaften im besonderen

In diesem Kapitel werden die bisher gefundenen Ergebnisse, soweit sie speziell die Global-Aktiengesellschaften betreffen, durch weitere Angaben ergänzt.

Es soll wiederum nach der Ausgabe von Aktien und Zwischenscheinen und entsprechend zwischen Global-Aktiengesellschaften mit Globalaktien und Global-Aktiengesellschaften mit Globalzwischenscheinen unterschieden werden. Beide Gruppen von Gesellschaften werden im folgenden getrennt behandelt.

a) Die Stückelung des Grundkapitals der Global-Aktiengesellschaften mit Globalaktien

Im folgenden wird zunächst eine Übersicht über die 75 Global-Aktiengesellschaften mit Globalaktien gegeben (aa). Zum Teil auf dieser Grundlage, zum Teil an Hand weiterer Zusammenstellungen werden im Anschluß daran Untersuchungen angestellt über den Anteil des durch Globalaktien verbrieften Grundkapitals am Gesamtgrundkapital der einzelnen Global-Aktiengesellschaften (bb), über die Zusammensetzung der Globalaktien aus Einzelaktien (cc), über die Nennbeträge der zur Globalverbriefung herangezogenen Einzelaktien (dd), über die Nennbeträge der Globalaktien (ee) und über die von den Global-Aktiengesellschaften neben den Globalaktien ausgegebenen Einzelaktien (ff).

aa) Übersicht über die Verhältnisse bei den einzelnen Global-Aktiengesellschaften hinsichtlich der Stückelung ihres Grundkapitals

Tabelle 6 bringt eine Zusammenstellung der 75 Global-Aktiengesellschaften mit Globalaktien. Sie hat folgenden Aufbau:

Spalte

I: Ordnungsnummer.
Die Gesellschaften sind nach der Größe ihrer Mobilisierungskoeffizienten geordnet. Auf die Bedeutung dieses für diese Untersuchung entwickelten Koeffizienten wird im vierten Abschnitt eingegangen werden.

II: Name der Gesellschaft.

III: Grundkapital der Gesellschaft in DM 1000,—.

IV: Anzahl der Globalaktien.

V: Gesamtnennbetrag der Globalaktien in DM 1000,—.

VI: Gesamtnennbetrag der Globalaktien in Prozenten vom Grundkapital.

VII: Nennbeträge der durch die Globalaktien zusammengefaßten Einzelaktien.

VIII: Gesamtanzahl der durch alle Globalaktien zusammengefaßten Einzelaktien.

IX: Anzahlen der in den einzelnen Globalaktien zusammengefaßten Einzelaktien.

X: Gesamtanzahl der neben den Globalaktien ausgegebenen Einzelaktien.

XI: Anzahl der Großaktionäre.

XII: Umfang der Beteiligung der Großaktionäre.

Tabelle 6: **Die einzelnen Global-Aktiengesellschaften mit Globalaktien**

I	II	III	IV	V	VI	VII	VIII	IX	X	XI	XII
Ordnungsnummer	Name der Gesellschaft	Grundkapital in DM 1000	Anzahl der Globalaktien	Gesamtnennbetrag der Globalaktien in DM 1 000	V in % von III	Nennbeträge der durch die Globalaktien zusammengefaßten Einzelaktien	Gesamtanzahl der durch alle Globalaktien zusammengefaßten Einzelaktien	Anzahl der in den einzelnen Globalaktien zusammengefaßten Einzelaktien	Gesamtanzahl der neben den Globalaktien ausgegebenen Einzelaktien	Anzahl der Großaktionäre	Anteil von XI in % von III
1.	Westfalenhütte AG	225 000	1	225 000	100	100	2 250 000	2 250 000	—	1	100
2.	Bayernwerk AG	100 000	2	100 000	100	1 000	100 000	40 000; 60 000	—	2	100
3.	Chemische Werke Hüls AG	120 000	4	120 000	100	1 000	120 000	30 000	—	4	100
4.	Badenwerk AG	50 000	2	50 000	100	1 000	50 000	20 000; 30 000	—	1	100
5.	Friedrich Thyssen Bergbau-AG	50 000	2	50 000	100	100	500 000	250 000	—	2	100
6.	Kalle & Co. AG	20 400	1	20 400	100	100	204 000	204 000	—	1	100
7.	Duisburger Kupferhütte	42 000	7	42 000	100	100; 1 000	87 009	6 Beträge	—	7	90,92
8.	Land- und Seekabelwerke AG	5 000	1	5 000	100	1 000	5 000	5 000	—	1	100
9.	Köln-Bonner Eisenbahnen AG	19 500	4	19 500	100	1 000	19 500	9 746; 3 902; 2 926	—	4	100
10.	Kasseler Druckerei und Färberei AG	4 500	1	4 500	100	450 000	10	10	—	1	100
11.	Elektrizitätswerk Rheinhessen AG	8 000	2	8 000	100	1 000	8 000	4 000	—	2	100
12.	Sunlichtgesellschaft AG	22 000	8	22 000	100	3 Großaktien und 1 000	17 335	6 Beträge	—	—	—
13.	AG für Versorgungsunternehmen im Ennepe-Ruhr-Kreis	10 000	5	10 000	100	1 000	10 000	5 Beträge	—	4	100

Noch Tabelle 6

I	II	III	IV	V	VI	VII	VIII	IX	X	XI	XII
Ordnungsnummer	Name der Gesellschaft	Grundkapital in DM 1000	Anzahl der Globalaktien	Gesamtnennbetrag der Globalaktien in DM 1 000	V in % von III	Nennbeträge der durch die Globalaktien zusammengefaßten Einzelaktien	Gesamtanzahl der durch alle Globalaktien zusammengefaßten Einzelaktien	Anzahl der in den einzelnen Globalaktien zusammengefaßten Einzelaktien	Gesamtanzahl der neben den Globalaktien ausgegebenen Einzelaktien	Anzahl der Großaktionäre	Anteil von XI in % von III
14.	Franz Clouth Rheinische Gummiwarenfabrik AG	3 600	2	3 600	100	1 000	3 600	208; 3 392	—	1	94
15.	Norddeutsche Seekabelwerke AG	3 600	4	3 600	100	1 000	3 600	600; 1 200	—	2	100
16.	Te-Ka-De, Süddeutsche Telefon-Apparate-, Kabel- u. Drahtwerke AG	6 000	7	6 000	100	1 000	6 000	500; 3 000	—	1	100
17.	Kraftverkehr Württemberg AG — Schwabengarage-Stuttgart	1 200	2	1 200	100	1 000	1 200	312; 888	—	2	100
18.	Eine Kommanditgesellschaft auf Aktien	7 500	13	7 140	94,66	600; 3000	9 900	10 Beträge	—	2	75
19.	Starkstromanlagen AG	1 000	3	1 000	100	10 000; 100 000	55	3; 2; 50	—	1	100
20.	Braunschweigische Kohlen-Bergwerke	66 000	3	65 360	99,03	1 000	65 360	3 000; 29 680; 32 680	642	2	99,2
21.	Zschimmer u. Schwarz, Chemische Fabrik und Gerbstoffewerk Oberlahnst. AG	800	8	800	100	1 000	800	100	—	1	100
22.	Porzellanfabrik Waldershof AG, vorm. Joh. Haviland	700	7	700	100	1 000	700	100	—	1	100
23.	Landesgasversorgung Süd-Niedersachsen AG	1 000	14	1 000	100	500; 1 000	1 050	12 Beträge	—	5	100
24.	Germania Grundbesitz-Verwaltung AG	56	1	56	100	100	560	560	—	1	100
25.	MEZ AG	10 000	18	9 600	96	1 000	9 600	100; 500; 1 000	670	—	—

Noch Tabelle 6

I	II	III	IV	V	VI	VII	VIII	IX	X	XI	XII
Ordnungsnummer	Name der Gesellschaft	Grundkapital in DM 1000	Anzahl der Globalaktien	Gesamtnennbetrag der Globalaktien in DM 1 000	V in % von III	Nennbeträge der durch die Globalaktien zusammengefaßten Einzelaktien	Gesamtanzahl der durch alle Globalaktien zusammengefaßten Einzelaktien	Anzahl der in den einzelnen Globalaktien zusammengefaßten Einzelaktien	Gesamtanzahl der neben den Globalaktien ausgegebenen Einzelaktien	Anzahl der Großaktionäre	Anteil von XI in % von III
26.	Deutsche AG für Nestle-Erzeugnisse	17 500	57	11 760	67,2	3 500	3 360	10 ; 100	1 640	—	—
27.	Eschweiler Bergwerks-Verein	60 000	57	57 000	95	1 000	57 000	1 000	6 545	1	95,60
28.	Deutsche Gesellschaft zur Förderung des Wohnungsbaues, gemeinn. AG	5 500	50	5 000	90,90	100	50 000	1 000	800	1	100
29.	Mansfeld AG für Bergbau und Hüttenbetrieb	7 317,6	2	7 200	99,74	300	24 000	371 ; 23 629	1 176	1	98,5
30.	HAG AG	5 000	180	4 500	90	1 000	4 500	10 ; 100	1 400	Erben	—
31.	Bremen-Mindener Schiffahrt AG	3 000	7	2 500	83,33	1 000	2 500	100 ; 1 000	950	1	78
32.	Unterweser Reederei AG	3 500	7	2 300	65,71	1 000	2 300	100 ; 500	1 200	1	99
33.	Fritz Häuser AG	6 000	8	4 000	66,66	1 000	4 000	500	2 900	2	—
34.	Bremer Straßenbahn AG	9 800	60	6 300	64,29	700	9 000	150	5 000	1	68,5
35.	Kieler Verkehrsaktiengesellschaft	10 500	92	9 200	87,61	1 000	9 200	100	5 993	2	90
36.	Eisenbahn-Gesellschaft Altona-Kaltenkirchen-Neumünster	3 000	3	2 819,4	93,98	100 ; 1 000	2 832	21 ; 2 790	1 806	1	üb. 60
37.	Gelsenkirchener Bergwerks-AG	388 000	230 668	383 000	98,71	100	3 830 000	5 ; 10 ; 30	50 000	—	—
38.	J. C. Eckardt AG	1 500	2	400	26,60	1 000	400	100 ; 300	1 100	1	100

Noch Tabelle 6

I	II	III	IV	V	VI	VII	VIII	IX	X	XI	XII
Ordnungsnummer	Name der Gesellschaft	Grundkapital in DM 1000	Anzahl der Globalaktien	Gesamtnennbetrag der Globalaktien in DM 1000	V in % von III	Nennbeträge der durch die Globalaktien zusammengefaßten Einzelaktien	Gesamtanzahl der durch alle Globalaktien zusammengefaßten Einzelaktien	Anzahl der in den einzelnen Globalaktien zusammengefaßten Einzelaktien	Gesamtanzahl der neben den Globalaktien ausgegebenen Einzelaktien	Anzahl der Großaktionäre	Anteil von XI in % von III
39.	Motoren-Werke Mannheim AG, vorm. Benz Abt. Stationärer Motorenbau	4 860	100	3 600	74,08	100; 1 000	21 600	10; 50; 100	3 600	1	94,9
40.	Deutsche Werft AG	12 000	1	2 250	18,75	1 000	2 250	2 250	11 100	2	80
41.	Mannesmann AG	320 000	174 600	306 700	95,84	100	3 067 000	9; 10; 45	133 000	—	—
42.	Felten u. Guilleaume Carlswerk AG	93 000	65	62 300	66,99	1 000	62 300	20; 80; 300; 900; 1 000	93 700	1	67,08
43.	Capito & Klein AG	25 000	15 480	23 980	95,92	100	239 800	10; 50; 100	10 200	5	71,4
44.	Bergbau-AG Neue Hoffnung	104 000	103 595	103 595	99,61	100	1 035 950	10	4 050	—	—
45.	Hüttenwerk Oberhausen AG	104 000	103 595	103 595	99,61	100	1 035 950	10	4 050	—	—
46.	Continental Caoutchouc-Export-AG	800	790	790	98,75	100	7 900	10	100	1	100
47.	Harpener Bergbau-AG	127 600	125 000	125 000	97,96	100	1 250 000	10	26 000	1	60,2
48.	Bergbau AG Constantin der Große	37 575	36 600	36 600	94,74	100	366 000	10	9 750	1	—
49.	Turmbergbahn Durlach AG	50	1	19,5	39	500	39	39	61	1	100
50.	Hoesch Werke AG	270 000	260 000	260 000	96,29	100	2 600 000	10	100 000	—	—
51.	Essener Steinkohlenbergwerke AG	105 000	100 000	100 000	95,23	100	1 000 000	10	50 000	1	96

Noch Tabelle 6

I	II	III	IV	V	VI	VII	VIII	IX	X	XI	XII
Ordnungsnummer	Name der Gesellschaft	Grundkapital in DM 1000	Anzahl der Globalaktien	Gesamtnennbetrag der Globalaktien in DM 1000	V in % von III	Nennbeträge der durch die Globalaktien zusammengefaßten Einzelaktien	Gesamtanzahl der durch alle Globalaktien zusammengefaßten Einzelaktien	Anzahl der in den einzelnen Globalaktien zusammengefaßten Einzelaktien	Gesamtanzahl der neben den Globalaktien ausgegebenen Einzelaktien	Anzahl der Globalaktionäre	Anteil von XI in % von III
52.	Stuttgarter Straßenbahnen AG	16 660	276	13 380	80,31	1 000	13 380	10; 100	23 800	1	91
53.	Isola Werke AG	1 300	6	300	23,07	1 000	300	50	1 900	3	85
54.	Dortmund-Hörder Hüttenunion AG	184 000	239 000	179 000	97,28	100	1 790 000	2; 10	50 000	1	40
55.	Th. Goldschmidt AG Chemische Fabriken	16 500	1	300	1,81	1 000	300	300	26 100	—	—
56.	Elmshorn-Barmstedt-Oldesloer Eisenbahn	780	1	160	20,51	400	400	400	1 550	3	üb. 50
57.	Phoenix-Rheinrohr AG Vereinigte Hütten- und Röhrenwerke	207 000	181 000	181 000	87,43	100	1 810 000	10	260 000	1	52,1
58.	Altenessener Bergwerks-AG	90 000	78 000	78 000	86,66	100	780 000	10	120 000	1	99
59.	Klöckner-Bergbau Königsborn-Werne AG	45 000	39 000	39 000	86,66	100	390 000	10	60 000	1	56,72
60.	Deutsche Edelstahlwerke AG	41 400	33 000	33 000	79,71	100	330 000	10	84 000	1	61
61.	Rheinisch-Westfälische Eisen- und Stahlwerke AG	69 000	55 000	55 000	79,71	100	550 000	10	140 000	1	57,8
62.	Ilseder Hütte	102 240	81 000	80 100	78,34	50; 100	802 000	2; 10	221 400	1	25
63.	Hamborner Bergbau AG	69 000	54 000	54 000	78,26	100	540 000	10	150 000	2 Fam.	üb. 50
64.	Stader Lederfabrik AG	4 400	3 400	3 400	77,27	100	34 000	10	10 000	—	—

Noch Tabelle 6

I	II	III	IV	V	VI	VII	VIII	IX	X	XI	XII
Ordnungsnummer	Name der Gesellschaft	Grundkapital in DM 1000	Anzahl der Globalaktien	Gesamtnennbetrag der Globalaktien in DM 1000	V in % von III	Nennbeträge der durch die Globalaktien zusammengefaßten Einzelaktien	Gesamtanzahl der durch alle Globalaktien zusammengefaßten Einzelaktien	Anzahl der in den einzelnen Globalaktien zusammengefaßten Einzelaktien	Gesamtanzahl der neben den Globalaktien ausgegebenen Einzelaktien	Anzahl der Globalaktionäre	Anteil von XI in % von III
65.	Stahlwerke Südwestfalen AG	40 000	29 900	29 900	74,25	100	299 000	10	101 000	2	—
66.	Rheinstahl-Union Maschinen- und Stahlbau AG	55 200	38 200	38 200	69,20	100	382 000	10	170 000	1	—
67.	Handelsunion AG	46 000	31 200	31 200	67,82	100	312 000	10	148 000	2	üb. 50
68.	Hüttenwerk Siegerland AG	46 000	30 000	30 000	65,21	100	300 000	10	160 000	1	33,3
69.	Niederrheinische Hütte AG	41 400	27 000	27 000	65,21	100	270 000	10	144 000	1	96
70.	Ruhrstahl AG	34 500	22 000	22 000	63,76	100	220 000	10	125 000	1	95,7
71.	Gußstahlwerk Witten AG	20 700	12 497	12 497	60,37	100	124 970	10	82 030	2	60
72.	Industriewerte AG	27 000	15 000	15 000	55,55	100	150 000	10	120 000	—	—
73.	August Thyssen-Hütte AG	115 000	35 200	60 200	52,34	100	602 000	10; 30	548 000	2	üb. 50
74.	Hamburgische Elektrizitäts-Werke AG	150 000	1	1 000	0,64	100	10 000	10 000	941 000	1	72
75.	Industrie- und Handels-AG Peine	10 224	4 000	4 000	39,19	100	40 000	10	62 240	1	25
	Summe	3 935 662,6	2 159 824	3 388 501.9	—	—	27 911 510	—	4 277 453	—	—

Anmerkungen zur Tabelle 6:

1. Zu Spalte II.
   Der Name der Gesellschaft Nr. 18 ist dem Verfasser bekannt.
2. Zu Spalte III.
   a) Gesellschaft Nr. 7:
      In dem Berichtszeitraum betrug das Grundkapital DM 32 000 000,—, das in 27 000 Aktien zu DM 1 000,— und 50 000 Aktien zu DM 100,— eingeteilt war. Alle Aktien waren in insgesamt 7 Globalaktien zusammengefaßt.
      Da genauere Angaben (siehe unten 3.) nur über das am 29. 5. 1957 auf DM 42 000 000,— erhöhte Grundkapital zu erhalten waren, wurde dieses in die Tabelle aufgenommen.
   b) Gesellschaft Nr. 12:
      Vgl. hierzu Seite 60, 61.
      Das Handbuch gibt die Höhe des Grundkapitals für den Berichtszeitraum noch mit DM 18 000 000,— an. Die Kapitalerhöhung erfolgte am 31. 12. 1955.
   c) Gesellschaft Nr. 18:
      Um den Betrag des Grundkapitals zu erhalten, sind noch DM 360 000,— Einlage des persönlich haftenden Gesellschafters zu dem Betrag der Aktien hinzuzufügen.
3. Zu Spalte IX.
   Die für einzelne Gesellschaften summarisch angeführten Werte betragen im einzelnen:
   Nr. 7: 26 252, 26 261, 3 828, 2 088, 1 305, 1 023.
   Nr. 12: 3 330, 4 500, 3 000, 1 500, 1 000, 2.
   Nr. 13: 3 000, 2 825, 2 550, 1 375, 250.
   Nr. 18: 7 375, 750, 652, 326, 250, 176, 83, 76, 33, 32.
   Nr. 23: 252, 194, 156, 134, 111, 75, 53, 16, 10, 6, 4, 3.
4. Zu den Spalten XI und XII.
   a) Ein Strich bedeutet, daß die betreffenden Werte im Handbuch nicht angegeben und auch anderweitig nicht zu erfahren waren.
   b) Zur Ergänzung der Angaben wurde mit herangezogen: „Wer gehört wem? Mutter- und Tochtergesellschaften von A bis Z", herausgegeben von der Commerz- und Credit-Bank AG, 1957, und zwar für die unter den folgenden Nummern aufgeführten Gesellschaften:
      Nr. 17, 18, 54, 57, 58, 60, 63, 68, 69, 70, 73, 74.

bb) Der Anteil des durch Globalaktien verbrieften Grundkapitals am Grundkapital der einzelnen Global-Aktiengesellschaften

Die 75 Global-Aktiengesellschaften mit Globalaktien haben ein Gesamtgrundkapital von DM 3 935 662 600,—. Hiervon sind DM 3 388 501 900,— (= 86,1 %) in Globalaktien verbrieft.

Tabelle 7 teilt die Global-Aktiengesellschaften nach der Größe ihres durch Globalaktien verbrieften Grundkapitals im Verhältnis zum Gesamtgrundkapital jeder einzelnen Gesellschaft in 11 Klassen ein[48] (vgl. Tabelle 6, Spalte VI).

[48] Diese Einteilung wurde gewählt, um die Gesellschaften, die 100 % ihres Grundkapitals in Globalaktien verbrieft haben, besonders hervorzuheben und sie nicht mit anderen Gesellschaften in einer Klasse vereinen zu müssen.

Tabelle 7: **Der Anteil des durch Globalaktien verbrieften Grundkapitals am Gesamtgrundkapital der einzelnen Global-Aktiengesellschaften**

In Gobalaktien verbriefter Anteil des Gesamtgrundkapitals jeder Global-Aktiengesellschaft in %	Anzahl der Gesellschaften
unter 10	2
10 — „ 20	1
20 — „ 30	3
30 — „ 40	2
40 — „ 50	—
50 — „ 60	2
60 — „ 70	11
70 — „ 80	7
80 — „ 90	6
90 — „ 100	19
100	22

Am zahlreichsten sind demnach die Gesellschaften vertreten, die 100 % ihres Grundkapitals in Globalaktien verbrieft haben; es folgen die Gesellschaften, die 90 — unter 100 %, und darauf die, die 60 — unter 70 % ihres Grundkapitals in Globalaktien verbrieft haben.

Zu einer ähnlichen Aufteilung der Gesellschaften würde man gelangen, wenn man den Anteil der in den Globalaktien zusammengefaßten Aktien an der Gesamtanzahl der bei den einzelnen Gesellschaften bestehenden Aktien feststellen würde.

Eine gröbere Einteilung danach, ob die Global-Aktiengesellschaften ihre Anteile nur in Globalaktien, überwiegend in Globalaktien oder überwiegend in Einzelaktien verbrieft haben, ergibt, daß die Verbriefung des Grundkapitals erfolgte bei

22 Gesellschaften nur in Globalaktien,

43 Gesellschaften überwiegend in Globalaktien,

10 Gesellschaften überwiegend in Einzelaktien.

cc) Die Zusammensetzung der Globalaktien aus Einzelaktien

Die Globalaktien sind aus Aktien bzw. Einzelaktien zusammengesetzt[49]. Auf die Art der Zusammensetzung kann sich die Untersuchung nach zwei Richtungen hin erstrecken. Zum einen kann untersucht werden, aus wieviel Aktien der verschiedenen Nennbeträge die gesamte Masse der Globalaktien zusammengesetzt ist. Man gewinnt hierdurch die Kenntnis, aus welchen Bestandteilen die Masse der in

[49] In dem einen Fall wird auf die Vereinigung von Aktienrechten, in dem anderen Fall auf die Zusammenfassung mehrerer Urkunden in einer einzigen Urkunde abgestellt.

Globalaktien zusammengefaßten Einzelaktien (27 911 510 Stück) im einzelnen besteht. Zum anderen kann untersucht werden, aus wieviel Einzelaktien — ohne Rücksicht auf ihre Nennbeträge — die einzelnen Globalaktien zusammengesetzt sind (Tabelle 6, Spalte IX). Hieraus werden sich später, im vierten Abschnitt, Schlußfolgerungen über die Verwendung der Globalaktien ziehen lassen[50].

Über die Zusammensetzung der Gesamtmasse der Globalaktien aus Aktien bzw. Einzelaktien hinsichtlich der Häufigkeit, in der die einzelnen Nennbeträge vertreten sind, unterrichtet Tabelle 8. Sie stellt zum Teil einen Auszug aus Tabelle 2 auf S. 119 bis 121 dar. Die Nennbeträge sind nach dem Anteil der auf sie lautenden und in Globalaktien zusammengefaßten Aktien an der Gesamtanzahl der in Aktienurkunden verbrieften Aktien (Tabelle 8, Spalte IV) geordnet.

Tabelle 8 zeigt folgenden Aufbau:

Spalte I gibt den Nennbetrag der Aktien an (Tabelle 2, Spalte I).

Spalte II gibt an, wieviel Aktien bzw. Einzelaktien in Globalaktien zusammengefaßt sind (Tabelle 2, Spalte VI).

Spalte III gibt die in den Globalaktien zusammengefaßten Einzelaktien in Prozenten von der Gesamtanzahl der auf diesen Nennbetrag lautenden Aktien an (Tabelle 2, Spalte VII).

Spalte IV gibt die in den Globalaktien zusammengefaßten Aktien in Prozenten von der Gesamtanzahl der in Aktienurkunden verbrieften Aktien (Gruppe I, 84 207 949 Stück) an. Die Summe der Prozentzahlen ergibt die auf S. 113 angegebene Zahl von 33,15 %.

Spalte V gibt die in den Globalaktien zusammengefaßten Aktien in Prozenten von der Gesamtanzahl der in den Globalaktien verbrieften Aktien (27 911 510 Stück) an.

Spalte VI gibt die Zahl der Fälle an, in denen Aktien des jeweiligen Nennbetrages zu Globalaktien zusammengefaßt wurden.

Die Zusammenstellung zeigt eindeutig, daß fast ausschließlich Aktien zu DM 100,— bei der Globalverbriefung Verwendung finden; sie machen 97,59 % aller in Globalaktien verbrieften Aktien aus. Es folgen die Aktien zu DM 1000,— mit 2,22 %. Die Aktien der übrigen 14 Nennbeträge umfassen zusammen nur 0,19 %.

---

[50] Siehe insbes. S. 215.

Tabelle 8: **Die Zusammensetzung der Masse der Globalaktien aus Einzelaktien hinsichtlich des Nennbetrages der Einzelaktien**

I	II	III	IV	V	VI
Nennbetrag der Einzelaktien	Anzahl der in Gobalaktien zusammengefaßten Aktien	II in % von der Gesamtanzahl der Aktien dieses Nennbetrages	II in % von der Gesamtanzahl der Aktien	II in % von der Gesamtanzahl der in Globalaktien verbrieften Aktien	Anzahl der Fälle
100	27 241 154	43,57	32,34	97,59	38
1 000	621 487	5,04	0,75	2,22	32
300	24 000	3,38	0,028	0,09	1
600	9 400	4,23	0,011	0,03	1
700	9 000	2,98	0,0107	0,03	1
3 500	3 360	67,18	0,004	0,01	1
50	2 000	0,51	0,0023	0,007	1
3 000	500	2,83	0,0006	0,002	1
400	400	0,02	0,0005	0,001	1
500	139	0,007	0,0002	0,0005	2
10 000	50	0,12	0,00006	0,0002	1
450 000	10	100	0,00001	0,00004	1
100 000	5	0,67	0,000006	0,00002	1
1 000 000	3	0,36	0,000004	0,00001	1
542 000	1	100	0,000001	0,000004	1
1 128 000	1	100	0,000001	0,000004	1
Summe	27 911 510	—	33,147	100	85

Die Zusammensetzung der Globalaktien hinsichtlich der Anzahl der in den einzelnen Globalaktien zusammengefaßten Einzelaktien erläutert Tabelle 9.

Sie ist folgendermaßen aufgebaut:

Spalte I enthält die Anzahl der in den einzelnen Globalaktien zusammengefaßten Einzelaktien.

Spalte II enthält die Anzahl der Globalaktien, die aus der in Spalte I angegebenen Anzahl von Einzelaktien zusammengesetzt ist.

Spalte III enthält die Anzahl der Fälle[51].

Von den 1 925 856 Globalaktien, die aus über 5 bis 10 Einzelaktien zusammengesetzt sind, sind 1 860 459 Globalaktien in 29 Fällen aus genau 10 Einzelaktien mit einem Nennbetrag von DM 100,— zusammengesetzt. Sie machen den überwiegenden Anteil aller Globalaktien (= 86,14 %) aus. Hierauf wird im vierten Abschnitt noch näher einzugehen sein[52].

---

[51] Die Tabelle ist also folgendermaßen zu lesen: x Globalaktien (II), von y Gesellschaften ausgegeben (III), sind aus z Einzelaktien zusammengesetzt (I).

[52] Siehe S. 214 ff.

Tabelle 9: **Die Zusammensetzung der einzelnen Globalaktien aus Einzelaktien hinsichtlich der Anzahl der Einzelaktien**

I		II	III
Anzahl der in den Globalaktien zusammengefaßten Einzelaktien in Stück		Anzahl der Globalaktien	Anzahl der Fälle
—	1 5	98 006	6
ü. —	5 10	1 925 856	35 [a]
ü. —	10 50	134 870	13
ü. —	50 100	799	13
ü. —	100 500	41	15
ü. —	500 1 000	205	11
ü. —	1 000 5 000	26	12
ü. —	5 000 10 000	3	3
ü. —	10 000 50 000	13	6
ü. —	50 000 100 000	1	1
ü.	100 000	4	3

[a]) Hiervon sind 6 Gesellschaften in dieser Gruppe zweimal vertreten (es wurden bei ihnen z. B. Globalaktien sowohl über 10 als auch über 8 Einzelaktien ausgegeben).

dd) Die Nennbeträge der zur Globalverbriefung herangezogenen Einzelaktien

Verwendet man die in Tabelle 3 auf Seite 123 gebildeten 5 Klassen, so ergibt sich, daß von den 16 verschiedenen Nennbeträgen, die zur Globalverbriefung benutzt wurden,

6 Stück der Klasse I (umfassend 0,004022 % aller Aktien),
2 Stück der Klasse II (umfassend 0,00066 % aller Aktien),
4 Stück der Klasse III (umfassend 0,052 % aller Aktien),
3 Stück der Klasse IV (umfassend 0,7507 % aller Aktien),
1 Stück der Klasse V (umfassend 32,34 % aller Aktien)

angehören. Es wurde somit aus den nach Tabelle 3 den einzelnen Klassen angehörigen Nennbeträgen jeweils eine unterschiedlich große Anzahl zur Globalverbriefung entnommen, und zwar fanden Verwendung

8,22 % der Nennbeträge aus Klasse I,
9,09 % der Nennbeträge aus Klasse II,
33,33 % der Nennbeträge aus Klasse III,
75,00 % der Nennbeträge aus Klasse IV,
100,00 % der Nennbeträge aus Klasse V.

Hieraus folgt, daß im Verhältnis aus den einzelnen Klassen um so mehr Nennbeträge zur Globalverbriefung verwendet wurden, je größer ihre wirtschaftliche Bedeutung in dem angegebenen Sinne ist[53].

Die 5 Klassen lassen sich in einem Kreisdiagramm darstellen. Die Größe der Segmente bestimmt sich nach der Anzahl der Aktien, die auf die einzelnen Klassen entfallen. In dieser Anzahl (siehe Tabelle 3, Abschlußzeile, S. 123) sind die in Globalaktien zusammengefaßten Aktien mit enthalten; ihre Anzahl, nach den Klassen aufgegliedert, ergibt sich aus der obigen Aufstellung (in Klammern angegeben).

Im Diagramm 3 stellen die Segmente die Anzahlen der auf die einzelnen Klassen entfallenden Aktien, die darin schwarz ausgefüllten Abschnitte die Anteile der davon in Globalaktien zusammengefaßten Aktien dar. Die unausgefüllten Abschnitte versinnbildlichen dann den Bestand der Einzelaktien.

Diagramm 3: **Die 5 Klassen der Nennbeträge und ihre Besetzung durch Einzel- und Globalaktien**

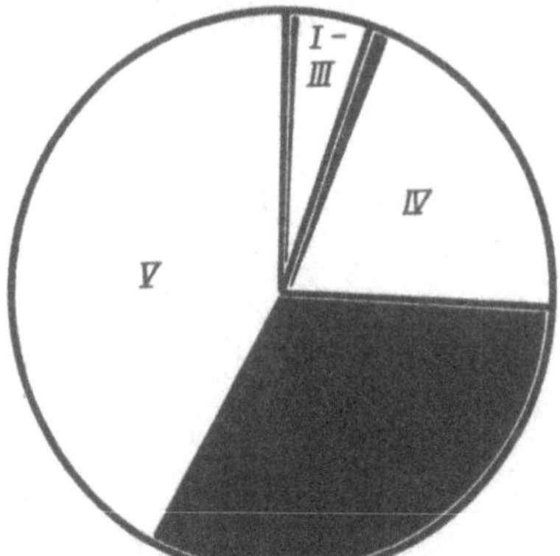

[53] Siehe S. 122.

Über die Anzahl der Nennbeträge, die zur Bildung e i n e r Globalaktie verwendet werden, läßt sich folgendes sagen:

Im allgemeinen werden nur Einzelaktien eines einheitlichen Nennbetrages zu Globalaktien zusammengefaßt. Nur in fünf Fällen fanden Einzelaktien verschiedenen Nennbetrages zur Bildung von Globalakten Verwendung. Es sind dies die Gesellschaften mit den Nummern[54] 7, 12, 18, 23, 36. Hierbei wurden die folgenden Einzelaktien zusammengefaßt:

7.	36 999 Stück zu DM	1 000,—	und	
	50 010 Stück zu DM	100,—		
			in insgesamt	7 Globalaktien;
12.	1 Stück zu DM	1 128 000,—,		
	1 Stück zu DM	1 000 000,—,		
	1 Stück zu DM	542 000,—	und	
	3 330 Stück zu DM	1 000,—		
			in	1 Globalaktie;
18.	500 Stück zu DM	3 000,—	und	
	6 875 Stück zu DM	600,—		
			in	1 Globalaktie;
23.	228 Stück zu DM	1 000,—	und	
	100 Stück zu DM	500,—		
			in insgesamt	5 Globalaktien;
36.	2 786 Stück zu DM	1 000,—	und	
	4 Stück zu DM	100,—		
			in	1 Globalaktie;
	17 Stück zu DM	1 000,—	und	
	4 Stück zu DM	100,—		
			in	1 Globalaktie;
	15 Stück zu DM	1 000,—	und	
	6 Stück zu DM	100,—		
			in	1 Globalaktie.

ee) Die Nennbeträge der Globalaktien

Mit Hilfe der Globalverbriefung läßt sich jeder beliebige Nennbetrag herstellen. Die Grenze nach oben ist die Höhe des Grundkapitals, das in Globalaktien verbrieft werden soll, die Grenze nach unten der doppelte Betrag der kleinsten noch möglichen Aktie (heute: DM 200,—).

Tatsächlich finden sich 84 verschiedene Nennbeträge. Über sie unterrichtet Tabelle 10. Sie hat folgenden Aufbau:

Spalte I gibt den Nennbetrag der Globalaktien an.

Spalte II gibt an, wieviel Globalaktien dieses Nennbetrages bestehen.

Spalte III gibt die Anzahl der Fälle an. Es wird damit eine Aussage darüber getroffen, wieviel Aktiengesellschaften Globalaktien dieses Nennbetrages aufweisen.

---

54 Siehe Tabelle 6, S. 131.

Tabelle 10: **Die Nennbeträge der Globalaktien**

I	II	III	I	II	III
Nennbetrag der Globalaktien	Anzahl der Globalaktien	Anzahl der Fälle	Nennbetrag der Globalaktien	Anzahl der Globalaktien	Anzahl der Fälle
100	1 000	1	312 000	1	1
200	75 000	1	350 000	31	1
500	22 000	1	391 200	1	1
900	65 000	1	450 000	1	1
1 000	1 860 459	29	495 600	1	1
3 000	94 167	3	500 000	25	5
4 000	1	1	600 000	2	1
4 500	39 600	1	630 000	1	1
5 000	1 000	1	888 000	1	1
6 000	1	1	900 000	1	1
9 000	2	1	1 000 000	129	6
10 000	868	4	1 008 000	1	1
15 600	1	1	1 200 000	2	1
16 000	2	1	1 375 000	1	1
17 400	1	1	1 500 000	1	1
19 200	3	1	1 848 000	1	1
19 500	1	1	2 000 000	1	1
19 800	1	1	2 250 000	1	1
20 000	1	2	2 550 000	1	1
35 000	26	1	2 786 400	1	1
45 600	1	1	2 825 000	1	1
49 800	2	1	2 926 000	2	1
50 000	26	2	3 000 000	5	4
52 000	1	1	3 392 000	1	1
56 000	1	1	3 902 000	1	1
75 000	1	1	4 000 000	2	1
80 000	1	1	4 500 000	2	2
100 000	340	11	5 000 000	1	1
104 000	2	1	5 625 000	1	1
105 000	60	1	6 000 000	1	1
105 600	1	1	7 088 700	1	1
111 300	1	1	9 746 000	1	1
150 000	1	1	12 672 800	3	1
156 000	1	1	20 000 000	1	1
160 000	1	1	20 400 000	1	1
194 000	1	1	25 000 000	2	1
195 600	1	1	29 680 000	1	1
200 000	1	1	30 000 000	5	2
208 000	1	1	32 680 000	1	1
250 000	1	1	40 000 000	1	1
252 000	1	1	60 000 000	1	1
300 000	4	4	225 000 000	1	1
Summe				2 159 824	146

Es kommt vor

der Nennbetrag von DM

1 000,—	bei	29 Gesellschaften,
100 000,—	bei	11 Gesellschaften,
1 000 000,—	bei	6 Gesellschaften,
500 000,—	bei	5 Gesellschaften,
3 000 000,—, 300 000,—, 10 000,—,	bei je	4 Gesellschaften,
3 000,—	bei	3 Gesellschaften,
30 000 000,—, 4 500 000,—, 50 000,—, 20 000,—	bei je	2 Gesellschaften,
alle anderen Nennbeträge (72 Stück)	bei je	1 Gesellschaft.

Eine Zusammenfassung der Nennbeträge in Klassen gibt Tabelle 11.

Tabelle 11:

Die in Klassen zusammengefaßten Nennbeträge der Globalaktien

I	II	III	IV
Nennbeträge der Globalaktien	Anzahl der vorkommenden Nennbeträge	Anzahl der darauf ausgestellten Globalaktien	III in Prozenten von der Gesamtanzahl der Globalaktien
100 — 1 000	5	2 023 459	93,68
ü. 1 000 — 10 000	7	135 639	6,28
ü. 10 000 — 100 000	17	409	0,02
ü. 100 000 — 1 000 000	25	271	0,01
ü. 1 000 000 — 10 000 000	21	29	0,001
ü. 10 000 000 — 100 000 000	8	16	0,0007
ü. 100 000 000	1	1	0,000005
Summe	84	2 159 824	100

Eine graphische Darstellung der Werte aus Spalte II würde eine typische Gaußsche Kurve ergeben. Die Mittelklasse ist am stärksten, die beiden rechts und links davon liegenden Klassen sind am zweitstärksten besetzt. Demnach liegen die Nennbeträge der in der Hauptsache vorkommenden Globalaktien zwischen DM 10 000,— und DM 10 000 000,—.

Die Werte der Spalte III würden eine von links oben nach rechts unten verlaufende, sehr stark abfallende Kurve ergeben. Wie schon in der Erklärung zur Tabelle 9 festgestellt wurde, machen die aus 10 Einzelaktien zu DM 100,— zusammengesetzten Globalaktien — also mit einem Nennbetrag von DM 1000,— — den weitaus größten Anteil aller Globalaktien aus. Auf die im vierten Abschnitt erfolgende Erklärung für diese Erscheinung wurde bereits hingewiesen.

ff) Die von den Global-Aktiengesellschaften ausgegebenen Einzelaktien

Von dem Gesamtgrundkapital der Global-Aktiengesellschaften sind 86,1 % in Globalaktien verbrieft. Der Rest von 13,89 % (= DM 546 800 700,—)[55] ist in 4 277 453 Einzelaktien beurkundet.

Bei den Global-Aktiengesellschaften bestehen neben den Globalaktien die folgenden Einzelaktien:

Tabelle 12:

Die von den Global-Aktiengesellschaften ausgegebenen Einzelaktien

I	II	III
Nennbetrag der Einzelaktien	Anzahl der Aktien	Anzahl der Fälle
20	2 800	2
50	1 856	1
100	4 141 369	44
400	1 550	1
500	1 166	4
700	5 000	1
1 000	122 072	17
3 500	1 640	1

b) Die Stückelung des Grundkapitals der Global-Aktiengesellschaften mit Globalzwischenscheinen

Eine Zusammenstellung der acht Global-Aktiengesellschaften mit Globalzwischenscheinen wird in Tabelle 13 gegeben. Sie bringt in

Spalte I die Namen der Gesellschaften,
Spalte II die Größe ihres Grundkapitals in DM 1000,—,
Spalte III die Anzahl der Globalzwischenscheine,
Spalte IV die Anzahl und die Nennbeträge der in den Globalzwischenscheinen zusammengefaßten Einzelaktien.

[55] Zuzüglich 0,009 % Kapitaleinlage (Gesellschaft Nr. 18).

Es ist jeweils das gesamte Grundkapital in Zwischenscheinen verbrieft.

Tabelle 13:

Die einzelnen Global-Aktiengesellschaften mit Globalzwischenscheinen

I	II	III	IV
Name der Gesellschaft	Grundk. in DM 1 000.—	Anzahl der Globalzwischenscheine	Anzahl und Nennbeträge der in den Globalzwischenscheinen zusammengefaßt. Einzelaktien
Wohnungs-AG Salzgitter	20 000	1	20 Stück zu DM 1 000 000,—
Bergwerk Frielendorf	6 500	1	60 Stück zu DM 100 000,— 20 Stück zu DM 25 000,—
F. H. Hammersen AG	5 000	1	5000 Stück zu DM 1 000,—
Deutscher Ring Transport u. Rückversicherungs AG	300	4	192, 96, 8 u. 4 Stück zu DM 1.000,—
Gemag Geräte und Maschinenbau AG[a]	300	1	3000 Stück zu DM 100,—
Carl Friedrich Müller AG[b]	240	5	insgesamt 2400 Stück zu DM 100,—
Braunkohlenwerke Salzdetfurth AG	100	3	63, 30 u. 7 Stück zu DM 1 000,—
Carl Brunswig AG[c]	100	1	1000 Stück zu DM 100,—
Summe	32 540	17	11 900 Stück

a) Die Anzahl der Zwischenscheine und die Zerlegung des Grundkapitals wurden von der Gesellschaft auf Anfrage nicht bekanntgegeben. Auf die angegebenen Werte wurde aus den Angaben im Handbuch geschlossen; für 1949/50 wurde noch eine Zerlegung in Aktien zu DM 100.— angegeben.

b) Die Anzahl der Zwischenscheine wurde von der Gesellschaft auf Anfrage nicht bekanntgegeben. Es bestehen soviel Zwischenscheine, wie Aktionäre vorhanden sind. Als Anzahl der Aktionäre wurde die Anzahl der Gründer angenommen (1928). Es handelt sich um eine Familien-Aktiengesellschaft.

c) Die Anzahl der Zwischenscheine und die Zerlegung des Grundkapitals wurden von der Gesellschaft auf Anfrage nicht bekannt gegeben. Auf die angegebenen Werte wurde aus den Angaben im Handbuch geschlossen; für 1949/50 wurde noch eine Zerlegung in Aktien zu DM 100.— angegeben. Es handelt sich um eine Familien-Aktiengesellschaft.

c) Zusammenfassung der wichtigsten, die Global-Aktiengesellschaften und die Stückelung ihres Grundkapitals betreffenden Untersuchungsergebnisse

1. 3,13 % aller Gesellschaften sind Global-Aktiengesellschaften[56].
2. 16,94 % des Gesamtgrundkapitals aller Gesellschaften entfällt auf die Global-Aktiengesellschaften[57].
3. 14,60 % des Gesamtgrundkapitals aller Gesellschaften ist in Globalurkunden verbrieft[58].
4. 33,15 % aller Aktien sind in Globalurkunden zusammengefaßt[59].
5. Der bei ausschließlicher Einzelverbriefung vorhandene Gesamtbestand an Urkunden über Aktienrechte ist durch die Globalverbriefung um 30,6 % vermindert worden[60].
6. 3,69 % aller Urkunden über Aktienrechte sind Globalurkunden[61].
7. Das Verhältnis von Globalurkunden zu Einzelurkunden ist 1 : 26. Das Verhältnis von in Globalurkunden verbrieften Aktienrechten zu in Einzelurkunden verbrieften Aktienrechten ist 1 : 2[62].
8. Bei den Global-Aktiengesellschaften wurde die Anzahl der ausgegebenen Urkunden durch die Globalverbriefung durchschnittlich um vier Fünftel vermindert[63].
9. Es haben von den Global-Aktiengesellschaften mit Globalaktien
   30 % ihr Grundkapital zu 100 %,
   26 % ihr Grundkapital zu 90 bis unter 100 %,
   15 % ihr Grundkapital zu 60 bis unter 70 %
   in Globalaktien verbrieft[64].
10. Von dem Gesamtgrundkapital der 75 Global-Aktiengesellschaften mit Globalaktien ist verbrieft
    86,1 % in Globalaktien und
    13,9 % in Einzelaktien[65].
11. 97,59 % aller in Globalaktien verbrieften Einzelaktien haben einen Nennbetrag von DM 100,—[66].
12. 86,14 % aller Globalaktien haben einen Nennbetrag von DM 1000,— und setzen sich aus 10 Einzelaktien zu DM 100,— zusammen[67].

---

56 S. 109.
57 S. 109.
58 S. 113.
59 S. 113.
60 S. 113.
61 S. 114.
62 S. 114.
63 S. 116.
64 S. 138.
65 S. 137.
66 S. 139.
67 S. 140, 146.

C. Die Globalaktie im Ausland[1]

Von den Ländern des Auslands interessieren hinsichtlich der Globalverbriefung in erster Linie England und die Vereinigten Staaten von Amerika. Auf sie wird infolgedessen das Hauptgewicht der Erörterung gelegt werden. Einige weitere europäische und außereuropäische Länder werden lediglich zur Abrundung des Bildes angeführt werden.

Die Darstellung des englischen und amerikanischen Aktienwesens im Hinblick auf die Globalverbriefung ist aus zwei Gründen erforderlich. Zum einen sind England und die Vereinigten Staaten die Länder, in denen die Globalverbriefung von Aktienrechten ihren Schwerpunkt gefunden hat. Eine umfassende Untersuchung über die Globalaktie kann daher an ihnen nicht vorübergehen. Zum anderen ist von diesen Ländern ohne Zweifel ein starker Einfluß auf Deutschland ausgeübt worden. Wenn auch die Rechtsgrundlagen der anglo-amerikanischen Globalverbriefung nicht übernommen wurden, nach der Eigenart des deutschen Aktienrechts auch gar nicht übernommen werden konnten, so hat doch ganz unleugbar die nach außen hin in Erscheinung tretende Einrichtung der Globalverbriefung in England und in den Vereinigten Staaten als Vorbild und Anregung gedient, als auch in Deutschland zu einer verstärkten Globalverbriefung von Aktienrechten übergegangen wurde.

Mit der Aufzählung sonstiger Länder, in denen eine Globalverbriefung von Aktienrechten bekannt ist und wirtschaftlich verwendet wird, soll die weltweite Verbreitung dieser besonderen Form der Beurkundung gezeigt werden. Die Zusammenstellung strebt keine Vollständigkeit an; sie will lediglich Beispiele dafür geben, daß die Globalverbriefung nicht an bestimmte Rechtsordnungen gebunden ist, sondern einer allgemeingültigen Grundidee des Aktienwesens entspringt, welche Ausgestaltung es im einzelnen Fall auch erfahren haben mag.

I. Die Globalaktie in England

Die Ausgabe von Globalurkunden über Aktienrechte ist auch in England in erster Linie an ganz bestimmte Gesellschaftsformen gebunden. Um die Eigenart dieser Gesellschaften näher zu kennzeichnen, soll zunächst ihre Stellung innerhalb des englischen Gesellschaftssystems dargelegt werden.

Anschließend werden die Urkunden über Aktienrechte, die durch diese Gesellschaften begeben werden können, allgemein beschrieben und zum Abschluß im Hinblick auf die Möglichkeit ihrer globalen Verbriefung untersucht werden.

---

[1] Von Globalaktien wird im folgenden der Kürze halber des öfteren auch dann gesprochen, wenn es sich um unseren Globalaktien entsprechende „Globalurkunden im weiteren Sinne über Aktienrechte" handelt.

1. Die englischen Gesellschaftsformen

Anknüpfend an die historische Entwicklung unterscheidet das englische Aktienrecht zwischen Gesellschaften ohne eigene Rechtspersönlichkeit und ohne festes Grundkapital und Gesellschaften mit juristischer Persönlichkeit und — in der Regel — mit festem Grundkapital, zwischen partnerships und companies[2].

Die partnerships sind lose Personenvereinigungen mit unbeschränkter Haftung der einzelnen Gesellschafter. Seit 1908 gibt es daneben auch der Eintragung bedürfende limited partnerships mit Haftung der Mitglieder nur in Höhe des eingetragenen Betrages.

Die companies haben durch den Companies Act von 1862[3] folgende, von den Companies Acts von 1929[4] und 1948[5] übernommene Einteilung erfahren:

1. Companies limited by shares.
   Diese Gesellschaften haben ein festes, in Anteile zerlegtes Grundkapital; die Haftung ist auf den Nominalbetrag der übernommenen Aktien beschränkt.
2. Companies limited by guarantee.
   Bei ihnen geht die Haftung auf einen in der Gründungsurkunde festgesetzten Höchstbetrag; daneben können die Gesellschaften ein festes, in Anteile zerlegtes Grundkapital haben.
3. Unlimited companies.
   Hierbei ist die Haftung der Mitglieder unbeschränkt; gleichwohl kann ein in Aktien zerlegtes Grundkapital bestehen.

Zu einem vierten Gesellschaftstyp sind die Gesellschaften zu rechnen, die trotz eingetragener beschränkter Haftung in gewissen Ausnahmefällen entweder alle Mitglieder oder die Direktoren unbeschränkt haften lassen.

Alle diese Gesellschaftsarten können private oder public companies sein, je nachdem, ob bei ihnen das Recht zur Übertragung von Aktien beschränkt, die Anzahl der Aktionäre auf 50 begrenzt und die öffentliche Einladung an Dritte zur Zeichnung von Aktien verboten ist oder nicht. Für die private company bestehen gegenüber der public company viele vereinfachende Vorschriften. Da die Anzahl ihrer Mitglieder 50 nicht überschreiten darf, handelt es sich meistens um kleinere Gesellschaften, die mehr den Charakter einer Personal- als einer Kapitalgesellschaft tragen[6].

---

[2] Siehe, auch zu Folgendem: *Curti*, Die englische Aktiengesellschaft nach neuem Recht, S. 2—6, 71; *Kalveram*, a.a.O., 2. Jahrgang, S. 222—223.
[3] *Lehmann*, I, S. 86.
[4] Übersetzung bei: *Curti*, a.a.O., S. 101 ff.
[5] Abgedruckt bei: *Halsbury*'s Statutes of England, 3. Bd., S. 444 ff.
[6] Vgl. auch: *Schmey*, a.a.O., S. 70, 102.

Es ergibt sich zusammenfassend das folgende Bild:

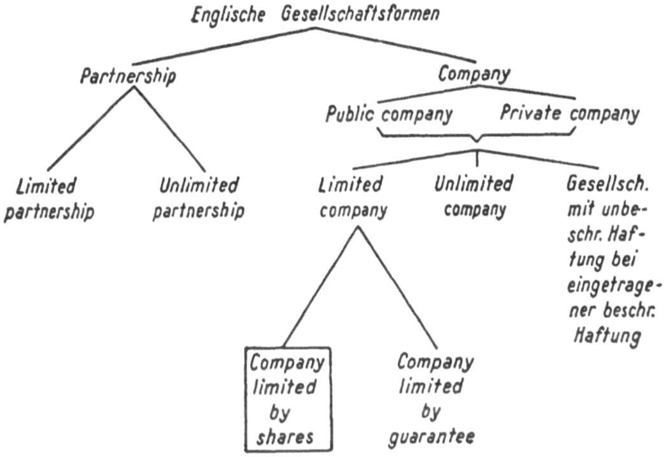

Eine genaue Übereinstimmung mit der deutschen Aktiengesellschaft besteht bei keiner dieser Gesellschaften. Wenn man jedoch von einigen nicht grundsätzlichen Abweichungen absieht, entspricht ihr weitestgehend die company limited by shares. Sie kann daher als die englische Aktiengesellschaft im kontinentalen Sinne angesehen werden.

Die companies limited by shares, auf die allein zumeist der Name joint-stock company Anwendung findet, stellen mit einem Anteil von 96 %[7] den Normaltyp unter den korporierten Gesellschaften dar; unter ihnen wiederum überwiegt die Ausgestaltung als private company.

2. Die von den companies begebbaren Urkunden über Aktienrechte

Die einzelnen Anteile, in die das Grundkapital einer company limited by shares, möglicherweise auch einer company limited by guarantee und einer unlimited company zerlegt ist, heißen „shares" (Aktien). Mehrere shares können zu einem „stock" (im engeren Sinne) vereinigt werden. Shares und stocks sind marktfähige Kapitalansprüche, also Effekten[8].

Die über sie ausgestellten Urkunden gehören somit zu den securities[9/10] oder stocks im weiteren Sinne[11]. Sie werden eingeteilt in in-

---

[7] So im Jahre 1925; *Kalveram*, a.a.O., 2. Jahrgang, S. 223.

[8] *Junge*, Inhaberpapiere, S. 29.

[9] „Securities" ist mit „Wertpapiere", besser mit „Effekten" zu übersetzen. Zu den mannigfaltigen Bedeutungen von „security" und „securities" vgl. *Stroud*'s Judicial Dictionary of Words and Phrases, S. 2695—99; S. 2697: Allgemein gesprochen, bedeutet „security" irgendetwas, das einer Geldüber-

scribed, registered und bearer securities[12], je nachdem, ob zur Übertragung der Rechte die Umschreibung im Aktienbuch nur in Anwesenheit des Veräußerers erfolgt oder ob hierzu eine Abtretungsurkunde genügt oder ob eine Umschreibung überhaupt nicht zu erfolgen braucht; im ersten Falle werden über die erfolgten Einzahlungen lediglich Quittungen ausgegeben, im zweiten Falle sind die ausgestellten Zertifikate Beweisurkunden und im dritten Falle Inhaberpapiere[13].

Im folgenden werden die beiden Effekten näher dargestellt. Es sollen damit die Grundtatsachen aufgezeigt werden, die zum Verständnis der Globalverbriefung in England erforderlich sind.

a) Die shares und die über sie ausgestellten Urkunden

Wie „Aktie" bedeutet „share" Anteil am Grundkapital und diesem Anteil entsprechende Mitgliedschaft[14]. Es bedeutet dieser Ausdruck nicht auch zugleich die über den Anteil ausgestellte Urkunde.

Nach Companies Act 1948, sec. 80 und 1. Anhang, Tafel A, Ziffer 8, besteht für die Gesellschaft eine Soll-Vorschrift zur unentgeltlichen Ausstellung von Urkunden über die shares. Sie können entweder auf den Inhaber oder auf Namen lauten; im ersten Falle heißen sie share-warrants to bearer, im zweiten Falle certificates of share.

Die share-warrants to bearer wurden durch Companies Act 1867, sec. 27, unter radikalem Bruch mit der alten Tradition geschaffen[15]. Die in ihnen verbrieften shares werden geltend gemacht durch Innehabung und abgetreten durch Übergabe der share-warrants; sie sind infolgedessen Wertpapiere, und zwar Inhaberpapiere. Obgleich die in der Praxis anfallenden Aufgaben die Ausstellung von Wertpapieren erfordern, haben sie keine große Verbreitung gefunden. Dies mag nicht zuletzt auf die hohen Stempelgebühren zurückzuführen sein, die den sechsfachen Betrag der bei den certificates of share üblichen Gebühren ausmachen[16].

Die certificates of share bilden die überwiegende Mehrheit unter den Urkunden, die über die shares ausgestellt sind. Sie sind den Bedürfnissen der private companies noch durchaus angemessen, da

---

lassung größere Sicherheit verleiht oder zu leichterer Rückgewährung des gezahlten Geldbetrages verhilft (Übersetzung des Verf.).

10 *Withers*, Stock and Shares, S. 33; *Head*, The Transfer of Stocks, Shares, and other Marketable Securities, S. 1.

11 *Withers*, a.a.O., S. 37, 38.

12 *Armstrong*, The Book of the Stock Exchange, S. 246.

13 *Withers*, a.a.O., S. 37, 38.

14 *Schmey*, a.a.O., S. 50.

15 *Schmey*, a.a.O., S. 100.

16 *Rosendorff*, Die Reform des englischen Aktienrechts durch den Companies Act 1929, S. 18.

diese Gesellschaften — wie bereits ausgeführt — auch heute noch in hohem Maße den Charakter von Personalgesellschaften tragen.

Es handelt sich bei den certificates of share um registered securities. Die Übertragung der in ihnen beurkundeten Anteilsrechte erfolgt somit vermittels einer besonderen Übertragungsurkunde[17]. Über ihre Form entscheiden die Gesellschaftsstatuten. Sie ist ein instrument in writing under hand, wenn, wie es am häufigsten vorkommt, die Unterschriften beider Kaufparteien genügen. Sie ist ein deed of transfer[18], wenn sie mit einem Gesellschaftssiegel versehen werden muß[19]. Der allgemeine Sprachgebrauch bezeichnet beide Urkunden als deed of transfer.

Diese Transfer-Urkunde wird zusammen mit dem die verkauften shares verbriefenden certificate bei der Gesellschaft eingereicht[20]. Hierauf erfolgt die Umschreibung im Aktienbuch und die Ausstellung des neuen, auf den Namen des Erwerbers lautenden certificate of share.

Zur Erleichterung der Übertragung ist man in der Praxis immer häufiger dazu übergegangen, dem certificate eine Blanko-Übertragungsurkunde beizufügen. Bis zur Ausfüllung dieser Blanko-Transfer-Urkunde mit dem Namen eines Erwerbers erfüllen beide zusammen die Funktion eines Inhaberpapiers. Allerdings ist diese Übertragungsform nur bei dem transfer under hand möglich, da deeds (im technischen Sinne) nicht blanko übertragen werden können[21].

Man kann so von zwei Übertragungsarten sprechen, zum einen von der Übertragung durch Ausstellung einer Übertragungsurkunde mit anschließender Umschreibung und zum anderen von der Übertragung durch Ausstellung einer Blanko-Übertragungsurkunde ohne anschließende Umschreibung. Das erste Verfahren steht noch durchaus auf einer Entwicklungsstufe, die von den Aktien der großen niederländischen und der ihnen nachgebildeten Kompanien bis zur Mitte des 18. Jahrhunderts eingenommen wurde[22]; das zweite Verfahren zeigt moderne Züge.

In welcher Art die Übertragung auch vollzogen wird, stets findet sie ihre Vollendung erst mit der Umschreibung im Aktienbuch. Die Umschreibung ist es, die die konstitutive Wirkung entfaltet, das certificate of share ist lediglich Beweispapier über die erfolgte Eintra-

[17] Vgl.: *Head*, a.a.O., S. 314; auch: *Junge*, Inhaberpapiere, S. 48, 49.
[18] Ein deed ist eine gesiegelte Urkunde; *Junge*, a.a.O., S. 48.
[19] Dieses Siegel spielt im englischen Gesellschaftsrecht eine besondere Rolle; juristische Personen können Willensäußerungen nur durch Siegel kundtun; *Junge*, Inhaberpapiere, S. 48.
[20] Vgl., auch zum Folgenden: *Kalveram*, a.a.O., 2. Jahrgang, S. 234; *Junge*, Inhaberpapiere, S. 46—48.
[21] *Head*, a.a.O., S. 4.
[22] Siehe S. 29.

gung[23]. In manchen Beziehungen ist es allerdings über den juristischen Gehalt bloßer Beweisurkunden hinausgewachsen[24].

Aus der konstitutiven Bedeutung des Aktienbuches für die Übertragung der shares ergibt sich, daß die certificates of share nach englischem Recht nicht zu den negotiable instruments gehören[25]. Negotiable instruments sind Wertpapiere, und zwar Zwischenformen zwischen den deutschen Order- und Inhaberpapieren[26]; sie sind übertragbar durch Indossament oder Übergabe[27].

b) Der stock und die über ihn ausgestellten Urkunden

Das Grundkapital der company limited by shares ist zunächst vollständig in shares zerlegt; das gleiche gilt für die übrigen companies, sofern sie ein in Aktien zerlegtes Grundkapital haben. An diesem Zustand ändert sich bis zur Volleinzahlung der Aktien nichts. Hat ein Aktionär jedoch die Einlage voll entrichtet, so steht ihm nunmehr die Möglichkeit offen, alle oder einige seiner shares in stock umwandeln zu lassen. Je nachdem, ob und in welchem Maße von dieser Möglichkeit Gebrauch gemacht wird, kann das Grundkapital dann zum einen Teil in shares eingeteilt sein und zum anderen Teil aus stock bestehen[28].

Der Ausdruck „stock" läßt sich am besten mit „Kapitalmasse" wiedergeben. Es ist möglich, daß er deutschen Ursprungs ist und von der englischen Sprache übernommen wurde. Er findet sich bei uns seit alters her in Wortverbindungen wie Bienenstock und Kirchenstock[29]. Später wurde dieses Wort auch in Deutschland für Aktien verwendet, und zwar vor allem für englische Staatsaktien[30].

---

[23] *Schmey*, a.a.O., S. 101.

[24] So z. B., indem sein Besitz zum Schadensersatz gegen die Gesellschaft berechtigt, wenn es von einem Nichtberechtigten erworben wird, der es seinerseits versehentlich von der Gesellschaft erhalten hat; *Junge*, Inhaberpapiere, S. 46.

[25] *Schmey*, a.a.O., S. 101; *Schneider*, Die Aktie nach englischem, amerikanischem und französischem Recht, S. 15, 16.

[26] Übertragung bei Inhaberpapieren durch Einigung und Übergabe, bei Orderpapieren durch Indossament und Übergabe.

[27] *Schmey*, a.a.O., S. 107.

[28] Die gleiche Umwandlungsmöglichkeit besteht für die debentures (Obligationen), die von den Gesellschaften neben den Urkunden über die shares ausgegeben werden können. Man hat demzufolge zwischen stocks und debenture stocks zu unterscheiden.
Schmey, a.a.O., S. 117, 118; *Kalveram*, a.a.O., 2. Jahrgang, S. 229, 239; *Head*, a.a.O., S. 37, 41.

[29] In *Zedler*'s Universallexikon, 40. Band, Spalte 218 ff., finden sich insgesamt 15 verschiedene Bedeutungen von Stock und 24 verschiedene Wortverbindungen mit Stock.

[30] *Campe*, Wörterbuch zur Erklärung und Verdeutschung der unserer Sprache aufgedrungenen Fremdausdrücke, S. 82.

Der stock ist eine eigentümliche Erscheinung des englischen Rechts. Während die shares auf abgerundete Beträge lauten und vom Aktionär — wie die deutschen Aktien — nicht geteilt werden dürfen, kann der stock auf jeden, auch gebrochenen Betrag lauten und, etwa zur Veräußerung, in beliebig große Teile zerlegt werden[31]. Hierdurch wird die Möglichkeit eröffnet, auch kleinste und nicht abgerundete Beträge anzulegen und zu verkaufen. Allerdings erlangen sehr oft nur solche stocks Verkehrsfähigkeit, die durch 5, 10 oder 100 £ teilbar sind. Bei einer Veräußerung darunter bleibender oder darüber hinausgehender, gebrochener Beträge werden Preisabschläge in Kauf genommen werden müssen[32].

Lassen mehrere Aktionäre ihre shares in stock umwandeln, so entsteht ein einheitlicher stock, von dem jedem Aktionär ein Anteil gehört. Jedem Anteil entspricht eine Mitgliedschaftsstelle. Durch Aufteilung des stock in kleinere Beträge entstehen neue Mitgliedschaftsstellen, so daß es in der Macht der Aktionäre liegt, wie viele Mitgliedschaftsstellen geschaffen werden. Dies ist ohne Einfluß auf die gewährten Rechte, da sie weiterhin in dem gleichen Verhältnis bestehen, in dem sie vor der Umwandlung der shares in stock hätten ausgeübt werden können[33].

Die Rückumwandlung von stock in shares ist möglich[34].

Der stock hat entweder inscribed oder registered Form. Aus shares gebildete inscribed stocks bilden die Ausnahme. In die Form des inscribed stock wurden bis zum Jahre 1911 vor allem die englischen Staatsanleihen gekleidet; sie entsprechen unseren Staatsschuldbuchforderungen. Seit jenem Jahr ist jedoch auch bei den staatlichen Anleihen der registered stock im Vordringen[35]. Über den auf den einzelnen Aktionär entfallenden Anteil am registered stock wird eine Urkunde ausgestellt, das certificate of stock. Es lautet auf eine Summe, nicht auf einzelne shares. Es gelten dafür die gleichen Regeln wie für die certificates of share.

3. Die von den companies begebbaren Urkunden über Aktienrechte als Globalurkunden

a) Die über die shares ausgestellten Urkunden als Globalurkunden

Unter den Urkunden über die shares stehen die certificates of share an erster Stelle. Sie können, wie dargelegt wurde, an

---

[31] „Stocks are calculated by quantities, shares by numbers"; *Kalveram,* a.a.O., 2. Jahrgang, S. 229, Fußn. 19.

[32] Siehe hierzu: *Schmey,* a.a.O., S. 118; *Kalveram,* a.a.O., 2. Jahrgang, S. 229; *Lehmann,* I, S. 118; *Withers,* a.a.O., S. 36.

[33] Vgl. hierzu: *Kalveram,* a.a.O., 2. Jahrgang, S. 230; *Lehmann,* I, S. 188.

[34] *Schmey,* a.a.O., S. 118.

[35] *Junge,* Inhaberpapiere, S. 60, 67.

einen namentlich benannten Erwerber oder auch blanko übertragen werden. Die Möglichkeit der Blanko-Übertragung bietet viele Erleichterungen und Vereinfachungen. Sie ist jedoch auch mit Gefahren verbunden, da erst die Umschreibung im Aktienbuch den Rechtsübergang bewirkt. Hieraus erklärt sich, daß die Übertragung durch Einreichung einer auf den Namen ausgestellten Transfer-Urkunde und des certificate über die shares, die den Kaufgegenstand bilden, mit anschließender Umschreibung im Aktienbuch und die Ausstellung einer neuen, auf den Erwerber lautenden Urkunde immer noch die vorherrschende Form der Veräußerung ist. Es ist dies ein Verfahren, das immer noch auf die Ansprüche der alten, kleinen Gesellschaften auf vorwiegend persönlicher Grundlage zugeschnitten ist; ihre shares blieben für gewöhnlich über einen sehr langen Zeitraum hinweg in ein und derselben Hand[36].

Wird nur ein Teil der in einer Urkunde verbrieften shares verkauft, so wird in einem als „splitting" bezeichneten Verfahren die alte Urkunde vernichtet und gegen zwei neue Urkunden eingetauscht, von denen die eine auf den Erwerber und auf die verkaufte Anzahl von shares, die andere wieder auf den Veräußerer und auf die restlichen shares lautet.

Diese Vorgänge bei der Übertragung von shares machen es verständlich, daß in England die Urkunden über shares zum überwiegenden Teil Globalurkunden (im weiteren Sinne) sind.

Die Ausstellung einer einzigen Urkunde über die von dem Erwerber gekauften shares empfiehlt sich aus drei Gründen. Zum einen hat das certificate keine andere Bedeutung als die eines Beweises über die erfolgte Eintragung und damit über den eingetretenen Rechtsübergang. Dieser Beweis wird durch die eine Urkunde in ausreichendem Maße erbracht, die Ausstellung von Urkunden über jedes einzelne share ist daher überflüssig. Zum anderen stellt die Ausfertigung einer einzigen Urkunde auch für den Erwerber eine Vereinfachung in der Aufbewahrung und in der Ausübung der durch die verbrieften shares gewährten Rechte dar. Zum dritten erspart die Ausstellung von Globalurkunden der Gesellschaft Kosten. Ein vierter Grund, der der Kostenersparnis für den Erwerber, ist seit dem Companies Act von 1929 weggefallen. Bis zum Erlaß dieses Gesetzes war die Ausstellung von certificates gesetzlich nicht vorgeschrieben; wurde sie vom Aktionär verlangt, wurde eine geringe Gebühr erhoben[37]. Nunmehr hat jeder Erwerber nach Companies Act 1948, sec. 80, einen Anspruch auf die Ausstellung einer Urkunde[38].

---

[36] *Schmey*, a.a.O., S. 85.
[37] *Kalveram*, a.a.O., 2. Jahrgang, S. 228.
[38] *Halsbury*, a.a.O., 3. Bd., S. 525. Siehe auch S. 152.

Die Globalverbriefung erklärt sich somit aus den besonderen Modalitäten der Übertragung. Ändern sie sich, entfallen auch die hierin liegenden besonderen Gründe für eine Globalverbriefung. So werden die von vornherein zum Umsatz mit Blanko-Transfer bestimmten shares häufig in Einzelurkunden verbrieft sein.

Ebenso sind die share-warrants to bearer in erster Linie Einzelurkunden. Da jedoch in England sehr niedrige Nennbeträge üblich sind — oft solche von 5 und 10 sh — sind sogar die share-warrants to bearer sehr häufig Globalurkunden[39]. In diesem Falle greift als Grund der Globalverbriefung nicht die besondere Art der Übertragung ein, sondern die Notwendigkeit, kleine und kleinste Nennbeträge zu handelsüblichen Größen zusammenzufassen. Andererseits darf jedoch auch nicht übersehen werden, daß umgekehrt der niedrige Nennbetrag dieser Aktien sehr oft gerade darauf zurückzuführen ist, daß die Möglichkeit besteht, sie durch globale Verbriefung zusammenzufassen. Insofern besteht hier eine Wechselwirkung zwischen Größe der Nennbeträge und Globalverbriefung.

b) Die über den stock ausgestellten Urkunden als Globalurkunden

Der stock[40] entsteht durch Zusammenlegung mehrerer shares zu einer Gesamtheit oder, mit einem anderen Ausdruck, durch Konsolidation mehrerer shares. Der stock kann daher auch als „konsolidierte Gesamtaktie"[41] bezeichnet werden.

Die Umwandlung von shares in stock ist vergleichbar mit der Zusammenlegung mehrerer Aktien zu einer Aktie mit dem Gesamtnennwert der verbundenen Aktien. In beiden Fällen entsteht durch Zusammenlegung eine einheitliche neue Aktie. Es besteht jedoch ein wesentlicher Unterschied zwischen zusammengelegter Aktie und stock: die zusammengelegte Aktie kann nur durch Satzungsänderung wieder in Aktien geringeren Nennbetrages zerlegt werden; die Aufspaltung des stock in einzelne Teile oder seine Rückumwandlung in shares dagegen ist jederzeit und ohne Satzungsänderung möglich und ganz in das Belieben des Aktionärs gestellt. Wird der stock — wie das die Regel ist — in einzelne Teile aufgespalten, so ist jeder auf den einzelnen Aktionär entfallende Anteil am Gesamt-stock ebenfalls als konsolidierte, in shares auflösbare Gesamtaktie anzusehen.

Der gesamte stock einer Gesellschaft oder jeder einzelne Anteil an diesem stock ist demzufolge eine einheitliche Aktie mit dem Merkmal jederzeitiger Auflösbarkeit in shares. Entsprechend dieser Eigenart

---

[39] *Kalveram*, a.a.O., 2. Jahrgang, S. 229.
[40] Die folgenden Ausführungen haben für den debenture stock entsprechende Geltung.
[41] *Lehmann*, I., S. 180.

des stock oder des Anteils am stock ist auch das certificate of stock hinsichtlich seiner Form zu charakterisieren:

Einerseits stellt der stock oder der Anteil am stock einen einheitlichen Bruchteil des Grundkapitals dar. Entsprechend ist auch das certificate of stock als Einzelaktie anzusehen. Andererseits kann der stock jederzeit in so viele Bruchteile des Grundkapitals aufgelöst werden, wie shares zu seiner Bildung Verwendung fanden. Insofern ist das certificate of stock eine Globalurkunde (im weiteren Sinne).

Das certificate of stock stellt demnach eine Sonderform zwischen Einzel- und Globalurkunde dar. Es ist Einzelurkunde hinsichtlich des verbrieften einheitlichen Anteils am Grundkapital; es ist eine Globalurkunde hinsichtlich der Möglichkeit, diesen Anteil am Grundkapital jederzeit und ohne Satzungsänderung wieder in Teile aufzuspalten und über jeden der so gewonnenen Anteile eine Urkunde auszustellen.

II. Die Globalaktie in den Vereinigten Staaten von Amerika

1. Die amerikanischen Gesellschaftsformen

Die amerikanischen Gesellschaftsformen lassen sich in folgende Gruppen aufgliedern[42]:

I. Gesellschaften ohne eigene Rechtspersönlichkeit,
   1. ohne festes Grundkapital: Partnerships.
   2. mit festem Grundkapital:
      a) Joint stock companies.
      b) Limited partnership associations.
      c) Massachusetts oder business trusts.

II. Gesellschaften mit eigener Rechtspersönlichkeit:
   Corporations.

Die p a r t n e r s h i p kann als Gesellschaft, die keine Aktien ausgibt, im folgenden ausgeschlossen werden.

Die j o i n t s t o c k c o m p a n y ist — anders als die englische Gesellschaft gleichen Namens — eine Zwischenform zwischen partnership und corporation; von dieser hat sie die Aufteilung eines Grundkapitals in übertragbare Anteile, von jener die unbeschränkte Haftung ihrer Mitglieder[43].

Die l i m i t e d p a r t n e r s h i p a s s o c i a t i o n verfügt über ein in Quoten aufgeteiltes Grundkapital. Jedem Käufer von Anteilen muß jedoch von den übrigen Gesellschaftern die Mitgliedschaft eigens zugebilligt werden. Wird der Bewerber abgelehnt, so hat er einen Anspruch gegen die Gesellschaft auf Ersatz des Wertes der Anteile. Diese

---

[42] Nach *Gerstenberg*, Financial Organization and Management of Business, S. 50 ff.

[43] Vgl.: *Lincoln*, Applied Business Finance, S. 80.

Gesellschaftsform kennen nur die Staaten Pennsylvania, Michigan, New Jersey und Ohio[44].

Der business oder Massachusetts trust — benannt nach dem Land, in dem dieser Gesellschaftstyp entwickelt wurde — entstand aus dem Wunsche, die Rechte einer corporation zu erlangen, ohne ihre Pflichten auferlegt zu bekommen. Er wird gebildet auf Grund eines privaten Vertrages über die Übertragung von Vermögensteilen auf einen Treuhänder, wobei die Treugeber über ihre Anteile übertragbare Zertifikate auszustellen berechtigt sind. Die Gesetzgebung hat diese Gesellschaftsform im Laufe der Zeit den corporations weitestgehend angeglichen[45].

Die Einteilung der corporations kann nach verschiedenen Gesichtspunkten erfolgen[46]. Wird sie nach ihrem Gegenstand vorgenommen, so werden einerseits geistliche (ecclesiastical), andererseits weltliche (lay) Korporationen unterschieden, von denen sich die weltlichen weiter in karitative (charitative) und bürgerliche (civil) Korporationen untergliedern. Von diesen Typen haben nur die civil corporations praktische Bedeutung.

Die civil corporations ihrerseits können wieder nach zwei verschiedenen Merkmalen unterteilt werden, nach ihrem Gegenstand und nach ihrer finanziellen Struktur.

Die Einteilung nach dem Gegenstand ergibt folgendes System:

I. Public corporations.

Hierher gehören einerseits die Staaten und Kommunen, andererseits gewisse öffentliche Anstalten mit eigener Rechtsform, wie Staatsbanken.

II. Private corporations.

1. Business corporations.

Hierunter versteht man Gesellschaften, die geschäftlichen Zwecken dienen, also Erwerbsgesellschaften.

a) Moneyed corporations.

Unter diesem Begriff faßt man die Banken und Versicherungsgesellschaften zusammen.

b) Industrial corporations.

Es sind dies die Industriegesellschaften.

2. Non-business corporations.

Hierunter werden alle Gesellschaften mit idealen Zwecken zusammengefaßt, wie kommunale, sonstige öffentliche, religiöse und gesellschaftliche Körperschaften[47].

---

[44] *Gerstenberg*, a.a.O., S. 60.

[45] *Trumpler*, Die Aktiengesellschaft nach dem Gesellschafts-, Bilanz- und Steuerrecht der Vereinigten Staaten von Amerika, S. 42—44.

[46] Vgl., auch zum Folgenden: *Schmey*, a.a.O., S. 22—25.

[47] *Trumpler*, a.a.O., S. 29.

III. Public service corporations.

Sie sind eine verselbständigte Gruppe der private corporations, die, mit einem von *Forsthoff*[48] ins deutsche Verwaltungsrecht eingeführten Begriff, der Daseinsvorsorge dienen, wie Elektrizitäts-, Gas- und Wassergesellschaften.

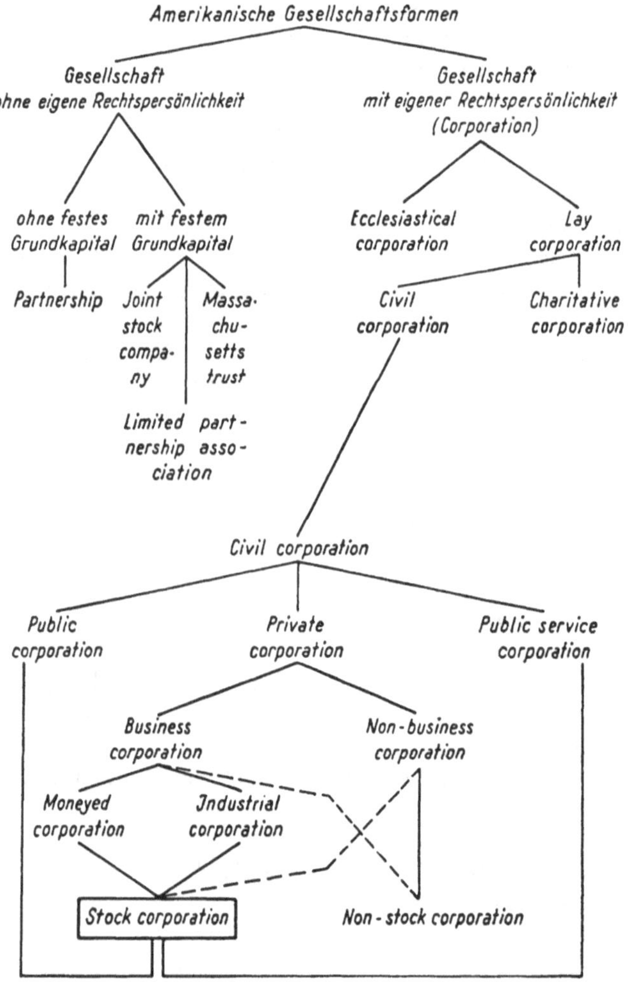

Mit diesem System überschneidet sich ein zweites, das folgende Untergliederung vornimmt:

---

[48] Lehrbuch der Verwaltung, S. 11.

I. Stock corporations.

Gesellschaften auf der Basis eines festen, in Anteile zerlegten Grundkapitals. Sie sind meistens business-corporations[49].

II. Non-stock corporations.

Gesellschaften ohne festes, in Bruchteile zerlegtes Gesellschaftskapital, aufgebaut auf personeller Basis. Sie sind im wesentlichen non-business corporations.

Eine Zusammenfassung beider Systeme ergibt das auf Seite 160 dargestellte Bild.

Von diesen Gesellschaften ist mit der deutschen Aktiengesellschaft ihrem Wesen nach die stock corporation identisch. Es werden ihr allerdings — wie aus der Übersicht hervorgeht — auch Gesellschaften zugerechnet, die in Deutschland nicht als „Aktiengesellschaft" gelten würden[50]. Stellt man daher auch noch auf den Unternehmenszweck ab, dann dürfte die größte Übereinstimmung mit der deutschen Aktiengesellschaft bei der private stock corporation bestehen[51].

2. Die shares und die über sie ausgestellten Urkunden

Die Anteile am Grundkapital der einzelnen Gesellschaftsarten mit festem, in Anteile zerlegtem Grundkapital heißen, wie in England, shares, die darüber ausgestellten Urkunden certificates of stock oder auch certificates of share[52].

Eine Umwandlungsmöglichkeit von shares in stock kennt das amerikanische Recht nicht.

Die amerikanischen Aktienurkunden sind durchweg auf Namen lautende Papiere. Inhaberaktien sind dem amerikanischen Aktienrecht so gut wie unbekannt; lediglich der Staat Montana hat eine Aktienform geschaffen, die den englischen share warrants to bearer oder den kontinentalen Inhaberaktien nahe verwandt sind[53].

Diese — nur in einem Falle durchbrochene — Vorherrschaft der Namensaktien macht es erklärlich, daß auch in den Vereinigten Staaten den Globalurkunden eine große Bedeutung zukommt. Um die Besonderheiten der Globalverbriefung von shares of stock verständlich zu machen, ist es erforderlich, auf die Übertragungsmöglichkeiten der shares und im Zusammenhang damit auf die Frage einzugehen, ob und in welchem Umfange den certificates of stock Wertpapiereigenschaft beizumessen ist.

---

49 *Trumpler*, a.a.O., S. 29.
50 *Schmey*, a.a.O., S. 31, 47.
51 Vgl.: *Schneider*, a.a.O., S. 43.
52 *Schmey*, a.a.O., S. 35, 46.
53 *Schmey*, S. 93, 94.

Bei den amerikanischen certificates sind zwei Gruppen zu unterscheiden. Die eine Gruppe umfaßt die certificates, die vor der Rezeption des USTA in den einzelnen Ländern ausgegeben wurden; ihnen gleichzustellen sind die certificates, die in den Ländern begeben wurden, die den USTA nicht zum Landesgesetz erklärt haben. Die andere Gruppe enthält die certificates, die nach der Rezeption des USTA entstanden sind[54].

Die in den certificates der ersten Gruppe verbrieften shares sind — wie die in den englischen certificates of share beurkundeten — auf zwei Arten übertragbar[55].

Zunächst kann die Übertragung so erfolgen, daß der Verkäufer die indossierten Aktien persönlich oder aber, wie es meistens geschieht, durch einen Bevollmächtigten[56] zur Umschreibung im Aktienbuch anmeldet. Hierauf erfolgt die Umschreibung, die Einziehung der alten und die Ausstellung der neuen, auf den Namen des Erwerbers lautenden Urkunde. Vor die beiden Etappen dieses ersten Verfahrens, Indossierung und Bevollmächtigung einerseits, Umschreibung andererseits, kann sich die zweite Übertragungsart als weitere Etappe schieben. Der Verkäufer gibt ein Blankoindossament und eine Blankovollmacht. Nun geht das Zertifikat wie ein Inhaberpapier so lange von Hand zu Hand, bis irgendein Erwerber Indossament und Vollmacht ausfüllt und somit wieder in das erste Verfahren überleitet. Erleichtert wird diese Übertragungsart durch auf der Rückseite der certificates oder auf einer Allonge aufgedruckte Formulare für das Blankoindossament und die Blankovollmacht. Transfer- und Aktienurkunden sind hier miteinander verschmolzen[57].

Die Eintragung in das Aktienbuch entfaltet hierbei nach wie vor konstitutive Wirkung[58]. Obwohl infolge der Möglichkeit einer Blankoindossierung die Vorstellung von der Verkörperung des share im certificate immer festere Formen annimmt, bleiben die shares, wie aus dem üblichen Text der Urkunden hervorgeht, unverändert „transferable only on the books of the company". Damit entbehrt das certificate auch weiterhin der Negotiabilität, der Übertragbarkeit durch Indossament oder durch Übergabe[59], und bleibt seiner ursprünglichen Bestimmung verhaftet, lediglich Beweis für die erfolgte Umschreibung und den dadurch bewirkten Eigentumsübergang zu liefern, mit anderen Worten, lediglich Beweispapier zu sein. Da das amerikanische Recht,

---

[54] *Schmey*, a.a.O., S. 70.

[55] Vgl. dem Sinne nach: *Schmey*, a.a.O., S. 67, 73, 74.

[56] Die Vollmacht geht auf Begebung des certificate und Veräußerung der in ihm beurkundeten shares. *Schmey*, a.a.O., S. 74.

[57] *Junge*, a.a.O., S. 73.

[58] Vgl., auch zum Folgenden: *Schmey*, a.a.O., S. 75, dazu außerdem: S. 67, 71, 74.

[59] *Schneider*, a.a.O., S. 16; *Schmey*, a.a.O., S. 107.

wie das deutsche, einen R e c h t s erwerb vom Nicht-Berechtigten nicht kennt, außerdem der Übertragungsvollmacht oder dem Indossament Mängel anhaften können, ist wegen dieser nur beweisenden Kraft der Urkunde die durch Blankoindossament und -vollmacht bewirkte Erleichterung der Übertragung in ihrer praktischen Auswirkung, besonders hinsichtlich der Börsenfähigkeit der certificates, stark beeinträtigt und vermag bis zur erfolgten Umschreibung im Aktienbuch nichts weiter als einen rechtlich höchst unsicheren Schwebezustand zu begründen.

Die shares, die in unter dem USTA stehenden certificates der z w e i t e n G r u p p e beurkundet sind, können wiederum auf die beiden gleichen Arten übertragen werden wie die in den Urkunden der ersten Gruppe verbrieften, einerseits durch Indossament und Bevollmächtigung mit anschließender Umschreibung (I, 1; Fußnote 64) und andererseits lediglich durch Blankoindossament und Erteilung einer Blankovollmacht (II, 1 b)[60]. Zu dieser zweiten Übertragungsart kann nach der besonderen Regelung des USTA noch die Übertragung durch Indossament, das einen bestimmten Indossatar bezeichnet, und Bevollmächtigung treten (II, 1 a) sowie die Übertragung durch bloße Übergabe ohne Indossament unter Hinzufügung einer förmlichen Vollmacht bzw. Blankovollmacht zu Verpflichtungs- und Verfügungsgeschäften über die shares (II, 2 a) oder einer besonderen Urkunde mit einer Erklärung über die Abtretung (II, 2 b). Werden die shares durch Indossament übertragen und wird die Urkunde zur Umschreibung präsentiert, dann ist das auf den Namen des Erwerbers ausgestellte neue certificate weiterhin lediglich Beweispapier. Sobald jedoch das certificate von der in der Urkunde als Eigentümer benannten Person mit einem Indossament oder einem zum Umlauf befähigenden Blankoindossament versehen und übergeben oder sobald die Übergabe ohne Indossament vollzogen wird und die entsprechenden Vollmachten oder Erklärungen abgegeben werden, o h n e daß anschließend die Umschreibung im Aktienbuch erfolgt, verändert sich die rechtliche Situation von Grund auf. Die Urkunden zeigen von nun an — bis zur Umschreibung — eine eigentümliche Doppelnatur. Einerseits hat das certificate Negotiabilität erlangt: das certificate of stock verkörpert fortan die shares[61]; der Erwerb des Papiers wirkt konstitutiv; die Urkunde und mit ihr die darin verbrieften shares sind durch (Blanko-)Indossament oder durch Übergabe übertragbar; der gutgläubige Erwerb vom Nichtberechtigten ist möglich. Andererseits wird dieser Negotiabilität durch Beibehaltung des Aktien-

[60] Vgl.: *Schmey,* a.a.O., S. 81—88, 106—110; auch: *Kalveram,* a.a.O., 1. Jahrgang, S. 416.

[61] Dies wird von dem USTA stillschweigend in § 1 vorausgesetzt: „Title to certificates and to the shares r e p r e s e n t e d thereby ...“.

buches eine starke Beschränkung auferlegt. Die Eintragung begründet zwei, vom Eigentümer der shares gegebenenfalls zu widerlegende Vermutungen. Zum einen die Vermutung der aktiven und passiven Legitimation im Verhältnis zur Gesellschaft; so wird die Ausübung des Stimmrechts von der Eintragung abhängig gemacht und erfolgt die Auszahlung der Dividenden in der Regel nur an die im Aktienbuch aufgeführten Aktionäre[62]. Zum anderen wird in nicht wenigen Fällen eine Vermutung der Passivlegitimation im Verhältnis zu den Gesellschaftsgläubigern begründet; diese dem deutschen Aktienrecht unbekannte Erscheinung beruht auf der durch das ganze amerikanische Aktienwesen verbreiteten beschränkten oder unbeschränkten Haftung des Aktionärs für die Gesellschaftsschulden über die Einlage hinaus[63,64].

Diese nach wie vor aufrechterhaltene besondere Bedeutung des Aktienbuches steht der Ausgestaltung der unter dem USTA stehenden certificates of stock zu vollkommenen Inhaberpapieren entgegen und bewirkt, daß sie die volle Wertpapiereigenschaft nicht erlangen können. Sie können deshalb mit *Schmey*[65] als „hinkende Wertpapiere" angesehen werden. Es soll damit dem eigentümlichen Zwiespalt Rechnung getragen werden zwischen dem weiterhin bestehenden Erfordernis der Eintragung und der konstitutiven Wirkung, die der Erwerb des Papiers bei Übertragung ohne anschließende Umschreibung entfaltet. Insbesondere die Möglichkeit der Blanko-Indossierung ist es, die angedeutet werden soll, wenn in der amerikanischen Literatur und

---

62 Ist eine Bank als Berechtigter eingetragen, so übernimmt sie die Weiterleitung der Dividende an den jeweiligen Zertifikatsinhaber.

63 *Schmey*, a.a.O., S. 73, 87.

64 Es bestehen also folgende Übertragungsmöglichkeiten:

I. Übertragung mit konstitutiver Wirkung der Eintragung im Aktienbuch.
(Certificates der 1. und 2. Gruppe.)
   1. Übertragung durch Indossament, das einen bestimmten Indossatar bezeichnet, Vollmacht, die auf einen bestimmten Namen ausgestellt ist, und Übergabe
   (1. und 2. Gruppe).
   2. Übertragung durch Blankoindossament, Blankovollmacht und Übergabe
   (1. Gruppe).

II. Übertragung mit konstitutiver Wirkung der Papierübergabe.
(Certificates der 2. Gruppe.)
   1. Übertragung durch Indossament, Vollmacht und Übergabe
      a) durch Indossament, das einen bestimmten Indossatar bezeichnet, und Vollmacht, die auf einen bestimmten Namen ausgestellt ist;
      b) durch Blankoindossament und Blankovollmacht.
   2. Übertragung durch Übergabe (ohne Indossament)
      a) unter Beifügung einer Vollmacht oder Blankovollmacht;
      b) unter Beifügung einer Abtretungserklärung.

65 *Schmey*, a.a.O., S. 110.

Praxis die certificates b e i d e r Gruppen als quasinegotiabel bezeichnet werden.[66]

3. Die certificates of stock als Globalurkunden

Aus den bisherigen Darlegungen ergibt sich, daß in den Vereinigten Staaten — im Vergleich zu den Übertragungsformen in England — nebeneinander drei verschiedene Arten der Übertragung von shares bestehen: die Übertragung durch Indossament und Vollmacht mit anschließender Umschreibung — ohne konstitutive Wirkung der Papierübergabe —, die Übertragung durch Blanko-Indossament und Blanko-Vollmacht ohne anschließende Umschreibung — ohne konstitutive Wirkung der Papierübergabe — und die Übertragung mit konstitutiver Wirkung der Papierübergabe. Da in allen drei Fällen der Eintragung ins Aktienbuch eine erhöhte Bedeutung zukommt, ist es erklärlich, daß, wie in England, so auch in den Vereinigten Staaten die Globalurkunde über Aktien die allgemein übliche Aktienform und die Einzelurkunde die Ausnahme darstellt.

Es werden sich in den Vereinigten Staaten allerdings häufiger Einzelurkunden finden als in England. In dem Maße, in dem die Bedeutung des Aktienbuches für die Übertragung eine Einschränkung erfährt, wird auch die Zahl der Fälle anwachsen, in denen zur Einzelverbriefung übergegangen wird. Mit Erlangung einer angenäherten Negotiabilität — zunächst durch die Möglichkeit der Blanko-Übertragung, später dann vor allem, unter dem USTA, durch Verlegung der Konstitutivwirkung in die Papierübergabe — ist die Umlaufsfähigkeit der Zertifikate gestiegen und damit die Notwendigkeit entstanden, kleinere, verkehrsfähige Stücke mit abgerundeten, einheitlichen Nennbeträgen zu schaffen. Diese Stücke lauten heute sehr oft auf 100 Dollar[67].

Trotz dieser die Einzelverbriefung begünstigenden Entwicklung überwiegt die Globalverbriefung jedoch nach wie vor. Einer stärkeren Ausbreitung von Einzelurkunden über Aktien stehen vor allem zwei Tatsachen entgegen. Zum einen spielt die Tradition eine große Rolle; sie läßt an überlieferten Formen und Gewohnheiten festhalten, obwohl sie den Bedürfnissen des Verkehrs nicht mehr genügen. Zum anderen weisen die shares in den Vereinigten Staaten zum großen Teil einen sehr kleinen Nennbetrag auf. Shares mit einem Nennbetrag von 10, 5 und 1 Dollar sind keine Seltenheit; vereinzelt finden sich

---

[66] Certificates, die ohne anschließende Umschreibung durch Blankoindossament, durch Indossament, das einen bestimmten Indossatar bezeichnet, oder durch Übergabe übertragen werden, sind mithin keine negotiable instruments, sie werden jedoch w i e negotiable instruments behandelt.
[67] *Lincoln,* a.a.O., S. 100.

sogar shares im Werte von 1 Cent[68]. Hier erfolgt in der Regel eine Zusammenfassung der shares in Globalurkunden, zumeist mit einem Gesamtnennbetrag von 100 Dollar.

III. Die Globalaktie in sonstigen Ländern

Die Form der Globalverbriefung wird sich überall dort finden, wo Gesellschaften mit einem festen, in Anteile zerlegten Grundkapital bestehen und über diese Anteile Urkunden ausgegeben werden.

So wurden Globalaktien oder Globalurkunden im weiteren Sinne über Aktienrechte ausgegeben zum Beispiel in Argentinien[69], Belgien[70], Brasilien[71], Dänemark[72], Italien[73], Jugoslawien[74], Litauen[75], den Niederlanden[76], Norwegen[77], Österreich[78], Polen[79], Portugal[80], Rumänien[81], Schweden[82], der Schweiz[83], Sowjetrußland[84], der Tschechoslowakei[85], der Türkei[86].

In einigen dieser Länder ist die Ausstellung von Globalaktien durch die einschlägigen Gesetze ausdrücklich zugelassen worden.

So heißt es zum Beispiel im Portugiesischen Handelsgesetz vom 23. August 1888 in Art. 166[87]:

> „Das in Geld oder in Werten jeglicher Art bestehende Kapital der namenlosen Gesellschaften wird immer in Aktien von gleichem Wert dargestellt und eingeteilt, indessen kann der gleiche Titel mehr als eine Aktie darstellen."

Das Brasilianische Aktiengesetz vom 26. September 1940 hebt in seinem 3. Abschnitt, in Art. 21[88], die Möglichkeit einer Ausstellung von Globalaktien ausdrücklich hervor:

---

68 *Lincoln,* a.a.O., S. 100.
69 *Hallstein,* Die Aktienrechte der Gegenwart, S. 84.
70 *Passow,* a.a.O., S. 144.
71 *Amberger,* Die Aktiengesellschaft im brasilianischen Recht, S. 78.
72 *Hallstein,* a.a.O., S. 84.
73 *Saling*'s Börsen-Jahrbuch, II. Teil, 1913/14, S. 655.
74 *Compaß,* Finanzielles Jahrbuch, 1934, Jugoslawien, S. 300.
75 *Hallstein,* a.a.O., S. 84.
76 *Saling,* II, 1913/14, S. 651.
77 *Hallstein,* a.a.O., S. 93.
78 *Passow,* a.a.O., S. 144.
79 *Hallstein,* a.a.O., S. 93.
80 *Hallstein,* a.a.O., S. 84.
81 *Compaß,* 1934, Rumänien, S. 485.
82 *Korkisch,* Das Schwedische Gesetz über die Aktiengesellschaften vom 14. September 1944, S. 46.
83 Saling, II, 1928/29, S. 1862.
84 *Hallstein,* a.a.O., S. 93.
85 *Compaß,* 1934, Tschechoslowakei, S. 261.
86 *Saling,* II, 1913/14, S. 1978.
87 In Buch II, Titel II, Kapitel III, Abschnitt II; bei: *Borchardt,* Die geltenden Handelsgesetze des Erdballs, Nachtrag I—IV, S. 53.
88 *Amberger,* a.a.O., S. 78.

„Die Gesellschaft kann zusammengefaßte Aktien ausgeben, sowie, provisorisch, Interimsscheine, die die Aktien vertreten, sofern die Erfordernisse des vorstehenden Artikels erfüllt werden."

Der Art. 20, auf den hier verwiesen wird, gibt eine Aufstellung der notwendigen Erklärungen, die jede Aktienurkunde enthalten muß.

Das Schwedische Gesetz über die Aktiengesellschaften vom 14. September 1944 weist auf die Möglichkeit einer Globalverbriefung folgendermaßen hin[89]:

„§ 34. Aktienurkunde.

Die Aktienurkunden müssen vom Vorstand unterzeichnet sein und haben die Gesellschaftsfirma, die laufende Nummer der Aktie oder der Aktien, auf welche die Urkunde lautet, den Nennbetrag der Aktie sowie den Tag der Ausfertigung zu enthalten. ...".

---

[89] *Korkisch*, a.a.O., S. 46.

Vierter Abschnitt

Die Globalaktie und ihre Verwendung in der Wirtschaft

Mit den im dritten Abschnitt angestellten Untersuchungen wurde der mengenmäßige Umfang der Globalverbriefung und ihr Verhältnis zur Verbriefung in Einzelurkunden festgestellt, für die in West-Deutschland auftretenden Globalaktien in genauen Verhältniszahlen, für die Globalaktien und die ihnen entsprechenden Globalurkunden über Aktienrechte im Ausland — ihrer nur vergleichsweisen Heranziehung entsprechend — in allgemeiner Weise. Es wurde damit gezeigt, daß die Globalurkunde in der Wirtschaft einen breiten Raum einnimmt, daß insbesondere die Globalverbriefung von Aktien in Deutschland — entgegen der bisher allgemein vertretenen Auffassung — aus dem Stadium nur ganz vereinzelter Anwendung herausgetreten und zu einer Form der Beurkundung von Aktien geworden ist, die in der deutschen Wirtschaft festen Fuß gefaßt hat.

Offen blieb hierbei die Frage, in welcher Weise und zu welchen Zwecken die Anwendung von Globalaktien in Deutschland erfolgt. Der Feststellung des tatsächlichen Vorkommens soll daher in diesem Abschnitt die Frage nach ihrer Verwendung, der Frage nach dem „Wo?“ soll die Frage nach dem „Wie?“ oder dem „Wozu?“ gegenübergestellt werden.

Hierbei wird in der Weise vorgegangen werden, daß zunächst einzelne Entwicklungsstufen des Effektenwesens abgegrenzt werden. Gegenstand der Untersuchung wird dann die Verwendung von Globalaktien auf diesen einzelnen Stufen sein.

Auf jeder Stufe wird die Verwendung der beiden Aktienformen und die Bevorzugung der einen oder der anderen von ihnen von einer einheitlichen Grundidee getragen. Bevor auf die Verwendung der Globalaktie zur Erfüllung bestimmter Einzelzwecke eingegangen wird, sollen diese Grundgedanken herausgestellt werden. Es erfolgt deshalb zunächst die Untersuchung der Verwendung von Globalaktien auf den Entwicklungsstufen des Effektenwesens im allgemeinen und im Anschluß daran die der Verwendung von Globalaktien auf den Entwicklungsstufen im einzelnen.

A. Die Verwendung der Globalaktie auf den drei Entwicklungsstufen des Effektenwesens im allgemeinen

Die Beteiligung an einer Kapitalmasse durch Einlagen ist seit dem frühen Mittelalter bekannt[1]. Die Grundlage der Kapitalhingabe bildete anfangs in jedem Falle die persönliche Beziehung zwischen Kapitalgeber und Kapitalnehmer[2].

Der Aufschwung der Wirtschaft brachte ein stetes Anwachsen des Kapitalbedürfnisses mit sich. Damit wurde die herkömmliche Art der Kapitalbeschaffung unzureichend und neue Formen der Finanzierung mußten entwickelt werden. Sie wurden gefunden durch Aufteilung der benötigten Kapitalmasse in eine große Anzahl nominell wenigstens in Serien gleich großer Anteile, im Regelfall in Verbindung mit einer Verbriefung dieser Anteile; die persönliche Bindung wurde aufgegeben. Es entstanden die Effekten.

Ihre Geschichte umspannt in einem weiten Bogen mehrere Jahrhunderte und reicht von einfachen Kassenquittungen bis zu den Schuldbuchforderungen. Ihre einzelnen Stufen zeichnen sich deutlich von einander ab. Sie werden näher bestimmt durch den Grad, in dem die Übertragung der durch die Effekten gewährten Rechte von Stufe zu Stufe erleichtert und ihre Sicherung vervollkommnet wurde.

Unter den Effekten stehen die Aktien an erster Stelle. Die in drei Phasen verlaufende Entwicklung der Aktienurkunden zum Mittel der Rechtsübertragung wurde im Rahmen der geschichtlichen Abhandlung geschildert[3].

Da sich die Funktion der Aktienurkunde bei der Übertragung von Aktienrechten in dem Grad änderte, in dem sich die Formen der Aktienrechtsübertragung wandelten, ist mit der Darstellung der geschichtlichen Entwicklung der Aktienurkunde zugleich die Entwicklung der Arten dargestellt, in der Aktienrechte bisher übertragen wurden. Während jedoch die Entwicklung der Aktienurkunde einen vorläufigen Abschluß gefunden hat, sind die Arten der Übertragung von Aktienrechten wie auch von anderen durch Effekten vermittelten Rechten in ständiger Fortbildung begriffen. Sieht man demzufolge den historischen Ablauf nicht unter dem Gesichtspunkt der Entwicklung der Aktienurkunde zum Mittel der Rechtsübertragung, sondern unter dem Gesichtspunkt der Entwicklung der Aktienrechtsübertragung selbst[4], so kann man fünf Entwicklungsstufen der Aktienrechtsübertragung unterscheiden:

---

[1] Siehe S. 26.
[2] Vgl.: *Liefmann*, a.a.O., S. 29.
[3] Siehe S. 29.
[4] Den Gesichtspunkt der Konkretisierung der Rechte im Papier für die Einteilung der Stufen zu wählen, wie das *Kirchner*, a.a.O., S. 58, tut, erscheint verfehlt, wenn man — wie das gerade im Hinblick auf die Global-

1. Stufe der Beweisurkunden in Verbindung mit deklaratorischer Eintragung ins Aktienbuch;
2. Stufe der Beweisurkunden in Verbindung mit konstitutiver Eintragung ins Aktienbuch;
3. Stufe der Wertpapiere;
4. Urkundenlose Stufe auf Wertpapier-Basis (Stufe der sammelverwahrten Urkunden);
5. Urkundenlose Stufe auf Wertrechts-Basis (Stufe des Wertrechts).

Hiervon ist die fünfte Stufe von den Aktienrechten — von ganz vereinzelten Ausnahmen abgesehen[5] — vorerst noch nicht erreicht.

Stellt man darauf ab, daß die Aktie ein Effekt ist und daß ganz allgemein bei Effekten die Art der Rechtsübertragung für die Abgrenzung der einzelnen Entwicklungsstufen von einander als maßgebendes Unterscheidungsmerkmal angesehen werden kann, so gibt dieses zunächst nur für Aktien aufgestellte System die Entwicklung des gesamten, auch andere Rechte als Aktienrechte umfassenden Effektenwesens wieder.

Sieht man die Entwicklung des Effektenwesens nicht unter dem Gesichtspunkt der Rechtsübertragung, sondern unter dem des Auftretens der einzelnen Effektenarten, so stehen die Aktien an erster, die Obligationen an zweiter und die Schuldbuchforderungen an dritter Stelle. Das macht es erklärlich, daß auf den beiden Stufen der Beweisurkunden vorwiegend Aktien zu finden sind. Auf der Stufe der Wertpapiere und der sammelverwahrten Urkunden sind Aktien und Obligationen, auf der Stufe des Wertrechts vorerst in erster Linie Schuldbuchforderungen vertreten.

Jede der einzelnen Stufen bedeutet eine Weiterentwicklung, nicht jedoch die Ablösung der vorhergehenden Stufe. Die einzelnen Stufen bestehen heute noch nebeneinander fort. Lediglich die erste Stufe, die der Beweisurkunden in Verbindung mit deklaratorischer Eintragung ins Aktienbuch, dürfte nirgends mehr zu finden sein. Die zweite Stufe,

---

verbriefung richtig ist — die Sammelverwahrung als gesonderte Stufe in das System einbezieht. *Kirchner* verändert das System von *Junge*, a.a.O., S. 18 ff., und weitet es aus, übernimmt aber die Konkretisierung als Kriterium der Unterscheidung für die einzelnen Stufen. Das ließe sich vertreten, wenn *Kirchner* die Stufe des Sammeldepotwesens, wie er die hier als „Urkundenlose Stufe auf Wertpapier-Basis" bezeichnete Stufe nennt, nicht in das System einbezogen hätte. Die Stufe des Sammeldepotwesens unterscheidet sich aber von den übrigen Stufen nicht durch einen unterschiedlichen Grad der Konkretisierung, sondern — wie die anderen Stufen untereinander auch — durch die unterschiedliche Art der Rechtsübertragung. Deshalb kann als Unterscheidungsmerkmal nur die Art der Rechtsübertragung in Frage kommen. Hieraus wiederum folgt die Notwendigkeit, ein neues System aufzustellen.

[5] Siehe S. 179/180.

die der Beweisurkunden in Verbindung mit konstitutiver Eintragung ins Aktienbuch, wird vor allem vom englischen und amerikanischen Aktienwesen eingenommen. In Deutschland finden sich ihre Übertragungsformen nicht mehr.

Faßt man von den fünf Stufen jeweils die ersten und die letzten beiden zusammen, so erhält man die folgenden Entwicklungsstufen des Effektenwesens:

I. Stufe der Beweisurkunden;
II. Stufe der Wertpapiere;
III. Urkundenlose Stufe.

Die Verwendung von Globalaktien auf diesen drei Stufen im allgemeinen soll im folgenden untersucht werden.

I. Die Verwendung der Globalaktie[6] auf der Stufe der Beweisurkunden

Die Grundtatsachen, auf denen die Verwendung von Globalaktien auf der Stufe der Beweisurkunden beruht, wurden bereits herausgestellt[7]. Die rechtswirksame Übertragung der Aktienrechte erfolgte im Anfang der Entwicklung durch bloße Abtretung, später dann durch Umschreibung im Aktienbuch. Es ist dies die in England und den Vereinigten Staaten heute noch vorherrschende Übertragungsform.

Dieser Art der Rechtsübertragung entspricht in aller Regel allein die Globalverbriefung. Eine Einzelverbriefung würde weder dem Erwerb und der Innehabung der Rechte eine erhöhte Sicherung verleihen noch die Übertragung flüssiger gestalten, da Rechtsgrundlage in dem einen Falle die Abtretung, in dem anderen Falle die Umschreibung im Aktienbuch ist; andererseits würde sie den Übertragungsverkehr mit unnötigen Umschreibungskosten belasten.

Der auf der Stufe der Beweisurkunden bei der Verbriefung von Aktienrechten zum Ausdruck kommende Grundgedanke ist der, die gleichlautenden Beurkundungen zusammenzufassen, die die in einem Akt erfolgenden Übertragungen mehrerer Aktienrechte zum Gegenstand haben.

II. Die Verwendung der Globalaktie auf der Stufe der Wertpapiere

Mit Erlangung der Wertpapiereigenschaft änderte sich der Rechtscharakter der Aktienurkunde von Grund auf. Recht und Rechtsträger

---

[6] Es handelt sich um „Globalaktien" im Sinne der Zeit, zu der unser Aktienwesen auf der Stufe der Beweisurkunden stand. Aus heutiger Sicht sind es Globalurkunden i. w. S. über Aktienrechte. Vgl. S. 84 und S. 149, Fußnote 1.

[7] Siehe S. 28 ff., 96 ff., 156.

wurden zu einer Einheit verbunden. Das Recht wurde zu einem Sachgut. Sinnfälligster Ausdruck dieser Umwandlung ist die Inhaberaktie.

Diese Verkörperung des Aktienrechts in einem stofflichen Träger wird auf der Stufe der Wertpapiere von vornherein berücksichtigt, wenn die Zerlegung des Grundkapitals durchgeführt wird. Es werden Anteile von solcher Größe geschaffen, daß sie — nach erfolgter Verbriefung — den Erfordernissen des Marktes angepaßt sind. Zur Verbriefung werden deshalb in erster Linie Einzelurkunden verwendet. Die Bestimmung ihrer Nennbeträge erfolgt nicht — wie bei der Globalverbriefung[8] — im Zuge der Beurkundung, sondern durch die Zerlegung des Grundkapitals in größenmäßig genau abgegrenzte Anteile. Abstufungen der Nennbeträge erfolgen in erster Linie durch Zerlegung des Grundkapitals in unterschiedlich große Anteile. Die Verbriefung gibt dieser Zerlegung lediglich die für den Umlauf erforderliche Sachgutform.

Auf der Stufe der Wertpapiere stellen die Einzelaktien daher die in der Regel zur Anwendung gelangende Aktienform dar. Globalaktien bilden die Ausnahme[9]. Sollen sie ausgestellt werden, bedarf es besonderer, die Durchführung der Globalverbriefung im Einzelfall rechtfertigender Gründe[10].

An diesem — wenigstens zur Zeit noch bestehenden — Ausnahmecharakter der Globalaktien auf der Stufe der Wertpapiere vermögen auch die im dritten Abschnitt für West-Deutschland gefundenen Ergebnisse nichts zu ändern, wonach durch die Globalverbriefung der bei ausschließlicher Einzelverbriefung bestehende Gesamtbestand an Urkunden über Aktienrechte um 30,6 % vermindert worden, rund ein Drittel aller Aktien in Globalurkunden zusammengefaßt und 14,6 % des Gesamtgrundkapitals aller Gesellschaften in Globalaktien verbrieft ist. Diese Werte vermögen höchstens etwas über die W i r k u n g der Globalverbriefung auszusagen, so wie sie bis zur Gegenwart in West-Deutschland durchgeführt wurde. Diese Werte lassen jedoch keine Aussage darüber zu, in welchem Ausmaß die Globalverbriefung und die Globalaktie als ihr Ergebnis in West-Deutschland a l l g e m e i n e V e r b r e i t u n g gefunden haben.

Von Bedeutung in diesem Zusammenhang ist in erster Linie die Feststellung, daß nur 3,13 % aller Aktiengesellschaften Globalaktien ausgegeben haben. Wenn es sich hierbei zumeist auch um große Gesellschaften mit einem hohen Grundkapital handelt, so reicht diese

---

[8] Vgl. hierzu die Zerlegung des Grundkapitals in Anteile von 5 und 10 sh in England und von 1, 5 und 10 Dollar, ja sogar 1 Cent in den Vereinigten Staaten (S. 157, 166). Die Nennbeträge der handelsüblichen Urkunden werden hier durch Globalverbriefung gebildet.

[9] Siehe S. 201, 203, 206, 211, 213. Vgl. im Gegensatz hierzu auch das Verhältnis von Globalaktien zu Einzelaktien auf der Stufe der Beweisurkunden.

[10] Siehe S. 182 ff., insbes. S. 198 ff.

Tatsache in Anbetracht der insgesamt 96,87 % aller Gesellschaften umfassenden Einzel-Aktiengesellschaften doch nicht aus, um die Globalaktie als eine Aktienform anzusehen, die von den Gesellschaften regelmäßig und allgemein angewandt wird.

Für den Ausnahmecharakter der Globalaktien spricht darüber hinaus auch noch der Umstand, daß nur 3,69 % aller Urkunden über Aktienrechte Globalurkunden sind. Es ist hierbei zwar zu berücksichtigen, daß es weniger auf die Anzahl als auf den Nennbetrag der Globalurkunden ankommt und daß es in der Natur der Globalverbriefung liegt, die Anzahl der Urkunden zu verringern und dafür ihre Nennbeträge zu vergrößern. Die nähere Untersuchung ergibt jedoch, daß dieser Effekt — Vergrößerung der Nennbeträge bei Verringerung der Anzahl der Urkunden — bei den Globalaktien in West-Deutschland nur in sehr geringem Maße eingetreten ist: von den Globalurkunden über Aktienrechte haben einen Nennbetrag über DM 1000,— nur 6,32 %, das sind 0,23 % aller Urkunden über Aktienrechte.

Der grundlegende Gedanke, auf dem die Verbriefung von Aktienrechten auf der Stufe der Wertpapiere beruht, liegt somit darin, die Anwendung der Globalverbriefung auf Sonderfälle zu beschränken und durch geeignete Zerlegung des Grundkapitals Anteile solcher Größe zu schaffen, daß auf dem Wege der Einzelverbriefung den allgemeinen Verkehrsbedürfnissen angepaßte Stücke gewonnen werden können.

III. Die Verwendung der Globalaktie auf der urkundenlosen Stufe

Die urkundenlose Stufe setzt sich zusammen aus der urkundenlosen Stufe auf Wertpapier-Basis bzw. der Stufe der sammelverwahrten Urkunden und der urkundenlosen Stufe auf Wertrechts-Basis bzw. der Stufe des Wertrechts. Hiervon hat nur die erste der beiden genannten Stufen für die Globalaktie eine Bedeutung; auf der zweiten Stufe finden sich weder Einzel- noch Globalurkunden.

Die Zusammenfassung beider Stufen zu einer einheitlichen urkundenlosen Stufe erklärt sich sich aus ihrem inneren Zusammenhang. Auf beiden Stufen erfolgt die Übertragung ohne Vermittlung von Urkunden durch einfache Konto-Umbuchungen. Ihr Unterschied liegt darin, daß in dem einen Falle die Umbuchungen auf der Grundlage von Wert*papieren*, im anderen Falle auf der Grundlage von Wert*rechten* erfolgt. Ihr Verhältnis zueinander läßt sich dahingehend bestimmen, daß die urkundenlose Stufe auf der Basis von Wertpapieren danach strebt, in der urkundenlosen Stufe auf der Basis von Wertrechten aufzugehen und damit den Übergang vom Wertpapier zum Wertrecht zu vollziehen.

1. Die Stufe der sammelverwahrten Urkunden

a) Das Wesen der Sammelverwahrung

Aktien sind Wertpapiere. Infolgedessen ist zur Ausübung der in ihnen verbrieften Rechte die Innehabung der Urkunde erforderlich; die Innehabung ist die wesentliche Voraussetzung zur Rechtsausübung. Damit gewinnt die Frage, in welcher Weise sich der Aktionär die Innehabung sichert, erhöhte Bedeutung. Es ist die Frage nach der Verwahrung der Aktienurkunden.

Die Formen der Verwahrung effektiver Stücke sind sehr verschieden. Die vollkommenste Art ist die der Sammelverwahrung. Sie stellt den Abschluß einer Entwicklung dar, die sich von der Eigenverwahrung durch den Aktionär selbst oder im Schrankfach einer Bank über die Fremdverwahrung in Form der Sonderverwahrung im Streifbanddepot bis zur Fremdverwahrung in Form der Sammelverwahrung bei einer Bank oder einem Kassenverein zieht[11].

„Unter Sammelverwahrung versteht man die Aufbewahrung vertretbarer Sachen ein und derselben Art und Güte für mehrere Hinterleger in ein und demselben Bestand (dem Sammelbestand) durch einen Verwahrer."[12] Hierbei hat der Hinterleger Anspruch auf die eingelegten Sachen nur der Menge oder der Anzahl nach; er hat — bei Verwahrung von Wertpapieren — keinen Anspruch auf Auslieferung der gleichen Stückenummern, die zur Verwahrung übergeben wurden. Rechtlich wird durch die Einlieferung der aufzubewahrenden Stücke ein Miteigentum nach Bruchteilen begründet. Die Größe des Bruchteils berechnet sich nach dem Verhältnis der eingelieferten Stücke zum jeweiligen Gesamtbetrag des Sammelbestands[13].

Die Ausübung der Aktionärsrechte obliegt dem Verwahrer des Sammelbestandes als Sachverwalter. Er übernimmt die Trennung der Gewinnanteilscheine, die Erhebung neuer Gewinnanteilscheine und die Wahrung der Bezugsrechte. Zur Ausübung des Stimmrechts werden den Aktionären auf Verlangen Hinterlegungsscheine über ihre Aktien ausgestellt[14].

Die einheitliche Wahrnehmung der Vermögensrechte für den gesamten Bestand bedeutet gegenüber dem Streifbanddepot eine sehr große Ersparnis an Material, Personal, Tresorraum und dadurch an Kosten.

---

[11] Vgl. hierzu: *Opitz*, Fünfzig depotrechtliche Abhandlungen, S. 499—506.
[12] *Opitz*, a.a.O., S. 466.
[13] *Opitz*, a.a.O., S. 471.
[14] *Opitz*, a.a.O., S. 65, 66. Bis zur Rückgabe des Hinterlegungsscheins werden die auf diese Aktionäre entfallenden Aktien gesperrt.

b) Der Übergang von der Sammelverwahrung zur Girosammelverwahrung

Verwahrer des Sammelbestandes können zum einen die Banken selbst sein, zum anderen übergeordnete Zentralstellen als Drittverwahrer, die Kassenvereine oder Wertpapiersammelbanken. Es sind dies Banken, die gemäß § 1 Abs. 3 des Gesetzes über die Verwahrung und Anschaffung von Wertpapieren vom 4. Februar 1937 von den zuständigen obersten Bundesbehörden als Wertpapiersammelbanken bezeichnet werden und einer behördlichen Kontrolle unterliegen[15]. Mit ihrer Bildung war die Voraussetzung zum stückelosen Effektenverkehr, zum Giroverkehr in Wertpapieren, geschaffen. Der Übergang vom Sammeldepot zum Girosammeldepot, von der Haussammelverwahrung durch die Banken zur Girosammelverwahrung durch die Wertpapiersammelbanken konnte vollzogen werden[16].

Mit dem stückelosen Effektenverkehr wurde eine dem bargeldlosen Zahlungsverkehr entsprechende Einrichtung ins Leben gerufen. Grundlage des bargeldlosen Zahlungsverkehrs ist die Unterhaltung eines Guthabens der daran beteiligten Personen bei Banken, die ihrerseits Konten bei einer gemeinschaftlichen dritten Stelle unterhalten. Dadurch ist ein Zahlungsausgleich durch Buchungen auch zwischen Kunden verschiedener Kreditinstitute und von einem Ort zum anderen möglich[17].

Der Giroverkehr in Wertpapieren ist auf demselben Prinzip aufgebaut. Entsprechend versteht man unter Girosammelverwahrung die Sammelverwahrung durch eine Wertpapiersammelbank für die Banken, die ihr als Girosammeldepotkunden angeschlossen sind[18].

Gegenüber dem bargeldlosen Zahlungsverkehr besteht jedoch ein grundlegender Unterschied. Der Inhaber eines Geldkontos hat das Eigentum an seinem Geld aufgegeben und ein Forderungsrecht gegen die Bank eingetauscht. Gegenstand der Buchungen sind daher schuldrechtliche Forderungen. Der Inhaber eines Wertpapierkontos, der gemäß § 5 Abs. 1 DepotG eine Ermächtigung zur Sammelverwahrung gegeben hat, erwirbt aber dafür das Miteigentum nach Bruchteilen an sämtlichen zum Sammelbestand gehörenden Wertpapieren. Gegenstand der Buchungen sind daher sachenrechtliche Anteile[19].

---

[15] Heute bestehen Kassenvereine in München, Frankfurt/M., Hannover, Hamburg, Düsseldorf (Filiale in Köln), Stuttgart und Berlin. *Mindner*, a.a.O., S. 82.
[16] Siehe hierzu: *Opitz*, a.a.O., S. 612, 613.
[17] *Opitz*, a.a.O., S. 469.
[18] *Opitz*, a.a.O., S. 470.
[19] *Opitz*, a.a.O., S. 469, 507; außerdem S. 264.

c) Die Verwendung von Globalaktien im Girosammeldepot

Im Laufe der Zeit sammelten sich in den Sammeldepots der Kassenvereine ungeheure Mengen von Wertpapieren an. Sie wuchsen in dem Maße, in dem sich die Tresore der Banken entleerten.

Allmählich stellte sich heraus, daß ein großer Teil dieser Wertpapiermassen unbewegt liegen blieb. Die Auslieferungen deckten sich zum großen Teil mit den Einlieferungen. Zur Erfüllung der Auslieferungsansprüche genügte ein sogenannter Handbestand, auf den sich die Bewegungen beschränkten.

Hier ging man zunächst dazu über, auf die Trennung und Absendung der zu den unbewegten Beständen gehörenden Dividenden- und Zinsscheine zu verzichten und den Gesellschaften lediglich ihre Nummern mitzuteilen. Die Folge war, daß große Mengen von Wertpapieren nicht nur unbewegt, sondern auch vollkommen unberührt über Jahre hinweg in den Tresorräumen lagerten. Sie hatten keine andere Aufgabe, als für den äußerst seltenen Fall in Bereitschaft zu liegen, daß der Handbestand für die Lieferung effektiver Stücke nicht ausreichte. In Erkenntnis dieser Lage beschritt man neue Wege: man stellte Globalurkunden her und gab sie statt der ihr entsprechenden Menge von Einzelurkunden ins Sammeldepot.

Den Anfang machte die Reichsschuldenverwaltung. An Hand der von ihr in vielen Millionen ausgegebenen und sammeldepotfähig ausgestatteten[20] Reichsschuldverschreibungen zeigte sich in besonders eindrucksvoller Weise, in welchem Maße die Einlieferung der Stücke ins Sammeldepot volkswirtschaftlichen Leerlauf bedeutete: die Stücke wurden lediglich gedruckt, um eine Zeit lang still zu liegen und dann eingestampft zu werden. Die Ausstellung von Globalschuldverschreibungen[21] war das geeignetste Mittel, das sich zur Lösung des Problems anbot.

Der Hinterlegung von Globalschuldverschreibungen folgte schließlich die von Globalindustrieobligationen und Globalaktien. Es war damit ein Weg eingeschlagen, der weitgehende Folgerungen nach sich ziehen sollte.

Die Ausstellung von Globalurkunden wirkte sich vor allem nach zwei Richtungen aus.

Zum einen bedeuten sie eine gewaltige Einsparung an Raum, Zeit, Material und Arbeit. Insbesondere bei Obligationen können dadurch bei einer einzigen Anleihe Hunderte von Millionen Arbeitsgänge ein-

---

[20] Insbesondere durch Einführung der Serienanleihen und der Gruppenauslosung; *Opitz*, a.a.O., S. 512.

[21] Siehe S. 82.

gespart werden[22]. Ähnlich verhält es sich mit der Arbeitsersparnis bei Globalaktien; alle manuellen Vorgänge bei der Wahrnehmung der Aktionärsrechte entfallen fortan. Von besonderer Bedeutung ist hierbei die Raumfrage. „Was sonst Tresore ausfüllt, hat jetzt in einer Aktentasche Platz, und was sonst Hunderte von Zentnern wiegt, sind jetzt nur wenige Gramm[23]".

Demgegenüber stehen keinerlei Nachteile, etwa im Zusammenhang mit Veräußerungen der in Globalaktien zusammengefaßten Einzelaktien. Mit der Ausgestaltung des Sammeldepots zum Girosammeldepot erfolgt die Bewegung der Bestände durch Buchungen, nicht durch Lieferung effektiver Stücke. Infolgedessen spielt die besondere Form der wertpapiermäßigen Grundlage, auf der die Buchung beruht und auf die sich das Bruchteilseigentum erstreckt, keine Rolle. Für den Fall aber, daß der Handbestand zur Lieferung effektiver Stücke nicht ausreichen sollte, kann durch die jederzeit mögliche Auflösung der Globalaktie ein Ausweg gefunden werden.

Die andere Wirkung, die die Einlieferung von Globalaktien nach sich zog, war eine Änderung in den Gepflogenheiten des Emissionsgeschäfts. Während sich bisher die Emittenten um die Belange der Sammelbanken nicht kümmerten, gingen sie nunmehr dazu über, beim Druck der Aktien auch die Interessen der Verwahrungsstellen zu berücksichtigen, insbesondere da sie erkennen mußten, daß ihre eigenen Bestrebungen nach Kosteneinsparungen dadurch nur unterstützt wurden.

Trotz dieser Vorteile hat sich der Gedanke der zur Sammelverwahrung hinterlegten Globalurkunde noch nicht in dem Maße durchgesetzt, wie es in Anbetracht der dadurch erzielbaren Vervollkommnung des Effektengeschäfts wünschenswert erscheint.

Es ist damit aber eine Entwicklung eingeleitet, die den Keim zu einer völligen Umordnung des gesamten Effektenwesens in der Zukunft in sich trägt. Es ist denkbar, daß in einigen Jahrzehnten die verkörperten Effekten aus der Wirtschaft verschwunden sein, zumindest jedoch ihre beherrschende Stellung verloren haben werden. Ihren Platz werden dann die zur Verwahrung in der Wertpapiersammelbank hinterlegten Globalurkunden einnehmen.

Eine solche Umwandlung des Effektenwesens ist von einer einzigen Voraussetzung abhängig: alle Inhaber von Effekten in Sachgutform müssen bereit sein, Girosammeldepotkunden zu werden. Von einer

---

22 Die Einlösung der Zinsscheine, die zu den im Ersten Weltkrieg ausgegebenen Anleihestücken gehörten, erforderten nicht weniger als jährlich 300 bis 400 Millionen von Arbeitsgängen; *Schultzenstein-Dieben,* Reichsanleiherecht, S. 161, bei: *Opitz,* a.a.O., S. 477, 478.

23 *Opitz,* a.a.O., S. 511.

derartigen allgemeinen Bereitschaft sind wir jedoch vorerst weit entfernt. Die Bereitschaft zur Verwahrung der Effekten im Girosammeldepot setzt eine völlige Umwandlung in einem — vor allem von der Rechtswissenschaft beeinflußten — Denken voraus, das seit Jahrtausenden dem körperlichen Gegenstand als sichtbaren Ausdruck von Eigentum und Besitz den Vorzug gibt vor dem Recht als einer nicht wahrnehmbaren Erscheinung in der Welt der Vorstellung.

Den Bestrebungen, die zur Sammelverwahrung hinterlegten Einzelaktien aus Gründen der Vereinfachung gegen Globalaktien auszutauschen, ist bis heute nur zu einem geringen Teil Erfolg beschieden. Auch auf der Stufe der sammelverwahrten Urkunden bildet daher die Einzelaktie die Regel und die Globalaktie die Ausnahme[24].

Als einheitliche Grundidee, auf der die Verbriefung von Aktienrechten auf der Stufe der sammelverwahrten Urkunden beruht, kann somit die herausgestellt werden, aus Rücksicht gegenüber den Wünschen der Wertpapiereigentümer nach Besitz in Sachgutform weiterhin an der Einzelaktie festzuhalten und zur Ausstellung von Globalaktien nur in Ausnahmefällen überzugehen.

2. Die Stufe des Wertrechts

„Wertrechte sind unverbriefte Rechte des Handelsverkehrs, die verbrieften Rechten desselben Leistungsanspruchs gleichstehen."[25] Sie bilden die folgerichtige Weiterentwicklung der Umgestaltung, die das Effektenwesen durch Einführung der Globalurkunden ins Sammeldepot erfahren hat.

Die Globalurkunde im Sammeldepot steht an Stelle einer Vielzahl von Einzelstücken. Sie ist nicht für den Verkehr, sondern allein für die Zwecke der Wertpapiersammelbank bestimmt. Infolgedessen ließ man schon frühzeitig ihrer äußeren Ausstattung sehr oft nicht mehr die Sorgfalt angedeihen, die man auf die Gestaltung der Einzelurkunden zu verwenden pflegt. In dem Maße, in dem ihr Gesamtnennbetrag wuchs, trat der Rechtsträger hinter den verbrieften Rechten an Bedeutung zurück. Die naheliegende Folge war schließlich der Verzicht auf jede Verkörperung. Es entstand das Wertrecht.

Die Wertrechte sind Gegenstand des sogenannten Treuhand- oder Treugiroverkehrs. Man versteht darunter „den dem Sammeldepotverkehr nachgebildeten Giroverkehr in ungedruckten Anlagewerten"[26]. Im Gegensatz zum Geldgiroverkehr beruht er nicht auf rein forderungsrechtlicher Grundlage, auch nicht auf der Grundlage des Eigentums nach Bruchteilen wie beim Girosammeldepotverkehr, sondern auf

[24] Vgl. zu Vorstehendem: *Opitz*, a.a.O., S. 509—513, 622, 623; *Eichhorn*, Handbuch der Wertpapierbereinigung, S. 80.
[25] *Opitz*, a.a.O., S. 426.
[26] *Opitz*, a.a.O., S. 477.

dem Gedanken der Verwaltungstreuhand[27]. Gegenstand der Verwaltungstreuhand ist die Sammelverwaltung der Wertrechte im Gegensatz zur Sammelverwahrung der Wertpapiere.

Der Treuhandgiroverkehr vollzieht sich in der Form des Kuxengiroverkehrs[28], des Jungscheinverkehrs[29], des Schuldbuchgiroverkehrs in den alten Reichsanleihewerten und des Verkehrs in ausländischen Zertifikaten, außerdem seit 1950 in der Form des Verkehrs in Zuteilungsrechten aus Altgirosammeldepot-Anteilen nach dem Wertpapierbereinigungsgesetz (Zuteilungsgiroverkehr) und seit Februar 1954 in der Form des Verkehrs in Aktienrechten der Nachfolgegesellschaften entflochtener Montanunternehmen[30].

„Durch die Verwaltungstreuhand sind die Rechte, die im Treugiroverkehr bewegt werden, verdinglicht, mit der Wirkung, daß für den Treudepotkunden im Falle des Konkurses des Sachverwalters oder des Zwischensammelverwalters oder im Falle der Zwangsvollstreckung gegen diese Kreditinstitute das Treugiroguthaben (Treudepot) ebenso aussonderungs- und widerspruchsfest gestaltet ist, wie dies für den Girosammeldepotkunden in Ansehung des Girosammeldepotguthabens gilt[31].“ Die Festigung dieses erhöhten Depotschutzes[32] erfolgte im Zuge von Sondergesetzgebungen, die auf der Grundlage des § 42 DepotG ergingen. So wurde für die Schuldbuchforderungen die Sammelverwaltungsverordnung[33] vom 5. Januar 1940 und die I. und II. Sammeldepotverordnung[34] vom 31. Dezember 1940 und 18. April 1941 erlassen sowie für Aktien die I. Durchführungsverordnung vom 18. August 1941 zur Dividendenabgabeverordnung vom 12. Juni 1941[35]. Nach dem An-

---

[27] Hierbei wurde bei den Schuldbuchforderungen die Anleihe zu Gunsten der Wertpapiersammelbank im Reichsschuldbuch eingetragen, die Wertpapiersammelbank war Treuhänder für die ihr angeschlossenen Banken, diese Treuhänder für ihre Depotkunden. *Opitz*, a.a.O., S. 479.

[28] Er gehört zum Treuhandgiroverkehr, obwohl er verbriefte Rechte zum Gegenstand hat. Der Grund hierfür liegt darin, daß Kuxscheine zwar Wertpapiere, aber nicht Träger des Anteilrechts sind. *Opitz*, a.a.O., S. 430, 514; *Junge*, Handwörterbuch, Sp. 1489, zählt zu den Wertrechten nur die nicht beurkundeten Kuxe.

[29] Siehe S. 64 u. S. 218.

[30] Vgl.: *Mindner*, a.a.O., S. 348.

[31] *Opitz*, a.a.O., S. 398.

[32] Beim Geldgiroverkehr wird der Kunde im Falle des Konkurses der Bank Konkursgläubiger und ist dann auf die Konkursquote angewiesen; *Opitz*, a.a.O., S. 469.

[33] VO über die Verwaltung und Anschaffung von Reichsschuldbuchforderungen.

[34] VO über die Behandlung von Anleihen des Deutschen Reichs im Bank- und Börsenverkehr.

[35] Die Dividendenabgabeverordnung vom 12. Juni 1941 begrenzte die Gewinnausschüttung während des Krieges im allgemeinen auf 6 %, ermöglichte aber eine Kapitalberichtigung, um das Grundkapital den beschränkten Gewinnausschüttungen anzupassen. Die Dividendenabgabe-VO wurde durch

leihegesetz vom 31. März 1951 gelten die Verordnungen vom 5. Januar und 31. Dezember 1941 sinngemäß auch für die Schuldurkunden der Bundesrepublik sowie für die im Bundesschuldbuch eingetragenen Forderungen[36].

In diesen Sondergesetzen wurden die Wertrechte den Wertpapieren angeglichen und die Grundsätze der für bewegliche Sachen geltenden Vorschriften auf die Wertrechte für anwendbar erklärt. Damit hatte der Kern der Wertrechtslehre seine gesetzliche Verankerung erhalten. Er besteht darin, daß börsenmäßige Anlagewerte — für den Fall, daß sie einem Kreditinstitut zur Sammelverwahrung anvertraut werden — auch dann den Sachenrechten zuzurechnen sind, wenn über diese Rechte eine Wertpapierurkunde nicht ausgestellt ist[37].[38]

Die Folge war, daß der Treugiroverkehr künftig im Girosammelverkehr aufging und die Sammelverwaltung zur Sammelverwahrung[39] wurde.

Zwischen den einzelnen Verwahrungsformen bestehen somit die Zusammenhänge, wie sie auf Seite 181 dargestellt werden.

Mit dem Übergang von der Sammelverwaltung zur Sammelverwahrung ist ein Weg beschritten, der die durch Einführung von Globalurkunden ins Sammeldepotwesen begonnene Entwicklung zu Ende führen wird bis zu dem Punkt, an dem das Papier als Träger des Rechts in seine ursprüngliche Bedeutungslosigkeit zurückfallen und das Recht, losgelöst von allen stofflichen Verbindungen, wieder in reiner Form hervortreten wird. Es wird dann das Effektenwesen eine Entwicklungsstufe erreicht haben, auf der, nach entsprechendem Wandel der allgemeinen Rechtsanschauung, jeder Versinnbildlichung der Rechte entbehrt und damit — unter Umständen auch auf internationaler Ebene — zu einer Abwicklung des Effektenverkehrs übergegangen werden kann, die den modernen Forderungen nach Schnelligkeit, Beweglichkeit und Einfachheit besser entspricht[40].

---

das Gesetz vom 15. Dezember 1952 aufgehoben (*Mindner,* a.a.O., S. 153).

§ 71 der I. DVO vom 18. August 1941 hat folgenden Wortlaut:

„Sind Anteilsrechte von Aktiengesellschaften, die zum amtlichen Handel an einer Wertpapierbörse oder zum Freiverkehr zugelassen sind, zur Sammelverwahrung einer Wertpapiersammelbank anvertraut, so wachsen die zusätzlichen Anteilsrechte dem Sammelbestand der Wertpapiersammelbank zu. Der Anspruch auf Heraufstempelung oder auf Aufsoldung von Zusatzaktien ist ein Teil des Sammelbestandes der Wertpapiersammelbank im Sinne der Vorschriften des Depotgesetzes."

[36] *Opitz,* a.a.O., S. 584, 585. — [37] *Opitz,* a.a.O., S. 458.

[38] Behandlung und teilweise Anerkennung der Wertrechtslehre auch durch den Bundesgerichtshof (BGHZ 5, 27—35), durch das Landgericht Hamburg (Entscheidung vom 22. März 1951) und durch das Kammergericht (Beschluß vom 24. Februar 1953); *Opitz,* a.a.O., S. 584, 585.

[39] Diese Sammelverwahrung ist stückelos! *Opitz,* a.a.O., S. 451, 464, 477.

[40] Vgl. zu Vorstehendem: *Opitz,* a.a.O., S. 401, 429, 431, 445, 469, 470, 481, 514, 516.

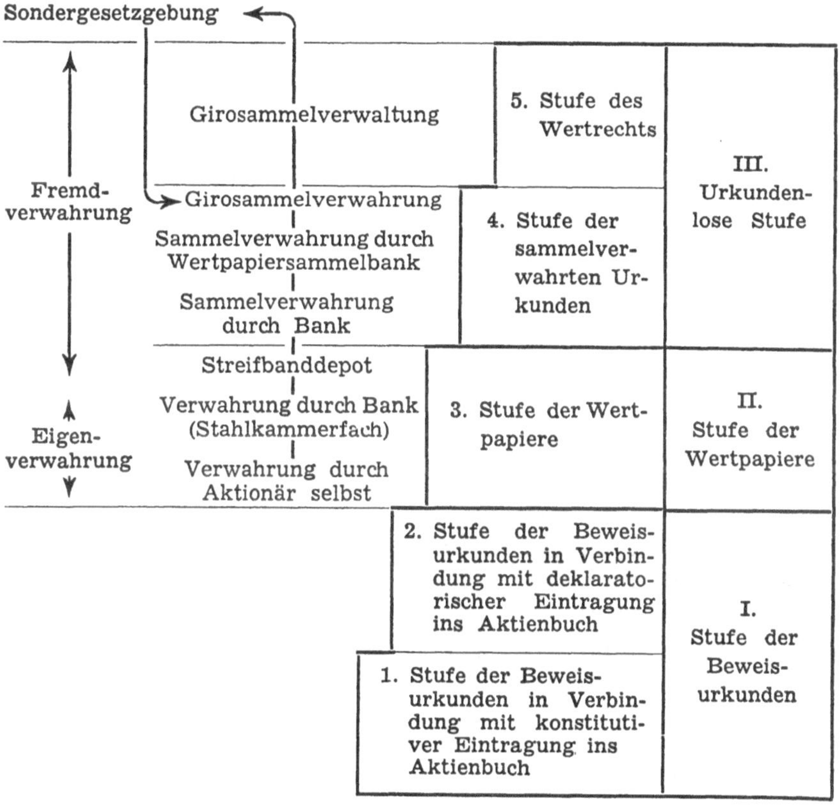

B. Die Verwendung der Globalaktie auf den Entwicklungsstufen des Effektenwesens im einzelnen

Die Bedeutung der Globalaktie und ihr Verhältnis zur Einzelaktie haben im Verlauf der Entwicklung des Effektenwesens eine durchgreifende Wandlung erfahren: während auf der Stufe der Beweisurkunden die Globalurkunde über Aktienrechte die herrschende Aktienform darstellt, bildet sie auf den Stufen der Wertpapiere und der sammelverwahrten Urkunden gegenüber der Einzelaktie die Ausnahme. Sollen auf diesen beiden Stufen Globalaktien zur Anwendung kommen, so bedarf es besonderer Gründe, um von der hier vorherrschenden Einzelverbriefung abzuweichen. Diese besonderen Gründe gilt es im folgenden herauszustellen.

Auf der Stufe der Beweisurkunden werden neben dem angeführten allgemeinen, sich aus den Übertragungsformen ergebenden Anlaß keine weiteren Gründe wirksam, die zur Ausgabe von Globalurkunden Veranlassung geben könnten. Diese Stufe findet daher im folgenden keine weitere Berücksichtigung. Ebenso erübrigt sich infolge des Fehlens von Urkunden eine nochmalige Erörterung der Stufe des Wertrechts.

I. Die Verwendung der Globalaktie auf der Stufe der Wertpapiere

Die Aufgaben, zu deren Erfüllung die Globalaktie auf der Stufe der Wertpapiere eingesetzt werden kann, sind teils allgemeiner, teils besonderer Natur. Zu den *allgemeinen* Aufgaben zählen solche, die aus der spezifischen Eigenart der Aktiengesellschaft, ihrer Zielsetzung und der von ihr angewandten Methode der Kapitalbeschaffung erwachsen, die mithin bei allen Aktiengesellschaften während der gesamten Dauer ihres Bestehens und unabhängig von irgendwelchen äußeren Geschehnissen anfallen können. Die *besonderen* Aufgaben tragen demgegenüber das Merkmal der Einmaligkeit; sie treten im Zusammenhang mit außergewöhnlichen, von außen an die Aktiengesellschaft herangetragenen Ereignissen auf.

Allen diesen Aufgaben gemeinsam ist, daß sie durch Verringerung der Anzahl der bei einer Aktiengesellschaft bestehenden Stücke durchgeführt werden. Die allen allgemeinen und besonderen Aufgaben übergeordnete Hauptaufgabe der Globalaktie ist daher die Verringerung der Stückeanzahl. Die mit Erfüllung der allgemeinen und besonderen Aufgaben verfolgten Zwecke stellen sich dann als Motive zur Durchführung dieser Hauptaufgabe dar.

In Anbetracht dieser Zusammenhänge wird im folgenden zunächst auf die Verwendung der Globalaktie zur Verringerung der Stückeanzahl, im Anschluß daran auf ihre Verwendung zur Erfüllung der allgemeinen und besonderen Aufgaben eingegangen werden.

1. Die Verwendung der Globalaktie zur Erfüllung ihrer Hauptaufgabe, der Verringerung der Stückeanzahl

Durch die Globalverbriefung von Aktienrechten bleibt die Zerlegung des Grundkapitals unverändert erhalten. Die Anzahl der ausgegebenen Stücke dagegen verringert sich. Die Globalverbriefung betrifft infolgedessen nur die Stückelung des Grundkapitals.

Der Grad, in dem die Anzahl der ausgegebenen Stücke durch die Globalverbriefung vermindert wird, ist meßbar. Der Durchführung dieser Messung dient eine Bestimmungsgröße, die für den Zweck der vorliegenden Untersuchung entwickelt wurde. Sie wird im folgenden in einigen Varianten Verwendung finden.

a) Der Mobilisierungskoeffizient Z

aa) Die Charakterisierung des Mobilisierungskoeffizienten Z

Bei der Bestimmungsgröße handelt es sich um eine Kennziffer, die ausdrückt, in welchem Grad das Grundkapital einer Aktiengesellschaft in gleich oder verschieden große Stücke, also Aktien(urkunden), zu dem Zweck aufgeteilt wurde, die Beteiligung Außenstehender zu ermöglichen. Hierbei wird vorausgesetzt, daß über die Bruchteile, in die das Grundkapital zerlegt wird, auch Aktienurkunden ausgegeben werden. Dieser Fall überwiegt in der Praxis durchaus; die Zahl der Fälle, in denen keine Aktien ausgegeben werden, ist so klein, daß sie im Rahmen dieser Arbeit, die sich in erster Linie mit der Aktienurkunde befaßt, und im Interesse der Klarheit der Darstellung außer acht gelassen werden kann[1].

Die Aufteilung des Grundkapitals in einzelne Aktienurkunden soll „Mobilisierung"[2] genannt werden.

Die Begriffe „Mobilisierung" und „Stückelung" decken sich; der eine Begriff stellt aber mehr auf das Verhältnis der Aktiengesellschaft zur Außenwelt, der andere Begriff mehr auf das Innenverhältnis ab. Mit dem Ausdruck „Mobilisierung" verbindet sich mehr die Vorstellung eines Geschehens zu wirtschaftlichen Zwecken, mit dem Ausdruck „Stückelung" mehr die eines rein technischen Vorgangs.

Das Ausmaß der jeweils erreichten Mobilisierung ist der Mobilisierungsgrad.

Je nachdem, ob ein und dasselbe Grundkapital in wenige oder viele Stücke aufgeteilt wird, ist der Grad der Mobilisierung klein oder groß. Hierbei hängt der Grad der Mobilisierung nur von der Anzahl der ausgegebenen oder noch auszugebenden Aktienurkunden ab, nicht von der Zahl der darin verbrieften Anteile; denn nicht die Zerlegung des Grundkapitals in einzelne Anteile, sondern erst die Ausgabe von Urkunden über die einzelnen Anteile ermöglicht die Mobilisierung und dadurch die Beteiligung von Kapitalgebern.

Wird eine Globalurkunde über mehrere Aktienrechte ausgegeben, so ist für die Mobilisierung infolgedessen nur die eine Urkunde von Bedeutung, nicht die Mehrheit von Anteilsrechten.

---

[1] Wollte man auch die Fälle berücksichtigen, in denen keine Aktienurkunden ausgegeben wurden, müßte man statt „Stück" oder „Aktienurkunde" „Anteilsrecht" sagen. Da sich beide Begriffe in der Mehrzahl der Fälle decken, würde sich grundsätzlich nichts ändern. Schwierigkeiten würden aber dann auftreten, wenn Globalaktien mit in den Bereich der Betrachtung gezogen werden. Dann würden die Begriffe „Aktienurkunde" und „Anteilsrecht" auseinanderfallen.

[2] Vgl. hiermit die „Mobilisierung" von Grund und Boden durch die Ausgabe von Hypothekenbriefen.

Es handelt sich also, mit anderen Worten, bei der Bestimmungsgröße um eine Kennziffer, die den Mobilisierungsgrad des Grundkapitals ausdrückt. Diese Kennziffer soll „Mobilisierungskoeffizient Z" genannt werden.

bb) Die Ableitung des Mobilisierungskoeffizienten

Der Ermittlung des Mobilisierungskoeffizienten liegt folgende Überlegung zugrunde:

Es sollen zwei Aktiengesellschaften A und B hinsichtlich der Stückelung ihres Grundkapitals miteinander verglichen werden. Das Grundkapital von A betrage DM 100 000,—, das von B DM 15 000 000,—. Zerlegen beide Gesellschaften ihr Grundkapital in der Anzahl nach absolut gleiche und innerhalb jeder Gesellschaft auch untereinander gleich große Anteile und geben sie über diese Anteile Aktienurkunden aus, dann ist die Anzahl der von beiden Gesellschaften ausgegebenen Aktien dieselbe, der Nennbetrag der von der Gesellschaft A ausgegebenen Aktien jedoch kleiner als der Nennbetrag der von der Gesellschaft B ausgegebenen. Zerlegen beide Gesellschaften ihr Grundkapital in z. B. 10 000 untereinander gleich große Anteile, dann muß die Gesellschaft A Aktien zu DM 100,—, die Gesellschaft B Aktien zu DM 1500,— ausgeben. Von beiden Gesellschaften kann man feststellen, daß sie zwar die gleiche Anzahl von Aktien ausgegeben, daß sie aber ihr Grundkapital nicht in gleicher Weise zerlegt und durch die Ausgabe von Aktien beweglich oder verkehrsfähig gemacht haben; der Grad der Mobilisierung ist bei beiden Gesellschaften verschieden groß. Nimmt man der herrschenden Rechtslage entsprechend eine Aktie von DM 100,— als den kleinsten Teil an, in den ein Grundkapital gestückelt werden kann, dann hat die Gesellschaft A das größtmögliche Maß an Mobilisierung ihres Grundkapitals erreicht. Anders verhält es sich mit der Gesellschaft B. Sie hat hinsichtlich der überhaupt möglichen, der Totalmobilisierung ihres Grundkapitals noch einen verhältnismäßig weiten Spielraum. Dieser Spielraum wird um so mehr verkleinert, je mehr Aktien sie bei gleichzeitiger Verminderung der Nennbeträge ausgibt. So kann sie statt 10 000 Aktien zu DM 1500,— 15 000 Aktien zu DM 1000,— oder 30 000 Aktien zu DM 500,— ausgeben usw. Den höchsten Mobilisierungsgrad wird sie schließlich erreicht haben, wenn sie 150 000 Aktien zu DM 100,— ausgibt. Hat die Gesellschaft B diesen Zustand erreicht, dann ergibt ein Vergleich mit der Gesellschaft A: Beide Gesellschaften haben eine verschieden große Anzahl von Aktien ausgegeben, beide haben aber ihr Grundkapital in einem gleich hohen Grade mobilisiert.

Zwei Aktiengesellschaften können also hinsichtlich der Stückelung ihrer Aktien auf zweifache Weise miteinander verglichen werden: zum einen hinsichtlich der Anzahl der ausgegebenen Aktien und zum anderen hinsichtlich des Grades, in dem sie ihr Grundkapital mobilisiert und somit verkehrsfähig gemacht haben.

Der Vergleich hinsichtlich der Aktienanzahl ist von geringem Aussagewert. Er bezieht sich nur auf die Anzahl der ausgegebenen Aktien, also auf absolute Zahlenwerte; die Höhe des Grundkapitals, als dessen einzelne Anteile die Aktien sich darstellen, läßt er außer Betracht. Er ermöglicht lediglich die Aussage, daß die eine Aktiengesellschaft mehr, gleich viel oder weniger Aktien aufweist als eine andere. Damit ist nur mittelbar eine Beziehung zwischen den Aktiengesellschaften hergestellt. Die Ausrichtung auf eine absolute, dritte Größe fehlt. Es können jeweils nur Relationen, keine absoluten Maße festgestellt werden. Die Einordnung der Aktiengesellschaften in ein System, das die Stückelung ihres Grundkapitals zum Ausdruck bringen soll, würde somit ergeben, daß eine Aktiengesellschaft mit einer größeren Anzahl von Aktien jeweils vor einer Aktiengesellschaft mit einer geringeren Anzahl von Aktien steht. Wenn sowohl Gesellschaft A als auch Gesellschaft B nur Aktien über DM 100,— ausgeben, würde Gesellschaft B vor Gesellschaft A eingeordnet werden müssen. Die Einordnung würde in dieser Weise vollzogen werden, obwohl Gesellschaft B, im Grunde genommen, nichts anderes verwirklicht hat als Gesellschaft A: die Stückelung des Grundkapitals in soviel Aktien, wie rechtlich überhaupt nur möglich ist.

Ein Vergleich, der unter dem Gesichtspunkt stattfindet, wie weit von der Möglichkeit zur Mobilisierung des Grundkapitals Gebrauch gemacht worden ist, ist der Vergleich hinsichtlich des Mobilisierungsgrades. Indem er das Verhältnis zwischen der Größe des Grundkapitals und der Aufteilung dieses Grundkapitals in Aktien betrachtet, ermöglicht er es, eine unmittelbare und von der Größe des jeweiligen Grundkapitals unabhängige Beziehung zwischen den Aktiengesellschaften herzustellen. Die Aktiengesellschaften werden hinsichtlich ihres Grundkapitals und seiner Stückelung unmittelbar in bezug auf eine absolute, dritte Größe vergleichbar gemacht. Dieser Vergleich erfolgt mit Hilfe des Mobilisierungskoeffizienten. Hierin liegt seine Bedeutung.

Bei der Bildung des Mobilisierungskoeffizienten wird in der Weise verfahren, daß Gesellschaften, die den gleichen Mobilisierungsgrad erreicht haben, der gleiche Wert zugeordnet wird. Den gleichen Mobilisierungsgrad haben zwei Gesellschaften dann erreicht, wenn sie ihr Grundkapital in gleicher Weise in Stücke aufgeteilt, wenn sie also Aktien des gleichen Nennbetrages ausgegeben haben. So würde die Gesellschaft A mit 10 000 Aktien zu DM 100,— den gleichen Wert zugeordnet erhalten wie die Gesellschaft B, die 150 000 Aktien zu

DM 100,— ausgegeben hat. Gleiche Mobilisierungsgrade erhalten den gleichen Wert, ungleiche Mobilisierungsgrade ungleiche Werte zugeteilt. So ergibt sich eine bestimmte Stufenfolge der Mobilisierungsgrade.

Zweck eines Vergleiches ist die Bewertung. Bewertung erfordert — soll sie sich nicht im Relativen erschöpfen — Maßstäbe. Ein solcher Maßstab kann im vorliegenden Fall dadurch gefunden werden, daß man dem höchsten Mobilisierungsgrad eine bestimmte Ziffer, den jeweils niedrigeren Mobilisierungsgraden eine verhältnismäßig niedrigere Ziffer zuordnet. Die Ziffer, die den höchsten Mobilisierungsgrad ausdrückt, soll 100 sein. Sie ist zugleich die absolute, dritte Größe, in bezug auf die der Vergleich der Aktiengesellschaften miteinander erfolgen soll.

Der höchste Mobilisierungsgrad ist dann erreicht, wenn das Grundkapital in Aktien zu DM 100,— aufgeteilt wurde; dann ist das Grundkapital in so viele Aktien gestückelt, wie grundsätzlich von Gesetzes wegen überhaupt nur möglich ist. Es besteht also die Beziehung:

$$\frac{\text{Grundkapital in DM}}{\text{DM 100,—}} = \text{höchster Mobilisierungsgrad.}$$

Da die Ziffer, die dem höchsten Mobilisierungsgrad zugeordnet werden soll, 100 ist, folgt daraus die Beziehung:

$$\frac{\text{Grundkapital in DM}}{\text{DM 100,—}} = \text{höchster Mobilisierungsgrad} = 100.$$

Der Bruch $\frac{\text{Grundkapital in DM}}{\text{DM 100,—}}$ zeigt in seinem Zähler einen in Deutschen Mark ausgedrückten Grundkapital-Betrag und in seinem Nenner den Aktiennennbetrag von DM 100,—. Der Quotient des Bruches ergibt dann die A n z a h l der Stücke, die man erhält, wenn man das Grundkapital in Aktien zu DM 100,— zerlegt. Man gelangt infolgedessen zu folgender Beziehung:

$$\frac{\text{Grundkapital in DM}}{\text{DM 100,—}} = \begin{array}{c}\text{Anzahl der Stücke bei}\\ \text{Zerlegung des Grund-}\\ \text{kapitals in Aktien zu}\\ \text{DM 100,—}\end{array} = \begin{array}{c}\text{höchster}\\ \text{Mobilisie-}\\ \text{rungsgrad}\end{array} = 100$$

oder, in Worten:

Die Anzahl der Stücke, die sich bei Zerlegung des Grundkapitals in Aktien zu DM 100,— ergibt, wird gleich 100 gesetzt.

Hieraus folgt, daß Aktiengesellschaften, die nicht nur Aktien zu DM 100,—, sondern auch oder nur solche von DM 1000,— oder anderen Beträgen ausgeben, einen geringeren Mobilisierungsgrad haben. Um nun festzustellen, wie weit die tatsächlich erfolgte Mobilisierung von der größtmöglichen Mobilisierung abweicht, muß man die Anzahl der Aktien, in die das Grundkapital der zu untersuchenden Gesellschaft tatsächlich aufgeteilt ist, in Beziehung setzen zu der Anzahl der Stücke, die man bei Zerlegung dieses Grundkapitals in Aktien zu DM 100,— erhalten würde:

$$\text{Anzahl der Stücke bei Zerlegung des Grundkapitals in Aktien zu DM 100,—} : 100 = \text{Anzahl der tatsächlich vorhandenen Stücke} : Z,$$

oder, was dasselbe bedeutet:

$$\frac{\text{Grundkapital in DM}}{\text{DM 100,—}} : 100 = \text{Anzahl der tatsächlich vorhandenen Stücke} : Z.$$

Man erhält den Mobilisierungskoeffizienten Z:

$$Z = \frac{100 \cdot \text{DM 100,—} \cdot \text{Anzahl der tatsächlich vorhandenen Stücke}}{\text{Grundkapital in DM}}.$$

Hieraus wird:

$$Z = \frac{100 \cdot 100 \cdot \text{Anzahl der tatsächlich vorhandenen Stücke}}{\text{Grundkapital}}$$

oder:

$$Z = \frac{\text{Anzahl der tatsächlich vorhandenen Stücke}}{\frac{\text{Grundkapital}}{10\,000}}$$

cc) Die Anwendung des Mobilisierungskoeffizienten

Man erhält unter Benutzung der vorliegenden Gleichung folgende Werte:

Wenn eine Aktiengesellschaft nur Aktien über die folgenden Nennbeträge ausgibt:	dann beträgt der Mobilisierungskoeffizient Z:
100,— DM	100
200,— DM	50
300,— DM	33,33
400,— DM	25
500,— DM	20
1 000,— DM	10
10 000,— DM	1
100 000,— DM	0,1

Die eigentliche Bedeutung des Koeffizienten liegt aber in seiner Fähigkeit, solche Verhältnisse durchsichtig zu machen, in denen nicht nur Aktien einheitlicher, sondern verschiedener Nennbeträge ausgegeben werden. Folgendes Beispiel möge das erläutern:

Grundkapital:	DM 1 000 000,—	DM 680 000,—
Stückelung:	1. 990 Aktien zu DM 1000,— 100 Aktien zu DM 100,— Z = 10,9	1. 673 Aktien zu DM 1000,— 70 Aktien zu DM 100,— Z ≈ 10,9 (= 10,92)
	2. 70 Aktien zu DM 9000,— 500 Aktien zu DM 500,— 600 Aktien zu DM 200,— Z = 11,7	2. 95 Aktien zu DM 2000,— 300 Aktien zu DM 1500,— 400 Aktien zu DM 100,— Z ≈ 11,7 (= 11,69)
	3. 400 Aktien zu DM 1000,— 6000 Aktien zu DM 100,— Z = 64	3. 272 Aktien zu DM 1000,— 4080 Aktien zu DM 100,— Z = 64

Es zeigt sich, daß der Mobilisierungsgrad der beiden Gesellschaften dieses Beispieles auf jeder Stufe gleich groß ist. Den gleich großen Mobilisierungsgrad haben zwei Gesellschaften dann erreicht, so wurde definiert, wenn sie Aktien desselben Nennbetrages ausgegeben haben. Haben sie, wie in den Beispielsfällen, Aktien unterschiedlicher Nennbeträge ausgegeben, dann können diese Aktien durch eine bestimmte Anzahl von Aktien einheitlicher Nennbeträge ersetzt werden. Übereinstimmen müssen dann bei beiden Gesellschaften die Nennbeträge dieser ersatzweise zu denkenden Aktien. Die Definition ist also dahingehend zu erweitern, daß zwei Gesellschaften dann den gleich großen Mobilisierungsgrad erreicht haben, wenn bei Ausgabe gleich hoher Aktien die ausgegebenen, bei Ausgabe unterschiedlich hoher Aktien die an ihrer Stelle ersatzweise zu denkenden einheitlichen Aktien denselben Nennbetrag aufweisen. So könnte man sich im dritten Falle des Beispiels bei beiden Gesellschaften, ohne Rücksicht auf die praktische Durchführbarkeit, die unterschiedlich hohen Aktien durch einheitliche Aktien über DM 156,25 ersetzt denken; die Gesellschaft mit dem größeren Grundkapital müßte dann 6400, die Gesellschaft mit dem kleineren Grundkapital 4352 Stück Aktien ausgeben.

Außerdem zeigt das Beispiel, daß der Mobilisierungsgrad der beiden Gesellschaften von Stufe zu Stufe größer wird; das heißt: die beiden Gesellschaften nähern sich von Stufe zu Stufe immer mehr der größtmöglichen Mobilisierung ihres Grundkapitals.

Wenn bisher davon ausgegangen wurde, daß der größtmögliche Mobilisierungsgrad bei der Ausgabe von Aktien zu DM 100,— erreicht ist, so wurde damit auf die heute herrschende Rechtslage abgestellt. Bei diesem Grad der Mobilisierung ist Z = 100. Da aber in besonderen

Fällen auch die Ausgabe von Aktien über geringere Nennbeträge zulässig ist, leuchtet es ein, daß der Koeffizient Z auch Werte annehmen kann, die über 100 liegen. So ist zum Beispiel bei der alleinigen Ausgabe von Aktien zu DM 20,— Z = 500.

dd) Die allgemeine Form des Mobilisierungskoeffizienten

In der bisherigen Darstellung wurde die Gleichung für den Koeffizienten Z auf den größtmöglichen Mobilisierungsgrad abgestellt. Damit wurde gleichzeitig einer bestimmten Forderung Rechnung getragen, der Forderung nämlich, daß die Aktiengesellschaft weit verstreute Kapitalien auch kleineren Umfangs sammeln und an sich ziehen soll. Für diesen Zweck ist die Aufteilung des Grundkapitals in Stücke zu DM 100,— innerhalb der gesetzlichen Möglichkeiten die günstigste, die optimale. Ebensogut kann man aber auch die Aufgabe einer Aktiengesellschaft darin sehen, nur Beträge in einer solchen Höhe an sich zu ziehen, daß die Masse der kleinen Sparer vom Aktienerwerb abgehalten wird[3]. Dann könnte man als den optimalen Nennbetrag etwa DM 1000,— ansehen. Stellt man auf eine derart optimale Stückelung des Grundkapitals ab, dann kann man die Gleichung für Z in folgender Weise verallgemeinern:

$$Z = \frac{100 \cdot \begin{array}{c}\text{optimaler Aktien-}\\ \text{nennbetrag}\end{array} \cdot \begin{array}{c}\text{Anzahl der tatsächlich}\\ \text{vorhandenen Stücke}\end{array}}{\text{Grundkapital}}$$

In diesem Fall wird dann d i e Anzahl der Stücke gleich 100 gesetzt, die man erhält, wenn man das Grundkapital in Stücke zu dem jeweils für optimal gehaltenen Aktiennennbetrag zerlegt. Im folgenden soll als „optimaler Aktiennennbetrag" weiterhin der Betrag von DM 100,— gelten.

ee) Schlußfolgerungen hinsichtlich der Mobilisierungskoeffizienten der Global-Aktiengesellschaften

Es ergibt sich abschließend folgendes: Gesellschaften, die einen hohen Mobilisierungsgrad erreichen wollen, müssen viele Aktien mit kleinen Nennbeträgen ausgeben. Gesellschaften, die einen geringeren Mobilisierungsgrad anstreben, werden im Verhältnis dazu weniger Aktien mit höheren Nennbeträgen ausstellen.

Für Gesellschaften mit Globalaktien gilt, daß sie mehrere Anteile in einer Urkunde vereinigt haben, also statt mehrerer einzelner Aktien

---

[3] Diese Auffassung vertrat das Aktiengesetz bis zum D-Markbilanzgesetz vom 21. August 1949, das den bis dahin geltenden Mindestnennbetrag der Aktien von RM 1000,— auf DM 100,— herabsetzte.

Vgl. hierzu auch: *Hax*, Aufgaben und Bedeutung der Aktiengesellschaft, in: ZfHF, 1950, S. 240 ff.

mit geringen Nennbeträgen eine Globalaktie mit einem entsprechend höheren Nennbetrag ausgeben. Das läßt den Schluß zu, daß die Global-Aktiengesellschaften im allgemeinen einen im Verhältnis zu den Einzel-Aktiengesellschaften sehr niedrigen Mobilisierungsgrad aufweisen.

Es wird sich im folgenden herausstellen, daß die Schlußfolgerung in dieser verallgemeinernden Form nicht gerechtfertigt ist und mit den tatsächlichen Verhältnissen nicht im Einklang steht[4].

b) Das Ausmaß der Verringerung der Stückeanzahl bei den Global-Aktiengesellschaften

aa) Die vier Mobilisierungskoeffizienten

Um festzustellen, in welchem Umfang bei den Global-Aktiengesellschaften die Anzahl der ausgegebenen Stücke verringert und damit ihr Mobilisierungsgrad kleiner wurde, wurden für jede Global-Aktiengesellschaft mit Globalaktien vier verschiedene Mobilisierungskoeffizienten bestimmt: Z_t, Z_E, Z_o und Z_{43}.

Z_t ($= Z_{\text{tatsächlich}}$) ist der Mobilisierungskoeffizient, den die Global-Aktiengesellschaften (im Jahre 1955/56) tatsächlich aufweisen, also unter Zugrundelegung der ausgegebenen Einzel- und Globalaktien.

Z_E ($= Z_{\text{Einzelaktien}}$) ist der Mobilisierungskoeffizient, den die Global-Aktiengesellschaften aufweisen würden, wenn sie nur Einzelaktien ausgegeben hätten.

Z_o ($= Z_{\text{optimal}}$) ist der Mobilisierungskoeffizient, den die Global-Aktiengesellschaften aufweisen würden, wenn sie nur eine einzige Globalaktie ausgegeben, wenn sie also ihr gesamtes Grundkapital in einer einzigen Urkunde verbrieft hätten. Vom Standpunkt der Globalverbriefung aus wäre eine solche Verbriefung optimal zu nennen.

Z_{43} ($= Z_{t\text{ für das Jahr 1942/1943}}$) ist der Mobilisierungskoeffizient, den die Global-Aktiengesellschaften im Jahre 1942/43 tatsächlich aufwiesen; es handelt sich also um ihr Z_t für das Jahr 1942/43.
Mit Hilfe dieses Koeffizienten soll ein Vergleich mit der Zeit ermöglicht werden, in der die Gesellschaften ein auf Reichsmark gestelltes Grundkapital hatten. Das Jahr 1942/43 wurde gewählt, weil es als das letzte Jahr mit annähernd normalen Verhältnissen vor dem Zusammenbruch Deutschlands angesehen werden kann.[5]

Eine Zusammenstellung der vier Mobilisierungskoeffizienten für jede einzelne Global-Aktiengesellschaft mit Globalaktien gibt Tabelle 14 auf Seite 191 wieder. Die Ordnungsnummern beziehen sich auf die in Tabelle 6 auf Seite 131 bis 136 aufgeführten Gesellschaften.

---

[4] Vgl. S. 192 ff.

[5] Quelle: Handbuch der Deutschen Aktiengesellschaften, 1943.

Tabelle 14: **Die vier Mobilisierungskoeffizienten der Global-Aktiengesellschaften mit Globalaktien**

Ord. Nr.	Z_t	Z_E	Z_0	Z_{43}	Ord. Nr.	Z_t	Z_E	Z_0	Z_{43}
1	0,00004	100	0,00004	—	39	7,61	51,8	0,0026	15,6
2	0,0002	10	0,0001	10	40	9,25	11,12	0,00083	10,67
3	0,00033	10	0,000083	—	41	9,61	100	0,000032	—
4	0,0004	10	0,0002	10	42	10,01	16,77	0,0001	10
5	0,0004	100	0,0002	—	43	10,27	100	0,0001	10,13
6	0,00048	100	0,00048	10	44	10,35	100	0,000096	—
7	0,0017	20,71	0,00023	8,33	45	10,35	100	0,000096	—
8	0,002	10	0,002	14,3	46	11,12	100	0,012	1,01
9	0,0021	10	0,00051	10	47	11,84	100	0,000078	16,4
10	0,0022	0,022	0,0022	10	48	12,3	100	0,00026	—
11	0,0025	10	0,0012	10	49	12,4	20	0,2	20
12	0,0036	0,65	0,0004	4,26	50	13,33	100	0,000037	—
13	0,005	10	0,001	0,005	51	14,3	100	0,000095	—
14	0,0056	10	0,0027	9,03	52	14,45	22,31	0,0006	14,45
15	0,0111	10	0,0027	10	53	14,61	16,92	0,0076	16,92
16	0,0117	10	0,0016	5,001	54	15,7	100	0,000054	10
17	0,016	10	0,0083	10	55	15,8	16	0,00061	49,2
18	0,017	13,2	0,0013	0,052	56	19,9	25	0,012	10
19	0,03	0,55	0,01	20,8	57	21,3	100	0,000048	—
20	0,098	10,0003	0,00015	10,7	58	22	100	0,00011	—
21	0,1	10	0,012	50	59	22	100	0,00022	—
22	0,1	10	0,014	10	60	28,25	100	0,00024	10
23	0,14	10,5	0,01	20	61	28,26	100	0,00014	—
24	0,18	100	0,18	100	62	29,5	100,08	0,000098	13,7
25	0,68	10,27	0,001	10,9	63	29,6	100	0,00014	—
26	0,96	2,85	0,0005	10,02	64	30,5	100	0,0022	30,5
27	1,1	15,9	0,00016	10,56	65	32,72	100	0,00025	—
28	1,54	92,36	0,0018	16	66	37,49	100	0,00018	—
29	1,65	34,35	0,0013	25,84	67	38,9	100	0,00021	—
30	3,16	11,8	0,002	10	68	41,3	100	0,00021	—
31	3,19	11,5	0,0033	10,02	69	41,3	100	0,00024	—
32	3,45	10	0,0028	10	70	42,6	100	0,00029	—
33	4,84	11,5	0,0016	4,84	71	45,66	100	0,00048	—
34	5,17	14,3	0,001	14,3	72	50	100	0,00037	—
35	5,79	14,46	0,00095	3,76	73	50,71	100	0,000087	—
36	6,03	15,46	0,003	32,57	74	62,73	63,4	0,000066	9,1
37	7,23	100	0,000025	—	75	64,8	100	0,00097	—
38	7,34	10	0,0066	7,34					

Anmerkungen zur Tabelle 14:

1. Z_{43} für Gesellschaft Nr. 47 (Harpener Bergbau AG) wurde aus den Angaben des Handbuchs der deutschen Aktiengesellschaften, Jahrgang 1942, für das Jahr 1941/42 geschätzt.

2. Für Gesellschaft Nr. 54 (Dortmund-Hörder Hüttenunion AG) wurde Z_{43} ermittelt, obwohl sie aus der Entflechtung hervorgegangen ist. Durch die Entflechtung wurde aber der Zustand wieder hergestellt, der 1943 bestanden hatte. Im Jahre 1943 bestand die Betriebsgesellschaft Dortmund-Hörder Hüttenverein AG. Sie wurde 1947 durch die Alliierten geteilt, 1951 im Zuge der Entflechtung wieder zusammengefügt (Handbuch, S. 6958).

bb) Die Schlußfolgerungen aus den vier Mobilisierungskoeffizienten

1. Nach der Höhe des Mobilisierungskoeffizienten Z_t kann man typische und atypische Global-Aktiengesellschaften unterscheiden. Zu den typischen gehören die Gesellschaften mit besonders niedrigem, zu den atypischen die Gesellschaften mit höherem Mobilisierungsgrad.

Die typischen Global-Aktiengesellschaften haben eine verhältnismäßig sehr starke Verringerung der Stückeanzahl durchgeführt.

Die atypischen Global-Aktiengesellschaften haben die Stückeanzahl, die sie der Zerlegung ihres Grundkapitals entsprechend aufweisen könnten, zwar verringert, jedoch in einer solchen Weise, daß hinsichtlich der Stückelung im Endergebnis kein Unterschied zwischen ihnen und den typischen Einzel-Aktiengesellschaften besteht. Hierbei soll eine Einzel-Aktiengesellschaft dann als typisch angesehen werden, wenn sie ihr Grundkapital in Normalaktien von Nennbeträgen bis zu einer bestimmten Höhe gestückelt hat; der noch als typisch für Einzel-Aktiengesellschaften anzusprechende Grad der Stückelung muß durch eine Untersuchung über die tatsächlichen Gegebenheiten empirisch ermittelt werden.

Der Mobilisierungsgrad einer atypischen Global-Aktiengesellschaft unterscheidet sich von dem einer typischen Einzel-Aktiengesellschaft nicht. Trotz der Globalverbriefung haben die atypischen Global-Aktiengesellschaften also ihr Grundkapital nicht weniger stark gestückelt als die typischen Einzel-Aktiengesellschaften.

Um zu erkennen, welche Mobilisierungsgrade als besonders niedrig angesehen werden müssen und welche Einzel-Aktiengesellschaften noch als typisch angesehen werden können, wurden zum Vergleich 400 Einzel-Aktiengesellschaften[6] auf ihren Mobilisierungskoeffizienten hin untersucht.

Von den 400 Gesellschaften[7] hatten	einen Mobilisierungskoeffizienten von
9 Gesellschaften	unter 1— 1
9 Gesellschaften	über 1— 5
116[8] Gesellschaften	über 5—10
63 Gesellschaften	über 10—15
59 Gesellschaften	über 15—20
32 Gesellschaften	über 20—25
15 Gesellschaften	über 25—30
11 Gesellschaften	über 30—35
8 Gesellschaften	über 35—40
3 Gesellschaften	über 40—45
13 Gesellschaften	über 45—50
8 Gesellschaften	über 50—75
0 Gesellschaften	über 75— unter 100
31 Gesellschaften	100.

[6] Quelle: 1. Band des Handbuchs der deutschen Aktiengesellschaften, 1956.

[7] 23 atypische Einzel-Aktiengesellschaften, die eine große Zahl von Kleinaktien aufweisen, wurden aus der Aufstellung herausgelassen.

[8] Davon ist bei 100 Gesellschaften Z = über 9—10.

Die Zusammenstellung läßt erkennen, daß der Koeffizient in einer zwischen über 5 und 10 liegenden Höhe am häufigsten vorkommt und daß dann ein allmählicher Abfall eintritt, mit einem leichten Anstieg bei einem Koeffizienten von über 45 bis 50 und einem stärkeren Anstieg bei dem Koeffizienten 100.

Hieraus ergibt sich, daß bereits ein über 5 liegender Koeffizient als normal, als typisch für Einzel-Aktiengesellschaften angesehen werden muß. Deshalb können Global-Aktiengesellschaften mit einem Koeffizienten über 5 nicht mehr als typische Global-Aktiengesellschaften angesehen werden.

Verfeinert man die Einteilung der Global-Aktiengesellschaften, so kann man vier Klassen bilden, von denen die 1. die typischen und die 4. die atypischen Global-Aktiengesellschaften, die 2. und 3. Klasse Übergangsformen enthalten. Die 1. Klasse umfaßt die Mobilisierungskoeffizienten bis 1, die 2. die von über 1 bis 5, die 3. die von über 5 bis 10 und die 4. die über 10.

Es gehören an:

der Klasse 1	26	Gesellschaften =	34,7 %
der Klasse 2	7	Gesellschaften =	9,3 %
der Klasse 3	8	Gesellschaften =	10,7 %
der Klasse 4	34	Gesellschaften =	45,3 %.

Man gelangt somit zu dem Ergebnis, daß durch die Globalverbriefung zwar eine Verringerung der Stückeanzahl erzielt wird. Nur bei rund 35 % aller Global-Aktiengesellschaften ist das Ausmaß der Verringerung jedoch so groß, daß ein bemerkenswerter Unterschied zu der Stückelung der Einzel-Aktiengesellschaften besteht. 56 % der Global-Aktiengesellschaften (Klasse 3 und Klasse 4) weisen vielmehr trotz der Globalverbriefung einen Grad der Stückelung auf, wie ihn auch typische Einzel-Aktiengesellschaften zeigen.

2. Bei der Unterscheidung von typischen und atypischen Global-Aktiengesellschaften wurde der gegenwärtig bei ihnen bestehende Mobilisierungskoeffizient und damit das Ergebnis der bei ihnen durchgeführten Zusammenfassung von Aktien im Zuge der Globalverbriefung berücksichtigt. Stellt man nicht nur auf das Ergebnis der Globalverbriefung, sondern auch auf die Art und Weise ab, in der dieses Ergebnis erzielt wurde, so gelangt man zu einer zweiten Möglichkeit, die Global-Aktiengesellschaften aufzugliedern.

Jede Global-Aktiengesellschaft erreicht das ihr zugehörige Z_t dadurch, daß sie einige oder alle von den Stücken zusammenfaßt, über die sie ohne Globalverbriefung verfügen würde. Hätte sie keine Globalverbriefung durchgeführt, wäre bei ihr $Z_t = Z_E$. Aus dieser Gleichung wird infolge der Globalverbriefung die Ungleichung $Z_t \neq Z_E$. Die Differenz $Z_E - Z_t$ zeigt an, in welchem Grad die Aktien der Gesellschaft zusammengefaßt wurden, sie gibt den Erfolg, den Effekt der Globalverbriefung an. Sie ist ein absoluter Wert. Sollen die den einzelnen Gesellschaften zugehörigen absoluten Werte miteinander verglichen werden, müssen sie zu ihrem Minuenden, dem Z_E, in Beziehung gesetzt werden: $\frac{(Z_E - Z_t) \cdot 100}{Z_E}$. Die so für die einzelnen Gesellschaften gewonnenen relativen Werte geben an, um wieviel Prozent Z_E durch die Globalverbriefung vermindert wurde, um zu Z_t zu werden. Es ist damit zugleich eine Aussage darüber gemacht, um wieviel Prozent der Aktienbestand der betreffenden Gesellschaft durch die Globalverbriefung vermindert wurde[9].

Die Größe der prozentualen Verminderung gibt den Grad des Globalverbriefungseffektes an. Niedrige Werte bedeuten einen schwachen, hohe Werte einen starken Globalverbriefungseffekt. Entsprechend kann man zwischen Gesellschaften mit starkem und Gesellschaften mit schwachem Globalverbriefungseffekt unterscheiden.

Unter dem Gesichtspunkt des Globalverbriefungseffektes kann man sechs Klassen bilden, von denen die 1. Klasse die Gesellschaften mit schwachem und die 6. Klasse die Gesellschaften mit starkem Globalverbriefungseffekt, die 2. bis 5. Klasse Übergangsformen umfassen:

Klassen-Nr.	Prozentuale Verminderung des Aktienbestandes bzw. prozentuale Verminderung von Z_E	Anzahl der Gesellschaften absolut	Anzahl der Gesellschaften in % von der Gesamtanzahl der Global-Aktiengesellschaften
1	bis 5	2	2,7
2	über 5—25	3	4,0
3	über 25—45	5	6,7
4	über 45—65	13	17,3
5	über 65—85	13	17,3
6	über 85	39	52,0

Von den 39 Gesellschaften der Klasse 6 weisen 24 Gesellschaften (= 32 %) eine Verminderung von über 95 % auf.

[9] Z. B.: Gesellschaft Nr. 56.
a) Die Verminderung von Z_E beträgt:
$$\frac{(25 - 19{,}884) \cdot 100}{25} = 20{,}46\,\%.$$
b) Die Gesellschaft hätte ohne Globalverbriefung 1950 Einzelaktien ausgegeben; sie hat tatsächlich 1551 Aktien ausgegeben.
Die Verminderung des Aktienbestandes beträgt:
$$\frac{(1950 - 1551) \cdot 100}{1950} = 20{,}46\,\%.$$

Als Ergebnis kann man feststellen, daß über die Hälfte der Global-Aktiengesellschaften (Klasse 6) ihre Aktien mit Hilfe der Globalverbriefung sehr stark zusammengefaßt haben. Zieht man die ersten und die letzten drei Klassen zusammen, so ergibt sich ein eindeutiges Übergewicht der Global-Aktiengesellschaften mit starkem Globalverbriefungseffekt (= 86,6 %) gegenüber den Gesellschaften mit schwachem Effekt.

3. Für jede Gesellschaft bestehen hinsichtlich der Verbriefung ihrer Aktien grundsätzlich zwei Möglichkeiten: sie kann jede Aktie für sich und sie kann alle Aktien in einer einzigen Urkunde verbriefen. In dem einen Falle hat sie den Mobilisierungsgrad Z_E, im anderen den Mobilisierungsgrad Z_0 erreicht. Zwischen Z_E und Z_0 liegt der Bereich der durch Z_t, nunmehr besser durch Z_G (= $Z_{Globalaktien}$)[10] ausgedrückten Mobilisierungsgrade.

Hierbei gibt Z_E den Mobilisierungsgrad an, den die Gesellschaft bei einer der gegebenen Zerlegung des Grundkapitals entsprechenden Verbriefung aufweist. Das Ausmaß der Zerlegung ist innerhalb eines bestimmten Bereiches veränderlich. Dieser Bereich wird abgegrenzt nach der einen Seite durch Zerlegung in Aktien zu DM 100,—, nach der anderen Seite — rein theoretisch — durch Bildung einer einzigen Aktie in der Höhe des Grundkapitals. Werden die in dieser Weise gewonnenen Aktien verbrieft, so ist der Mobilisierungsgrad in dem einen Falle gleich 100, in dem anderen Falle gleich Z_0[11] oder, zur besseren Unterscheidung von Z_0 bei Verbriefung aller vorhandenen Aktien in einer einzigen Globalaktie, gleich Z_{E0}.

Zwischen 100 und Z_0 liegt somit der Bereich, den jede Gesellschaft hinsichtlich der Zerlegung und Stückelung ihres Grundkapitals durchlaufen kann. Zerlegt die Gesellschaft ihr Grundkapital in größere Anteile als im Betrag von DM 100,— und verbrieft sie diese Anteile in Einzelurkunden, so verwandelt sich ihr Mobilisierungsgrad von 100 in Z_E. Faßt sie statt dessen oder außerdem mehrere oder alle Aktien in Globalaktien zusammen, so nimmt ihr Mobilisierungsgrad den Wert Z_G an. Stellt sie schließlich nur eine einzige Globalaktie über alle Aktien aus, so wird ihr Z_G zu Z_0. Damit hat die Gesellschaft einen Bereich durchmessen, der durch die Mobilisierungsgrade

$$100 — Z_E — Z_G — Z_0$$

charakterisiert wird. Die Stadien, die hierbei durchlaufen werden, können gekennzeichnet werden mit:

---

[10] Z_G statt Z_t muß deshalb eingeführt werden, weil auch Z_E ein tatsächlich aufgewiesener Mobilisierungsgrad ist, wenn allgemein von Aktiengesellschaften und nicht, wie vorher, nur von Global-Aktiengesellschaften gesprochen wird.

[11] Hierbei ist $Z_E = Z_E$, im Unterschied zur Verbriefung aller Anteile in einer einzigen Globalaktie, wobei $Z_0 \neq Z_E$ ist.

1. Stadium der optimalen Einzelverbriefung:
   ausschließlich Einzelaktien mit einem Nennbetrag von DM 100,— (100);
2. Stadium der unvollkommenen Einzelverbriefung:
   auch oder nur Einzelaktien mit einem höheren Nennbetrag als DM 100,— (Z_E);
   im Grenzfall eine einzige Einzelaktie (Z_{Eo});
3. Stadium der gemischten Einzel-Globalverbriefung:
   Einzelaktien und Globalaktien (Z_G);
4. Stadium der unvollkommenen Globalverbriefung:
   mehrere Globalaktien (Z_G);
5. Stadium der optimalen Globalverbriefung:
   eine einzige Globalaktie (Z_o).[12]

Aus der Angabe von Z_G und Z_o läßt sich somit erkennen, wie weit die Global-Aktiengesellschaften auf dem Wege von der optimalen Einzelverbriefung zur optimalen Globalverbriefung vorgeschritten sind. Je größer die Spanne $100 - Z_G$ und je kleiner die Spanne $Z_G - Z_o$ ist, um so größer ist das Ausmaß, in dem bei den Global-Aktiengesellschaften eine Verringerung der Stückeanzahl erzielt wurde.

Ein Vergleich der Gesellschaften untereinander wird ermöglicht durch Aufstellung der Beziehung $\frac{(100 - Z_G) \cdot 100}{100 - Z_o}$ für die Spanne $100 - Z_G$ und der Beziehung $\frac{(Z_G - Z_o) \cdot 100}{100 - Z_o}$ für die Spanne $Z_G - Z_o$[13].

Die Differenz $100 - Z_o$ gibt hierbei die Spanne an, die von jeder Gesellschaft durchlaufen werden kann. Ihre Größe variiert bei den einzelnen Gesellschaften, da Z_o infolge der unterschiedlichen Höhe des Grundkapitals verschiedenartige Werte annimmt.

4. Mit Hilfe der Mobilisierungskoeffizienten Z_t, Z_E und Z_o wurden Fragen geklärt, die das im Zeitpunkt der Untersuchung bestehende

---

[12] Die Bezeichnung der 1. und 2. Stufe ist aus ihrem Gegensatz zur 5. und 4. Stufe zu verstehen. Genau genommen, handelt es sich bei ihnen um die „Stufe der Einzelverbriefung bei optimaler Zerlegung" und um die „Stufe der Einzelverbriefung bei unvollkommener Zerlegung".

[13] Die Addition beider Ausdrücke ergibt wieder den Mobilisierungskoeffizienten 100:

$$\frac{(100 - Z_G) \cdot 100 + (Z_G - Z_0) \cdot 100}{100 - Z_0}$$
$$= \frac{10\,000 - 100\,Z_G + 100\,Z_G - 100\,Z_0}{100 - Z_0}$$
$$= \frac{10\,000 - 100\,Z_0}{100 - Z_0}$$
$$= 100.$$

Ausmaß der durch die Globalverbriefung erzielten Verringerung der Stückeanzahl betreffen. Will man die damit für das Jahr 1955/56 umrissene Lage hinsichtlich der Stückelung mit der in früheren Jahren vergleichen, muß man für die Gesellschaften den Mobilisierungskoeffizienten Z_t für das Jahr bilden, das zum Vergleich herangezogen werden soll.

Für die deutschen Verhältnisse ist bei einem derartigen Zeitvergleich vor allem die Frage von Interesse, ob die Umstellung von RM- auf DM-Grundkapital zum Anlaß genommen wurde, die Möglichkeit einer Globalverbriefung stärker zu berücksichtigen. Aus diesem Grunde wurde für die insgesamt 50 Global-Aktiengesellschaften, die im Jahre 1942/43 bereits bestanden, Z_{43} gebildet.

Ein Vergleich der Koeffizienten Z_t ($= Z_{t,56}$) und Z_{43} ($= Z_{t,43}$) von jeder der 50 Gesellschaften ergibt, daß davon insgesamt 36 Gesellschaften (= 72 %) gegenüber dem Jahre 1942/43 eine Verringerung ihrer Stückelung durchgeführt haben; $Z_{43} > Z_{56}$. Diese Verringerung ist bei 33 Gesellschaften auf die Neueinführung von Globalaktien, bei 3 Gesellschaften[14], die bereits im Jahre 1943 Globalaktien aufwiesen, auf die Ausgabe weiterer Globalaktien oder auf die Vergrößerung des Gesamtnennbetrages der vorhandenen Globalaktien zurückzuführen.

Es ist offensichtlich, daß bei diesen Gesellschaften die Umstellung auf DM-Kapital und der damit erforderlich werdende Neudruck von Aktienurkunden zum Anlaß genommen wurde, alle oder einen Teil ihrer Aktien in Globalaktien zu verbriefen. Die dadurch bewirkte Verringerung der Stückeanzahl ist bei den einzelnen Gesellschaften verschieden groß. Es haben ihren Mobilisierungsgrad von 1942/43 gegenüber 1955/56 verringert

um 99 % und darüber	19 Gesellschaften,
um 90 bis unter 99 %	4 Gesellschaften,
um 60 bis 70 %	6 Gesellschaften,
um 13 bis 14 %	2 Gesellschaften

und um 36 %, 38 %, 51 %, 81,5 % und 89,6 % je eine Gesellschaft[15].

Von den 50 Gesellschaften haben weiterhin 5 Gesellschaften ihren Mobilisierungsgrad von 1942/43 beibehalten: $Z_{43} = Z_{56}$. Davon verfügten drei Gesellschaften bereits im Jahre 1942/43 über Globalaktien.

9 Gesellschaften schließlich haben ihren Mobilisierungsgrad sogar vergrößert, also mehr Stücke ausgegeben als im Jahre 1942/43:

[14] Hiervon hatte eine Gesellschaft, die Eisenbahn-Gesellschaft Altona-Kaltenkirchen-Neumünster (Nr. 36), bereits im Jahre 1883 eine Globalaktie. (Laut Schreiben der Gesellschaft.)

[15] Berechnung nach der Gleichung

$$\frac{(Z_{43} - Z_{56}) \cdot 100}{Z_{43}} = \text{Minderung von } Z_{43} \text{ in } \%.$$

$Z_{43} < Z_{56}$. Es finden sich bei ihnen die folgenden Steigerungen der Mobilisierungskoeffizienten: um 0,1 %, 1,4 %, 54 %, 57 %, 98 %, 115,3 %, 182,5 %, 589,3 % und 1001 %[16]. Von den 9 Gesellschaften hatten 2 Gesellschaften bereits im Jahre 1942/43 Globalaktien.

Bei den 8 Gesellschaften, die bereits im Jahre 1942/43 Globalaktien ausgegeben hatten, bestanden insgesamt 63 113 Globalaktien, davon allein 59 684 Globalaktien bei der Hamburgischen Elektrizitäts-Werke Aktiengesellschaft (Nr. 74) und 3400 Globalaktien bei der Stader Lederfabrik Aktiengesellschaft (Nr. 64).

2. Die Verwendung der Globalaktie zur Erfüllung allgemeiner Aufgaben

Die allgemeinen Aufgaben können bestehen in der Einsparung von Kosten und Arbeit, in der Erzielung einer für den Umsatz sowie einer für die Anlage von Kapital in Aktien geeigneten Stückelung und, ganz vereinzelt, in der Erlangung der Börsenzulassung für ganz bestimmte Stücke einer Aktiengesellschaft.

a) Die Verwendung der Globalaktie zur Einsparung von Kosten und Arbeit

Die Ausstellung von Globalaktien hat Einsparungen von Kosten und verwaltungsmäßiger Arbeit zur Folge. Die Nutznießer sind zum einen die Aktiengesellschaften, zum anderen die Aktionäre und zum dritten die verwahrenden Banken.

aa) Die Einsparung von Kosten und Arbeit bei der Aktiengesellschaft

Einer der Hauptgründe, die die Aktiengesellschaft zur Ausgabe von Globalaktien veranlassen, ist die Verringerung der recht erheblichen Kosten für den Druck der Aktien und Nebenpapiere.

Irgendwelche absoluten Zahlenangaben über die Höhe der Kostenersparnis lassen sich nicht geben[17]. Die Kosten sind abhängig von der Anzahl der insgesamt von einem bestimmten Nennbetrag gedruckten Aktien und von der Art der Ausführung.

Ganz allgemein kann die Einsparung für den gesamten deutschen Aktienbestand mit etwa einem Drittel der Kosten bei ausschließlicher Einzelverbriefung angegeben werden[18]. Für jede einzelne Global-Aktiengesellschaft ergibt sich im Durchschnitt eine Kosteneinsparung

---

[16] Berechnung nach der Gleichung

$$\frac{(Z_{56} - Z_{43}) \cdot 100}{Z_{43}} = \text{Steigerung von } Z_{43} \text{ in } \%.$$

[17] *Schmalenbach*, a.a.O., S. 201, (1937), gibt als Kosten für 1000 Aktienurkunden mit je 10 Dividendenscheinen und einem Erneuerungsschein bei dreifarbigem Buchdruck etwa RM 850,— an. Diese Angabe läßt sich höchstens als Beispiel werten; repräsentativ ist sie nicht.

[18] Vgl. S. 113.

von etwa vier Fünftel der Kosten bei ausschließlicher Einzelverbriefung[19].

Von ähnlich großer Bedeutung für die Aktiengesellschaft ist die Einsparung von Verwaltungsarbeit und dadurch mittelbar wiederum von Kosten. Die Einsparung ergibt sich hier vor allem durch die Vereinfachung in der Dividendenauszahlung, durch die Erleichterung in der Nachprüfung des Rechts zur Teilnahme an der Hauptversammlung und durch die Vereinfachung in der Führung des Aktienbuches und der Umschreibung bei Übertragungen, wenn es sich um Namensglobalaktien handelt.

bb) Die Einsparung von Kosten und Arbeit beim Aktionär

Für den Aktionär spielt der Kostengesichtspunkt im allgemeinen keine Rolle. Kosten treten für ihn in erster Linie im Zusammenhang mit der Verwahrung auf. Die Verwahrungskosten richten sich jedoch nicht nach der Anzahl, sondern nach dem Nominalbetrag der Urkunden. Dies gilt sowohl für die Sammelverwahrung als auch für die Verwahrung im Streifbanddepot[20].

Es werden allerdings von den Banken mit den Verwahrern größerer Mengen von Aktien häufig Sonderabsprachen über die Depotgebühren getroffen. Verfügt ein solcher Depotkunde zudem noch über Globalaktien, so wird die hierdurch bewirkte Erleichterung in der Verwaltungsarbeit bei der Berechnung der Sondergebühren mit ins Gewicht fallen.

Eine Einsparung von Arbeit ist für den Aktionär mit dem Besitz von Globalaktien dann verbunden, wenn er sie in Eigenverwahrung hält. Die Verwaltungsarbeit verringert sich in dem Maße, in dem Einzelaktien in einer Globalaktie zusammengefaßt sind.

cc) Die Einsparung von Kosten und Arbeit bei der verwahrenden Bank

Für die Bank, der Aktien zur Aufbewahrung im Streifbanddepot übergeben wurden[21], bedeuten Globalaktien in gleicher Weise wie für die Wertpapiersammelbanken[22] eine Kostenverringerung auf dem Wege der Arbeits-, Zeit-, Material- und Raumeinsparung.

---

[19] Vgl. S. 116.

[20] Die Kosten der Verwahrung im Streifbanddepot sind durchschnittlich doppelt so hoch wie die der Sammelverwahrung.

[21] Sofern die Bank ermächtigt wurde, die Aktien in Sammelverwahrung zu nehmen, und sie diese Sammelverwahrung selbst durchführt — womit der Übergang zur Stufe der sammelverwahrten Urkunden vollzogen wäre —, gilt für sie hinsichtlich der Verwaltungsarbeit das gleiche wie für die Wertpapiersammelbanken.

[22] Siehe S. 176 und vor allem S. 218.

b) Die Verwendung der Globalaktie zur Erzielung einer für den Umsatz geeigneten Stückelung

Die Aktie gehört zu den Mitteln, mit denen ein Ausgleich zwischen Kapitalnachfrage und Kapitalangebot herbeigeführt wird. Sie entsteht durch Stückelung des von der Aktiengesellschaft benötigten Eigenkapitals.

Die Größe der Stückelung ist abhängig von dem Zweck, der mit der Veräußerung bzw. mit dem Erwerb der Aktien verfolgt wird. Dieser Zweck kann zum einen darin bestehen, in den Aktien ein zur schnellen Weitergabe bestimmtes Kapitalpapier zu begeben bzw. zu erlangen, und zum anderen darin, die Anlage von Kapital zu ermöglichen bzw. durchzuführen.

Die Bestimmung der Stückelungsgröße kann von zwei Seiten her erfolgen, zum einen von der Nachfrage-, zum anderen von der Angebotsseite her. Als Nachfrager nach Kapital werden die Aktiengesellschaften anläßlich von Gründungen und Kapitalerhöhungen, später die zur Veräußerung ihrer Aktien gewillten Aktionäre, als Kapitalanbieter die künftigen Aktionäre[23] auftreten.

Wird in den Aktien in erster Linie ein Umsatzgegenstand gesehen, so werden die von beiden Seiten ausgehenden und zur gleichen Zeit wirkenden Einflüsse im allgemeinen parallel laufen und eine im Endergebnis gleich große Stückelung anstreben.

aa) Die Bestimmung einer für den Umsatz geeigneten Stückelung von seiten der Kapitalnachfrager

Als Kapitalnachfrager können die Aktiengesellschaft oder die Aktionäre in Frage kommen, die ihre Aktien veräußern wollen.

Vom Standpunkt der Aktiengesellschaft aus ist die Größe der Stückelung abhängig von dem Kreis der Kapitalanbieter, der angesprochen werden soll. Je nachdem, ob die Anbieter nur großer oder auch kleiner Kapitalien erfaßt werden sollen, muß die Kapitalmasse in große oder kleine Stücke aufgeteilt werden.

Diese beiden Möglichkeiten bestehen im Grundsatz für jede Aktiengesellschaft. Eine Wahl zwischen ihnen läßt sich jedoch oft nur sehr schwer treffen. Vorteile stehen Nachteilen gegenüber. Die großen Stücke haben den Vorteil, daß der Kreis der Aktionäre kleiner und damit überschaubarer ist und daß die mit der Ausgabe und der Verwaltung der Aktien verbundenen Kosten geringer sind. Ihr Nachteil liegt darin, daß der Kreis der Kapitalanbieter klein, vielleicht auch zu klein ist. Entsprechend verhalten sich die Vor- und Nachteile der kleinen Stücke.

---

[23] Sie können Einzelpersonen oder Gesellschafter sein.

Ist die Entscheidung gefallen und hat sie ihren Niederschlag in der Satzung gefunden, ist sie endgültig geworden. Eine Änderung der Entscheidung kann nur auf dem Wege der Satzungsänderung erfolgen. Zur Vermeidung einer solchen endgültigen Entscheidung zwischen diesen beiden Grundmöglichkeiten bieten sich der Aktiengesellschaft zwei verschiedene Verfahren an.

Zum einen kann die Aktiengesellschaft Stücke mit unterschiedlichem Nennbetrag ausgeben, große und kleine Stücke nebeneinander. Zerlegung und Stückelung stimmen hier überein. Diese Lösung ist ein Kompromiß zwischen den beiden grundsätzlich bestehenden Möglichkeiten. Die Vorteile beider Möglichkeiten werden wahrgenommen, aber nicht ausgeschöpft, die Nachteile beider Möglichkeiten werden gemindert, aber nicht ausgeschaltet.

Zum anderen kann die Aktiengesellschaft ihr Grundkapital zwar in Anteile mit niedrigem Nennbetrag zerlegen, diese Anteile aber zu größeren Stücken, zu Globalstücken, zusammenfassen. Zerlegung und Stückelung fallen hier auseinander. Diese Lösung verbindet die Vorteile der beiden Grundmöglichkeiten und vermeidet ihre Nachteile. Soll ein großer Kreis von Kapitalanbietern angesprochen werden, werden Einzelaktien ausgegeben, soll der Kreis der Kapitalanbieter klein gehalten werden, erfolgt eine Zusammenfassung der Einzelaktien in Globalaktien. Die jederzeit mögliche Auflösbarkeit der Globalaktien wieder in Einzelaktien garantiert die volle Anpassungsfähigkeit an wechselnde Marktlagen.

Die statistische Untersuchung der Stückelung des Grundkapitals der deutschen Aktiengesellschaften ergab, daß in Deutschland trotz der Vorteile, die die zweite Möglichkeit des Auseinanderfallens von Zerlegung und Stückelung bietet, die erste Verfahrensweise, bei der Zerlegung und Stückelung übereinstimmen, bevorzugt wird. Aus Tabelle 4 auf Seite 126 und aus der graphischen Darstellung zur Tabelle 4 auf Seite 127 ist ersichtlich, in welcher Weise im einzelnen die erste Verfahrensweise angewandt wird. Demnach haben 27,5 % aller der Untersuchung zugrunde liegenden Einzel-Aktiengesellschaften nur Aktien zu DM 1000,— ausgegeben, 22,2 % eine Mischung von Aktien zu DM 100,— und DM 1000,— durchgeführt und 15 % ihr Grundkapital in Aktien gestückelt, die nur oder aber doch überwiegend einen Nennbetrag aufweisen, der zwischen DM 120,— und DM 500,— liegt[24].

Die Global-Aktiengesellschaften, die dem zweiten Verfahren folgen, haben dagegen eine Zerlegung in Aktien zu DM 100,— bevorzugt; 42,2 % aller Global-Aktiengesellschaften haben ihr Grundkapital nur in Aktien zu DM 100,— zerlegt. Es folgen die Gesellschaften, die ihr

---

[24] Dieser Spielraum umfaßt 24 verschiedene Aktiennennbeträge; vgl. Tabelle 2, S. 119.

Grundkapital nur in Aktien zu DM 1000,— zerlegt haben — es sind 21,7 % — und die Gesellschaften, die eine Mischung von Aktien zu DM 100,— und DM 1000,— durchgeführt haben — sie umfassen 15,7 %.

Die Anwendung des zweiten Verfahrens in einem Sonderfall ist von einer dänischen Aktiengesellschaft bekannt geworden[25]. Nach dänischem Aktienrecht ist nur eine Aufteilung des Aktienkapitals in gleich große Anteile zulässig. Die erste Verfahrensweise zu verfolgen, ist nach dänischem Recht daher nicht möglich. Das zweite Verfahren der Ausstellung von Globalstücken bot hier die Möglichkeit eines Ausweges, der den Belangen der Gesellschaft gerecht wurde und gleichwohl mit den gesetzlichen Vorschriften im Einklang stand.

Für die Kapital nachfragenden Aktionäre dagegen ist die Stückelung eine von der Gesellschaft vorgegebene Größe, auf die sie entweder keinen Einfluß nehmen können oder auf die Einfluß zu nehmen im allgemeinen keine Veranlassung gegeben sein wird. Werden kleinere Stücke verlangt als angeboten werden können, besteht für die Aktionäre keine Möglichkeit, die Nachfrage zu befriedigen; werden größere Stücke verlangt, wird im allgemeinen die Lieferung mehrerer kleiner Stücke ausreichen.

Lediglich für den in der Praxis wohl nur selten vorkommenden Fall, daß die Lieferung von Aktien mit einem Nennbetrag in bestimmter Höhe wesentlicher Bestandteil des Kaufgeschäfts ist, greift für den Aktionär die Möglichkeit ein, sich von der Gesellschaft Globalaktien ausstellen zu lassen[26]. Insofern würde in einem solchen Fall von den Kapital nachfragenden Aktionären ein Einfluß auf die zum Umsatz geeignete Stückelung des Grundkapitals ausgeübt werden.

bb) Die Bestimmung einer für den Umsatz geeigneten Stückelung von seiten der Kapitalanbieter

Die Bestimmung der zum Umsatz geeigneten Stückelung wird in erster Linie durch die Kapitalnachfrager vorgenommen. Sehr oft aber erfolgt die Bestimmung auch durch die Kapitalanbieter. Sie kann durchgeführt werden hinsichtlich neu zu schaffender Stückelungen aus Anlaß von Neugründungen oder Neuemissionen; sie kann sich aber auch auf bereits bestehende Stückelungen erstrecken und ihre nachträgliche Abänderung durchsetzen.

Im Falle neu zu schaffender Stückelungen bei Neugründungen und Neuemissionen wird in der Praxis überwiegend so verfahren, daß nach erfolgtem Beschluß über die Gründung bzw. Kapitalerhöhung die Größe der Zerlegung und entsprechend der Stückelung offen gelassen wird und durch Vermittlung der Banken

---

[25] Vgl. RGZ 42/39; siehe S. 103.
[26] Siehe S. 67.

die künftigen Aktionäre zur Zeichnung bzw. die Aktionäre zur Ausübung des Bezugsrechts aufgefordert werden. An Hand der Wünsche, die aus Anlaß der Zeichnung oder der Ausübung des Bezugsrechts hinsichtlich der Stückelung geäußert werden, nimmt die Gesellschaft dann die Zerlegung des Grundkapitals und die Verbriefung der Anteile vor.

Hierbei wird in aller Regel eine Zerlegung in Anteile von solcher Größe gewählt werden, daß bei Verbriefung der Anteile in Einzelaktien die Wünsche der Kapitalanbieter bezüglich der Stückelung erfüllt werden können. Zur Zerlegung in kleinere Anteile und entsprechend zur Verbriefung in Globalaktien werden die Gesellschaften nur in seltenen Fällen Zuflucht nehmen, etwa dann, wenn entsprechend den Wünschen der Kapitalanbieter eine Zerlegung des Grundkapitals in Anteile von einer solchen Größe durchgeführt werden müßte, daß ein reibungsloser Umsatz daraus hervorgehender Einzelaktien in der Zukunft als gefährdet erscheinen würde. Eine Anwendung dieses Verfahrens in breiterem Umfang wäre in Anbetracht der damit verbundenen Vorteile wünschenswert.

Im Falle bereits bestehender Stückelungen wird die Bestimmung einer zum Umsatz geeigneten Stückelungsgröße durch die Kapitalanbieter dann erfolgen, wenn die bestehende Stückelung den Markterfordernissen nicht mehr entspricht. Eine Stückelung entspricht den Anforderungen des Kapitalmarktes, wenn sie einen solchen Grad aufweist, daß sich die normalerweise nachgefragten Nominalbeträge mit einer bestimmten Anzahl von Stücken zusammenstellen lassen. Diese Anzahl von Stücken muß einerseits möglichst gering sein; das bedingt hohe Nennbeträge. Die Anzahl muß andererseits die Möglichkeit bieten, auch ungebräuchliche und niedrige Nominalbeträge in einem ausreichenden Maße zu bilden; das wiederum erfordert niedrige Nennbeträge.

Im allgemeinen werden sich aus diesen Gegebenheiten des Marktes heraus ein oder zwei Stücke in einer Größe entwickeln, daß die Erfüllung beider Bedingungen gewährleistet ist. In Deutschland sind es die Aktien mit einem Nennbetrag von DM 100,— und DM 1000,—. Von den insgesamt in Deutschland bestehenden Urkunden über Aktienrechte (58 473 974 Stück[27]) umfassen die Aktienurkunden mit einem Nennbetrag von DM 100,— 60,33 %. Es folgen die Aktienurkunden mit einem Nennbetrag von DM 1000,—; sie machen 20,04 % aller Urkunden über Aktienrechte aus.

Ändert sich die Größe des durchschnittlich gehandelten Nominalbetrages, wird sich auch die Größe der bei den Aktiengesellschaften üblichen Stückelung und die Größe des einen oder der beiden durchschnittlich am häufigsten gehandelten Stücke ändern müssen.

---

[27] Siehe S. 113.

Bis zum Druck neuer Aktien können Schwierigkeiten dann auftreten, wenn die normalerweise gehandelten Beträge kleiner werden. So bestand zum Beispiel bei der Gelsenkirchener Bergwerk Aktiengesellschaft bis zur Kapitalerhöhung im Jahre 1957 ein starker Mangel an Stücken zu DM 100,—, so daß Käuferwünsche oft nicht befriedigt werden konnten. Hier besteht keine andere Möglichkeit als die der Teilung der bisherigen Aktien unter Änderung der Satzung und Neudruck von Aktienurkunden. Von dieser Satzungsänderung kann dann abgesehen werden, wenn die Gesellschaft Globalaktien ausgegeben hat, die nun aufgelöst werden können.

Werden die normalerweise gehandelten Beträge größer, bietet sich das Mittel der Globalverbriefung als die beste Lösung an. Sie gewährt drei Vorteile. Zum einen können nunmehr Nennbeträge in zweckentsprechender Größe geliefert werden. Zum anderen kann jederzeit wieder ihre Auflösung vorgenommen werden, falls der durchschnittlich gehandelte Nominalbetrag wieder sinken sollte. Zum dritten kann diese Lösung ohne Änderung der Satzung durchgeführt werden.

Von dieser Möglichkeit haben zahlreiche aus der Entflechtung hervorgegangene Gesellschaften Gebrauch gemacht[28]. Da den bei ihnen durchschnittlich gehandelten Nominalbeträgen eine Stückelung in Aktien zu DM 1000,— am besten entsprach, bildeten sie aus den ihnen vorgeschriebenen Aktien zu DM 100,— Globalaktien zu DM 1000,—[29]. Hierauf wird noch näher einzugehen sein.

c) Die Verwendung der Globalaktie zur Erzielung einer für die Anlage von Kapital in Aktien geeigneten Stückelung

Für die Anlage von Kapital in Aktien werden im allgemeinen verschiedene Gründe maßgebend sein, so die Sicherheit der Anlage und die Möglichkeit einer Erhöhung des Kapitalwertes, einer Beteiligung am Gewinn sowie einer Einflußnahme auf die Leitung der Unternehmung. Hierbei wird der durch die Verwaltungsrechte gewährten Möglichkeit, in die Geschäftsführung einzugreifen, in vielen Fällen eine erhöhte Bedeutung zukommen.

Werden Aktien zu dem Zweck ausgegeben bzw. erworben, einen dem dauernden Besitz dienenden Anlagegegenstand zu gewähren bzw. zu erhalten, so kann hierbei wiederum durch die beiden Einflußgrößen der Kapitalnachfrager und der Kapitalanbieter auf die Stückelung eingewirkt werden.

---

28 Siehe S. 215 ff.

29 Vgl. die Abbildung einer Globalaktie auf S. 15.

aa) Die Bestimmung einer für die Anlage von Kapital in Aktien geeigneten Stückelung von seiten der Kapitalnachfrager

Als Kapitalnachfrager kommen hier in erster Linie die Aktiengesellschaften in Frage. Fälle, in denen Aktionäre ihre Aktien eigens zu dem Zweck veräußern, Dritten eine Kapitalanlage zu ermöglichen, sind zwar denkbar, haben aber keine große praktische Bedeutung[30].

Wenn Kapital nachfragende Aktiengesellschaften ihre Aktien zum Zwecke der Kapitalanlage ausgeben, so werden sie in der Mehrzahl der Fälle hierbei die Absicht verfolgen, nur einem engbegrenzten und in seiner Zusammensetzung voraussichtlich beständigen Kreis von Aktionären den Zugang zur Gesellschaft zu eröffnen. Hierbei wird es sich zumeist um solche Gesellschaften handeln, für die von Anbeginn an nur ganz bestimmte Aktionäre in Aussicht genommen wurden, wie zum Beispiel um Gesellschaften, an denen der Staat oder Gemeinden beteiligt sind, oder aber — in der Hauptsache — um Familien-Aktiengesellschaften[31].

Insbesondere bei den Familien-Aktiengesellschaften bleiben die Aktien in der Regel während der ganzen Zeit ihres Bestehens in der Hand einer Familie. Häufig wird hier sogar von einem Aktiendruck vollkommen abgesehen. In den Fällen aber, in denen auf die Ausstellung von Aktienurkunden nicht verzichtet werden soll, wäre die Globalaktie die geeignete Aktienform.

Eine Untersuchung der Gegebenheiten der Praxis dagegen läßt erkennen, daß gerade von Familien-Aktiengesellschaften die Globalverbriefung nicht angewandt wird. Unter den 75 Global-Aktiengesellschaften mit Globalaktien konnten nur zwei Gesellschaften (Nr. 18[32], Hamborner Bergbau AG, Nr. 63[33]) ermittelt werden, deren Großaktionäre Familien sind; unter den acht Global-Aktiengesellschaften mit Globalzwischenscheinen finden sich drei Familien-Aktiengesellschaften[34].

Alle übrigen Familien-Aktiengesellschaften sind Einzel-Aktiengesellschaften. Es handelt sich um insgesamt 213 Gesellschaften[35]. Davon konnte von 25 Gesellschaften die Stückelung nicht in Erfahrung gebracht werden; sie haben ein Gesamtgrundkapital von DM 29 714 600[36].

---

30 Für diese Aktionäre gilt nichts anderes als für die, die ihre Aktien als Umsatzgegenstände veräußern.

31 Vgl. S. 105, Fußnote 12.

32 Siehe Tabelle 6, S. 132.

33 Siehe Tabelle 6, S. 135.

34 Siehe Tabelle 13, S. 147.

35 Quelle: Handbuch der Deutschen Aktiengesellschaften, 1956. Als Familien-Aktiengesellschaften wurden nur solche Gesellschaften geführt, bei denen der Hauptaktionär aus e i n e r Familie besteht. Gesellschaften, deren Hauptaktionäre zwei oder mehr Familien oder Erbengemeinschaften sind, wurden nicht erfaßt.

36 Sie gehören zu den 131 Gesellschaften, deren Stückelung nicht ermittelt werden konnte. Siehe S. 108.

Die übrigen 188 Familien-Aktiengesellschaften haben ein Gesamtgrundkapital von DM 400 046 600[37].

Über die von ihnen statt der Bildung von Globalaktien zur Stückelung bevorzugten Nennbeträge und Kombinationen von Nennbeträgen unterrichtet Tabelle 15[38] auf Seite 207.

Aus dieser Zusammenstellung ergibt sich folgendes:

Bei den Familien-Einzel-Aktiengesellschaften bestehen im Verhältnis mehr Aktien im Nennbetrag von über DM 1000,— bis 5000,— als bei den übrigen Einzel-Aktiengesellschaften. Es zeigt sich hierin gegenüber den übrigen Einzel-Aktiengesellschaften das Bestreben, das Grundkapital in wenige Anteile mit größerem Nennbetrag zu zerlegen.

Dieser Tendenz entspricht die sehr viel weniger häufig erfolgende Anwendung der Kombination von Aktien zu DM 100,— und DM 1000,—.

Daß diese Tendenz zur Zusammenfassung in Aktien größeren Nennbetrages aber nur sehr schwach ist, zeigt die von insgesamt 37,2 % der Familien-Aktiengesellschaften durchgeführte Anwendung von Aktien zu DM 1000,—. Dieser Nennbetrag von DM 1000,— genießt demzufolge nicht nur innerhalb der Familien-Aktiengesellschaften den Vorzug vor allen anderen Nennbeträgen, sondern findet darüber hinaus auch im Vergleich zu den übrigen Einzel-Aktiengesellschaften eine sehr viel häufigere Anwendung.

Es läßt sich somit feststellen, daß die Stückelung des Grundkapitals der Aktiengesellschaften, die ihre Aktien zum Zwecke der Kapitalanlage ausgeben, im wesentlichen in der gleichen Weise durchgeführt wird wie bei den Gesellschaften, bei denen die Anlage von Kapital nicht das Motiv zur Ausgabe von Aktien ist, die auf die Zusammensetzung ihrer Aktionäre keinen Einfluß ausüben wollen und bei denen ein ständiger Wechsel der Aktionäre üblich ist. Das ist für den Haupttyp dieser Aktiengesellschaften, für die Familien-Aktiengesellschaften, nachgewiesen worden.

Diese Art der Stückelung ist bei den Verhältnissen, wie sie bei den hier in Frage stehenden Aktiengesellschaften herrschen, nicht zweckmäßig. Globalaktien würden den Anforderungen an eine zur Anlage von Kapital in Aktien geeignete Stückelung besser entsprechen. Mit ihrer Hilfe ließen sich auch hinsichtlich der Stückelung die Vorteile wahrnehmen, die sich aus dem engbegrenzten Aktionärskreis für die Gesellschaft ergeben. Die Anwendung der Globalverbriefung in einem weitaus größeren Umfang als bisher wäre hier anzuregen.

---

[37] Darunter fallen 4 KGaA. Die 188 Gesellschaften gehören zu den 2655 Einzel-Aktiengesellschaften. Siehe S. 109.

[38] Vgl. Tabelle 4, S. 126.

[39] Diese nach Abzug der Familien-Aktiengesellschaften von der Gesamtanzahl der Einzel-Aktiengesellschaften erhaltenen Werte wurden gewonnen aus den Angaben der Tabelle 4, S. 126.

Tabelle 15: **Die von den Familien-Aktiengesellschaften zur Stückelung bevorzugten Nennbeträge und Kombinationen von Nennbeträgen**

Aktiennennbeträge				Anzahl der Gesellschaften
unter	100,—			2
nur	100,—			15
nur	1000,—			70
nur	100,—	und	1000,—	21
überw.	100,—			—
überw.	1000,—			5
überw.	100,—	und	1000,—	5
über	100,—	bis	500,—	27
über	500,—	bis u.	1000,—	9
über	1000,—	bis	5000,—	17
über	5000,—	bis	50 000,—	2
über	50 000,—			—
Sonstige Verbindungen				15

Es haben somit ausgegeben		
Aktien	von den Familien-Aktien-gesell-schaften	ver-gleichs-weise[39]) von den übrigen Einzel-Aktien-gesell-schaften
zu DM unter 100,—	1,1 %	4,1 %
nur zu DM 100,—	8 %	7,2 %
nur zu DM 1000,—	37,2 %	26,8 % (!)
nur zu DM 100,— u. 1000,—	11,1 %	23,1 % (!)
überw. zu DM 100,—	—	1,2 %
überw. zu DM 1000,—	2,7 %	2,1 %
überw. zu DM 100,— u. 1000,—	2,7 %	3,9 %
zu DM über 100,—bis 500,—	14,3 %	15,1 %
zu DM über 500,—bis u. 1000.—	4,8 %	4,3 %
zu DM über 1000,—bis 5000,—	9 %	3,7 % (!)
zu DM über 5000,—bis 50 000,—	1,1 %	1 %
zu DM über 50 000,—	—	0,6 %
Sonstige Verbindungen	8 %	6,9 %

bb) Die Bestimmung einer für die Anlage von Kapital in Aktien geeigneten Stückelung von seiten der Kapitalanbieter

Werden von Kapitalanbietern — Gesellschaften oder Einzelpersonen — Aktien zu dem Zweck erworben, Kapital in einer Gesellschaft anzulegen, so wird ihr Bestreben dahin gehen, in den Besitz solcher Aktienmengen zu gelangen, daß eine Einflußnahme auf die Geschäftsführung in einem möglichst hohen Grade gewährleistet ist. Ist der Einfluß auf die Unternehmensleitung gesichert, ist auch die Möglichkeit eröffnet, die übrigen zur Anlage von Kapital in Aktien bewegenden Motive wie Sicherheit der Anlage, Erhöhung des Kapitalwertes, Beteiligung am Gewinn zu verfolgen.

Um die Besitzverhältnisse an den Aktien der deutschen Aktiengesellschaften festzustellen, wurden die Global-Aktiengesellschaften mit Globalaktien und zum Vergleich 918 Einzel-Aktiengesellschaften auf die an ihnen bestehenden Beteiligungen und auf die Zusammensetzung ihrer Aktionäre hin untersucht.

Von den 75 Global-Aktiengesellschaften mußten 16 Gesellschaften ausgeschieden werden, von denen die Anzahl der Großaktionäre und der Umfang ihrer Beteiligung nicht ermittelt werden konnten[40].

Die übrigen 59 Global-Aktiengesellschaften (= 79 % aller Global-Aktiengesellschaften mit Globalaktien) haben ein Gesamtgrundkapital von DM 2 508 487 600,—. Davon sind DM 2 057 051 000,— = *82 %* in Globalaktien verbrieft und DM 1 766 622 000,— = *70,4 %* im Besitz eines Großaktionärs oder einiger weniger Großaktionäre. Ein Vergleich der beiden Prozentzahlen läßt die Schlußfolgerung zu, daß, im Gesamten gesehen, der von den Großaktionären gehaltene Teil des Grundkapitals in Globalaktien verbrieft ist.

Im einzelnen ergibt sich folgendes:

Eine Übereinstimmung zwischen in Globalaktien verbrieftem und von Großaktionären gehaltenem Grundkapital besteht bei 19 Gesellschaften. Beide Grundkapital-Anteile betragen in diesen Fällen genau 100 %.

Der in Globalaktien verbriefte Teil des Grundkapitals ist größer als der von Großaktionären gehaltene Teil des Grundkapitals bei ebenfalls 19 Gesellschaften.

Im einzelnen umfassen die Abweichungen

bei 5 Gesellschaften	unter	1 bis 10 %	des Grundkapitals,
bei 4 Gesellschaften		11 bis 20 %	des Grundkapitals,
bei 4 Gesellschaften		21 bis 30 %	des Grundkapitals,
bei 4 Gesellschaften		31 bis 40 %	des Grundkapitals,
bei 2 Gesellschaften		über 50 %	des Grundkapitals.

[40] Vgl. Tabelle 6, S. 131—136.

Der in Globalaktien verbriefte Teil des Grundkapitals ist kleiner als der von Großaktionären gehaltene Teil des Grundkapitals bei 21 Gesellschaften. Im einzelnen umfassen die Abweichungen

bei 9 Gesellschaften unter 1 bis 10 % des Grundkapitals,
bei 2 Gesellschaften 11 bis 20 % des Grundkapitals,
bei 2 Gesellschaften 21 bis 30 % des Grundkapitals,
bei 3 Gesellschaften 31 bis 40 % des Grundkapitals,
bei 5 Gesellschaften über 50 % des Grundkapitals.

Über die Anzahl der Großaktionäre und die Größe ihrer Beteiligung an den Global-Aktiengesellschaften unterrichtet Tabelle 16. Sie trägt in der Kopfleiste die Anzahl der Großaktionäre und in der linken Randspalte die Größe der Beteiligung in Prozenten vom Grundkapital. Der Zahlenteil gibt die Anzahl der Global-Aktiengesellschaften an.

Tabelle 16: **Die Großaktionäre der Global-Aktiengesellschaften und der Umfang ihrer Beteiligung**

Aktionäre / Kap. in %	1	2	3	4	5	7	Fam.	Summe	Summe in %
20 — 29	2							2	3,4
30 — 39	1							1	1,7
40 — 49	1							1	1,7
50 — 59	3	2	1				1	7	11,9
60 — 69	5	1						6	10,2
70 — 79	2				1		1	4	6,8
80 — 89		1	1					2	3,4
90 — 99	10	2				1		13	22
100	14	5		3	1			23	38,9
Summe	38	11	2	3	2	1	2	59	
Summe in %	64,4	18,6	3,4	5,1	3,4	1,7	3,4		100

An 64,4 % der untersuchten Global-Aktiengesellschaften besteht demnach eine maßgebliche Beteiligung durch einen Aktionär, an 18,6 % eine maßgebliche Beteiligung durch zwei Aktionäre. Bei 38,9 % der Gesellschaften umfaßt die Beteiligung 100 % des Grundkapitals, bei 22 % der Gesellschaften 90 bis 99 %.

Hieraus und aus den Angaben über den in Globalaktien verbrieften und von Großaktionären gehaltenen Teil des Grundkapitals folgt, daß, sofern Globalaktien bei Aktiengesellschaften bestehen, ihr Verwendungszweck offensichtlich darin besteht, den von einem Aktionär oder von einigen wenigen Aktionären gehaltenen Aktienbesitz zusammenzufassen.

Die Einwirkung auf die Stückelung erfolgt in diesen Fällen von seiten der Kapitalanbieter oder aber durch die Aktiengesellschaften, dann aber im Hinblick weniger auf ihre eigenen Belange als auf die der Kapitalanbieter. In den Kreis der Kapitalanbieter sind hier die Institute einzubeziehen, die sich in den Dienst der Aktionäre stellen, für sie tätig werden und ihre Interessenwahrer sind: die Banken. Da die Aktionäre Aktienbestände von der Größe, wie sier hier in Frage stehen, in der Regel bei Banken verwahren, ist es mehr das Interesse der Banken als das der Aktionäre, das eine Zusammenfassung der Einzelaktien in Globalaktien erfordert.

In welchem Umfange eine solche Zusammenfassung von Aktien, die der Kapitalanlage dienen, auch von den Gesellschaften durchgeführt werden könnte, die heute noch keine Globalaktien aufweisen, zeigt die Untersuchung der Einzel-Aktiengesellschaften[41]. Es handelt sich um Aktiengesellschaften mit einem Grundkapital von DM 500 000,— und darüber. Ihr Gesamtgrundkapital beträgt rund DM 12 701 744 000,—.

Von den 918 Gesellschaften besteht bei 216 Gesellschaften mit einem Gesamtgrundkapital von DM 1 303 625 000,— eine maßgebliche Beteiligung durch einen Aktionär oder durch eine engbegrenzte Anzahl von Aktionären.

Bei den übrigen 702 Aktiengesellschaften mit einem Gesamtgrundkapital von DM 11 398 119 000,— besteht eine maßgebliche Beteiligung

durch	1 Aktionär	bei	470	Gesellschaften =	67,0 %,
durch	2 Aktionäre	bei	132	Gesellschaften =	18,8 %,
durch	3 Aktionäre	bei	53	Gesellschaften =	7,6 %,
durch	4 Aktionäre	bei	13	Gesellschaften =	1,8 %,
durch	5 Aktionäre	bei	5	Gesellschaften =	0,7 %,
durch	6 Aktionäre	bei	4	Gesellschaften =	0,5 %,
durch	mehr als 6 Aktionäre	bei	7	Gesellschaften =	1,0 %,
durch	Familien, Familien und andere Einzelaktionäre, Erbengemeinschaften und sonstige Personengruppen	bei	18	Gesellschaften =	2,6 %.

[41] Quelle: „Wer gehört wem?“

Diese maßgebliche Beteiligung beträgt vom Grundkapital jeder einzelnen Gesellschaft

40 — 49 %	bei 17	Gesellschaften =	2,4 %,
50 — 59 %	bei 70	Gesellschaften =	10,0 %,
60 — 69 %	bei 26	Gesellschaften =	3,7 %,
70 — 79 %	bei 54	Gesellschaften =	7,7 %,
80 — 89 %	bei 52	Gesellschaften =	7,4 %,
90 — 99 %	bei 112	Gesellschaften =	15,9 %,
100 %	bei 371	Gesellschaften =	52,9 %.

Insgesamt umfassen die Beteiligungen DM 10 221 640 000,—, das sind 89,6 % des Gesamtgrundkapitals der 702 Gesellschaften. Der Anteil der Großaktionäre an den in die Untersuchung einbezogenen Einzel-Aktiengesellschaften ist somit noch größer als der an den untersuchten Global-Aktiengesellschaften.

Es ergibt sich aus diesen Zusammenstellungen, daß in der überwiegenden Mehrzahl der Fälle (= 67 %) die maßgebliche Beteiligung an den Gesellschaften durch einen einzigen Aktionär, meistens eine andere Gesellschaft, ausgeübt wird und daß die maßgeblichen Beteiligungen bei über der Hälfte der der Untersuchung zugrunde liegenden Gesellschaften den gesamten Aktienbestand umfassen.

Ein großer Teil dieser Aktien liegt, in Paketen zusammengefaßt, ständig fest. Eine Veräußerung wird um so seltener erfolgen, je größer die Beteiligungen sind.

Hier würde sich der Globalverbriefung ein weites Feld eröffnen. Dieser Anwendungsbereich der Globalaktien könnte sich darüber hinaus in dem Maße ständig ausdehnen, in dem im Zuge der modernen Konzernbildungen eine Konzentration der Besitztitel eintritt[42].

Es ergibt sich somit abschließend und zusammenfassend, daß im allgemeinen bei der überwiegenden Mehrzahl sowohl der Aktien, die von den Gesellschaften zum Zwecke der Kapitalanlage ausgegeben, als auch der Aktien, die von den Aktionären zum Zwecke der Kapitalanlage erworben werden, die Stückelung nicht den Aufgaben entspricht, die diese Aktien zu erfüllen haben. Eine verstärkte Anwendung der Globalverbriefung würde hier die Möglichkeit eröffnen, den mit diesen Aktien verfolgten Zwecken besser gerecht zu werden und trotz Beibehaltung der Zerlegung des Grundkapitals in kleinere Anteile umfassende Einsparungen an Druckkosten, Material, Zeit und Raum zu erzielen.

---

[42] Vgl. *Rasch,* Konzerne in der sozialen Marktwirtschaft, in: Frankfurter Allgemeine Zeitung, 17. August 1957, Nr. 189, S. 5.

d) Die Verwendung der Globalaktie zur Erzielung der Börsenzulassung

Die Zulassung von Globalaktien zum Börsenhandel wird im allgemeinen von der Größe ihres Nennbetrages abhängen. Globalaktien der kleineren Nennbeträge, insbesondere die zu DM 1000,—, werden ohne weiteres zugelassen werden. Über die Zulassung der Globalaktien mit größeren Nennbeträgen wird von Fall zu Fall entschieden werden; im allgemeinen wird aber gar kein Bedürfnis danach bestehen, diese Aktien an der Börse zu handeln.

Der umgekehrte Fall, daß Globalaktien gebildet wurden, um die Zulassung zur Börse zu erhalten, ist von der belgischen Gesellschaft Hauts Fourneaux Lorrains Aumets-la-Paix bekannt geworden. Die Gesellschaft suchte im Jahre 1910 um Zulassung an der Berliner Börse nach, wurde aber abgewiesen, da die Nennbeträge ihrer Aktien nach den Vorschriften dieser Börse zu niedrig waren. Sie beschloß daher die Ausstellung von Globalaktien[43] und forderte die Aktionäre zum Umtausch auf. Der Rückumtausch in Einzelaktien wurde von der Gesellschaft in einer Bekanntmachung vom März 1910 ausdrücklich zugesichert. Bei Aushändigung der Globalaktien wurden die Einzelaktien in Verwahrung genommen; verlangte ein Aktionär den Rückumtausch, wurden die Einzelaktien wieder zurückgegeben und die Globalaktien vernichtet[44].

3. Die Verwendung der Globalaktie zur Erfüllung besonderer Aufgaben

Die Globalaktie ist in zwei Fällen zur Erfüllung besonderer Aufgaben herangezogen worden, zum einen im Zusammenhang mit der Umstellung auf Goldmark und Deutsche Mark, zum anderen in Verbindung mit Maßnahmen zur Entflechtung der Montangesellschaften.

a) Die Verwendung der Globalaktie zur Zusammenfassung der im Zuge der Umstellung auf Goldmark und Deutsche Mark geschaffenen Kleinaktien

aa) Die Verwendung der Globalaktie im Zusammenhang mit der Umstellung auf Goldmark

Durch die Zweite Aktiennovelle von 1884 und das Handelsgesetzbuch von 1897 war der Mindestnennbetrag der Aktien auf 1000 Mark festgesetzt worden; für bestimmte Unternehmen konnten Aktien zu 200 Mark zugelassen werden. Die Goldbilanz-Verordnung vom 28. De-

---

[43] Es wurden 23 666 Globalaktien über je 3 Einzelaktien zu 500 Frs. ausgestellt. Der Mindestnennbetrag der an der Berliner Börse zugelassenen Aktien betrug 1000 Mark.

[44] *Passow*, a.a.O., S. 144, 145.

zember 1923, die Bestimmungen für die am 1. Januar 1924 einsetzende Umstellung auf Goldmark enthielt, brachte hier eine Änderung.

Der Mindestnennbetrag der Aktien wurde ganz allgemein auf 100 Reichsmark[45] herabgesetzt, der der Aktien zu 200 Mark auf 20 Reichsmark (§§ 10 Abs. 2, 17 Abs. 2 GoldbilanzVO). Die 2. DurchführungsVO vom 28. März 1924 ließ die Mindestgrenze von 20 Reichsmark auch bei Kapitalherabsetzungen umgestellter Gesellschaften zu (§ 43 Abs. 3) und gestattete bei schuldverschreibungsähnlichen Aktien Beträge von 20, 50, 100 Reichsmark und einem Vielfachen davon (§ 28 Abs. 5), bei Mehrstimmrechts-, Schutz- und Vorratsaktien sogar Beträge von 1 Reichsmark und einem Vielfachen davon (§§ 29 a, 31). Die 5. DurchführungsVO vom 23. Oktober 1924 und die 7. DurchführungsVO vom 7. Juli 1927 vereinfachten diese Vielfalt von Aktiennennbeträgen; immerhin war sie bis zum Ende des Jahres 1935 noch recht erheblich[46]. Die 1. DurchführungsVO vom 29. September 1937 zum Aktiengesetz vom 30. Januar 1937 ordnete den Umtausch der Aktien an, die nicht auf volle 100 Reichsmark lauteten, und setzte eine Frist bis zum 31. Dezember 1940 (§§ 1, 3).

Zur Zusammenfassung der durch diese gesetzlichen Regelungen geschaffenen Kleinaktien sind vorübergehend Globalaktien verwendet worden. Der größte Teil wurde allerdings ohne den Umweg über die Globalverbriefung direkt umgetauscht.

bb) Die Verwendung der Globalaktie im Zusammenhang mit der Umstellung auf Deutsche Mark

Durch das D-Markbilanzgesetz vom 21. August 1949 (§ 44) und durch die 42., 43. und 44. DurchführungsVO zum Umstellungsgesetz vom 26. Juni 1948 sind Kleinaktien bis zu einer Mindesthöhe von 10 Deutschen Mark zugelassen worden[47]. Im Jahre 1955/56 machten sie zusammen 2,4 % aller Aktien aus[48].

Zu ihrer Zusammenfassung sind Globalaktien so gut wie überhaupt nicht verwendet worden. Nur in einem einzigen Fall wurden Kleinaktien zu DM 50,— (0,09 % aller Kleinaktien, 0,0023 % aller Aktien der Gruppe I) in Globalaktien verbrieft[49].

---

[45] Die 2. DurchführungsVO vom 12. Dezember 1924 zum Münzgesetz vom 30. August 1924 ordnete an, daß für den Geltungsbereich der GoldbilanzVO an die Stelle der Goldmark die Reichsmark trete, und zwar auch für die Zeit vor dem Inkrafttreten des Münzgesetzes; *Großk. Gadow*, § 6, Anm. 2.

[46] Zum Teil wörtlich wiedergegeben aus: *Großk. Gadow*, § 8, Anm. 1.

[47] Siehe S. 36.

[48] Siehe S. 121 und Tabelle 2, S. 119; vgl. auch Tabelle 3, S. 123.

[49] Siehe S. 122 und Tabelle 8, S. 140.

b) Die Verwendung der Globalaktie im Zuge der Entflechtung der Montangesellschaften

aa) Die Maßnahmen der Besatzungsmächte zur Durchführung der Entflechtung der Montangesellschaften

In Artikel 12 des Potsdamer Abkommens vom August 1945 verkündeten die Alliierten unter Mißachtung des geltenden Völkerrechts ein gemeinsames Programm der Dezentralisierung der deutschen Wirtschaft. Zur Durchführung dieses Programms wurden von den Militärregierungen der Westmächte gegen übermäßige Konzentrationen gerichtete Gesetze und Verordnungen erlassen, in der amerikanischen Zone das Gesetz Nr. 56 vom 28. Januar 1947, in der britischen Zone die Verordnung Nr. 78 vom 12. Februar 1947 und in der französischen Zone die Verordnung Nr. 96 vom 9. Juni 1947.

Außerhalb des allgemeinen Verfahrens dieser Anordnungen wurden Spezialverfahren eingeleitet. Sie hatten die Entflechtung der Unternehmen des Bergbaus und der Eisen und Stahl erzeugenden Industrie, des IG-Farben-Konzerns, der Großbanken und des staatlichen Filmkonzerns (Ufa) zum Ziel. Hiervon ist die Entflechtung der Montangesellschaften[50] im Hinblick auf die Anwendung von Globalaktien von besonderem Interesse.

Die Entflechtung der Montan-Konzerne beruht auf dem Gesetz Nr. 27 der Alliierten Oberkommission vom 20. Mai 1950[51]. Nach diesem Gesetz hatten die Altkonzerne in Liquidation zu treten. An ihre Stelle traten in einem Zwangsgründungsverfahren die sogenannten Einheitsgesellschaften.

Mit der Durchführung der Entflechtung waren alliierte Kontrollorgane beauftragt, für den Kohlenbergbau die Combined Coal Control Group (CCCG), für die Stahlindustrie die Combined Steel Group (CSG). Ihnen beigeordnet wurden auf deutscher Seite die Deutsche Kohlenbergbauleitung und die Stahltreuhändervereinigung[52].

Eine der grundlegenden Maßnahmen der alliierten Kontrollorgane war die Aufstellung von Mustersatzungen für die Einheitsgesellschaften. Entsprechend den von den Alliierten vorgetragenen Wünschen nach Verhinderung übermäßiger Machtkonzentration der deutschen Wirtschaft und der Demokratisierung des innergesellschaftlichen Lebens wurden hierin unter anderem Bestimmungen aufgenommen, die die ausschließliche Ausgabe von Aktien zu DM 100,—, die Umstellung der Inhaberaktien auf Namensaktien und den Ausschluß von Gewinn-

---

[50] Einheitlicher Ausdruck für die Unternehmen des Bergbaus und der Eisen und Stahl erzeugenden Industrie, *Mindner*, S. 273.

[51] Seine Vorläufer waren die beiden Gesetze Nr. 75 der britischen und amerikanischen Militärregierung.

[52] Siehe hierzu: *Huber*, Wirtschafts-Verwaltungsrecht, Bd. I, S. 436, 446.

anteilscheinen vorsahen. An diesen Bestimmungen wurde trotz heftigen Widerspruchs der deutschen Bundesregierung[53] festgehalten[54].

bb) Die Bildung der standardisierten Globalaktien

Die Einführung der Namensaktien und die Stückelung in Aktien zu DM 100,— stellte die Gesellschaften, Banken und Börsen vor eine Reihe neuer Probleme. Insbesondere die in Deutschland bis dahin unübliche Aufteilung in Aktien zu DM 100,—, die zur Erreichung einer weiten Streuung der Aktien eingeführt worden war, bereitete große Schwierigkeiten. Zu ihrer Überwindung wurden Verhandlungen mit den Alliierten über die Ausstellung von Globalaktien geführt.

Das Ergebnis dieser Verhandlungen bildete die Einführung der sogenannten standardisierten Globalaktien[55]. Sie fassen jeweils zehn Einzelaktien zu DM 100,— zusammen; ihr Nennbetrag lautet dementsprechend auf DM 1000,—[56].

Mit der Ausgabe dieser standardisierten Globalaktien wurde dreierlei erreicht. Zum einen konnten erhebliche Druckkosten eingespart, zum zweiten durch Wahl eines börsenüblichen Nennbetrages die Verkehrsfähigkeit der Aktien vergrößert und zum dritten eine Vereinfachung in der Führung des Aktienbuches erzielt werden.[57]

cc) Das Ausmaß der durch die Einführung der standardisierten Globalaktien bewirkten Veränderungen in der Stückelung des Grundkapitals der deutschen Aktiengesellschaften

Insgesamt bestehen 1 860 459 standardisierte Globalaktien. Sie wurden von 29 Gesellschaften ausgegeben[58]. Davon gehören 24 Gesellschaften zu den 26 Global-Aktiengesellschaften[59], die aus der Entflechtung hervorgegangen sind[60].

---

[53] Die Bundesregierung war eingeschaltet worden, nachdem die Gespräche zwischen den alliierten Kontrollorganen und den ihnen beigeordneten deutschen Gruppen zu keinem Ergebnis geführt hatten. Der Widerspruch richtete sich vor allem gegen die Ausgabe von Namensaktien und den Ausschluß der Gewinnanteilscheine.

[54] Vgl.: *Bericht der Stahltreuhändervereinigung,* Die Neuordnung der Eisen und Stahl erzeugenden Industrie im Gebiet der Bundesrepublik Deutschland, S. 244—250.

[55] In der Bankpraxis werden diese standardisierten Globalaktien sehr häufig nicht als „Globalaktien" bezeichnet. Unter „Globalaktien" versteht man hier mehr die Aktien mit sehr hohen Nennbeträgen.

[56] Siehe Abbildung auf S. 15.

[57] Vgl. zu Obigem: *Bericht der Stahltreuhändervereinigung,* S. 291.

[58] Vgl. Tabelle 10, S. 144 u. S. 145, ebenso S. 140 u. S. 146.

[59] Es sind die Gesellschaften der folgenden Nummern (Tabelle 6, S. 131 bis 136: 1, 5, 37, 41, 44, 45, 47, 48, 50, 51, 54, 57—61, 63, 65, 66, 68—73, 75.

Gesellschaft Nr. 47 (Harpener Bergbau AG) wurde bereits 1856 gegründet. Sie wurde von der Entflechtung dadurch betroffen, daß einige Zechen ausschieden und andere Zechen eingegliedert wurden (Handbuch der Deutschen Aktiengesellschaften, 1956).

[60] Keine standardisierten Globalaktien haben eingeführt die Gesellschaften Nr. 1 (Westfalenhütte AG) und Nr. 5 (Friedrich-Thyssen-Bergbau AG).

Die Globalaktien zu DM 1000,— der fünf anderen Gesellschaften[61] sollen in Anbetracht des gleich hohen Nennbetrages ebenfalls als „standardisierte Globalaktien" bezeichnet werden, obgleich ihre Entstehungsursache eine andere ist als die der Globalaktien, die von den Nachfolgern der Montangesellschaften ausgestellt wurden.

Der Anteil der standardisierten Globalaktien an den insgesamt bestehenden Aktienurkunden macht 3,2 %, ihr Anteil an den Aktienurkunden zu DM 1000,— 13,7 %[62] und ihr Anteil an den Globalaktien 86,1 % aus; der Anteil der in den standardisierten Globalaktien verbrieften Aktien an den insgesamt bestehenden Aktien macht 22,1 %, ihr Anteil an den Aktien zu DM 100,— 29,8 % und ihr Anteil an den in allen Globalaktien zusammengefaßten Aktien 66,7 % aus.

Wären die standardisierten Globalaktien nicht eingeführt worden, so würde sich das heute bestehende Verhältnis

$$\frac{\text{in Globalaktien}}{\text{verbriefte Aktien}} : \frac{\text{in Einzelaktien}}{\text{verbriefte Aktien}} = 33{,}1 : 66{,}8$$

umwandeln in das Verhältnis

$$\frac{\text{in Globalaktien}}{\text{verbriefte Aktien}} : \frac{\text{in Einzelaktien}}{\text{verbriefte Aktien}} = 11{,}1 : 88{,}8,$$

und das Verhältnis

$$\text{Globalaktien} : \text{Einzelaktien} = 3{,}7 : 96{,}2$$

würde sich umwandeln in das Verhältnis

$$\text{Globalaktien} : \text{Einzelaktien} = 0{,}4 : 99{,}6.$$

Die Minderung des Bestandes an Aktienurkunden würde statt des Wertes von 30,6 %[63] den von 10,7 % annehmen.

Aus diesen Angaben wird ersichtlich, daß die heute in Deutschland durch die Globalverbriefung herbeigeführte starke Verminderung des Bestandes an Aktienurkunden um 30,6 % vor allem auf die Einführung der standardisierten Globalaktien zurückzuführen ist.

In welchem Ausmaß der heute erreichte Anteil der Globalaktien an der Gesamtanzahl der in Deutschland bestehenden Aktien in der Zukunft erhalten bleiben, sich verkleinern oder sich vergrößern wird, hängt daher in erster Linie davon ab, ob die Gesellschaften an diesen standardisierten Globalaktien festhalten, ob sie zu der früher üblichen Stückelung in Aktien zu DM 1000,— zurückkehren oder ob andere Gesellschaften diesem Beispiel folgen und Globalaktien gleicher oder anderer Nennbeträge ausstellen werden.

---

[61] Es sind die Gesellschaften der Nummern: 43, 46, 62, 64, 67.

[62] Errechnung aus Tabelle 2, S. 119: 12 327 949 ⁒ 621 487 + 1 860 459 = Anzahl der Aktienurkunden mit dem Nennbetrag DM 1000,—.

[63] Siehe S. 113; der Wert ändert sich durch Fortfall der Zwischenscheine kaum merklich.

Soweit sich heute die Entwicklung abschätzen läßt, geht sie eher auf Beibehaltung der Globalaktien als auf ihre Beseitigung. So haben einige der aus der Entflechtung hervorgegangenen Gesellschaften zu einer Zeit neue Globalaktien ausgegeben, als infolge der Aufhebung des Besatzungstatuts Möglichkeiten bestanden hätten, die Frage des Weiterbestehens der alliierten Vorschriften zu prüfen und unter Umständen Einzelaktien mit höheren Nennbeträgen als DM 100,— auszugeben[64].

Es erscheint durchaus möglich, daß sich der Gedanke der Globalverbriefung in Deutschland gerade auf Grund der Erfahrungen, die mit den standardisierten Globalaktien gemacht werden konnten, allmählich in noch stärkerem Umfange durchsetzt. Es würde damit ein weiterer Fortschritt auf dem Wege zur Herrschaft des Wertrechts erzielt werden.

II. Die Verwendung der Globalaktie auf der Stufe der sammelverwahrten Urkunden

Wie auf der Stufe der Wertpapiere können wieder allgemeine und besondere Aufgaben unterschieden werden.

Die allgemeinen Aufgaben erschöpfen sich im wesentlichen darin, Einsparungen an Zeit, Raum, Material und Arbeit zu erzielen. Auf die Durchführung dieser Aufgaben im einzelnen soll hier nicht noch einmal eingegangen werden.

An dieser Stelle sollen lediglich noch die verschiedenen Anlässe zur Einlieferung von Globalaktien ins Sammeldepot näher geschildert werden. Weiterhin sollen die Gründe dargelegt werden, weshalb sich die Globalaktie im Sammeldepotwesen nicht in dem Maße durchgesetzt hat, wie es in Anbetracht ihrer Vorteile gerade für die Sammelverwahrung zu wünschen wäre.

Als die Erfüllung einer besonderen Aufgabe soll die Verwendung der Globalaktie in der Wertpapierbereinigung angesehen werden. Die Darstellung dieser Anwendungsform der globalen Verbriefung von Aktienrechten soll den Abschluß der Untersuchung bilden.

---

[64] Die alliierten Entflechtungsgesetze, auch das Gesetz Nr. 27, gehören nach dem Überleitungsabkommen zum Deutschlandvertrag zu dem sogenannten versteinerten Besatzungsrecht. Sie bleiben damit auch nach Ablösung des Besatzungsstatuts so lange in Kraft, bis vom deutschen Gesetzgeber Gesetze erlassen sind, die bestimmten Anforderungen der Alliierten genügen. Die allgemeinen Entflechtungsgesetze und -verordnungen Nr. 56, 75 und 96 der amerikanischen, britischen und französischen Militärregierung traten gemäß § 109 Abs. 2 Nr. 14—16 des Gesetzes gegen Wettbewerbsbeschränkungen vom 27. Juli 1957 am 1. Januar 1958 außer Kraft. Die Frage des Fortbestehens des Gesetzes Nr. 27 ist noch nicht geklärt, ebenso nicht die, ob die Mustersatzungen weiterhin maßgeblich sind. Lockerungen in der Handhabung ihrer Bestimmungen sind jedenfalls eingetreten. *Huber*, a.a.O., S. 395, 436 ff.

1. Die Verwendung der Globalaktie im Sammeldepot

Die Ausstellung von Globalaktien und ihre Einlieferung ins Sammeldepot kann von zwei Seiten her veranlaßt werden, zum einen von den Depotkunden, zum anderen von der Wertpapiersammelbank selbst.

Der Normalfall ist die Verwahrung von Globalaktien, deren Ausstellung auf Gründe zurückzuführen ist, die allein für die Depotkunden maßgebend waren, d. h. für die der Sammelbank angeschlossenen Banken und deren Kunden, die Aktionäre oder Gesellschaften.

Vereinzelt kommt es aber auch vor, daß die Wertpapiersammelbank ihrerseits an die Gesellschaft herantritt und um Ausstellung von Globalaktien bittet. Das ist vor allem bei Gesellschaftsgründungen und Neuemissionen der Fall. Nachdem die Aktionäre der Aufforderung zur Zeichnung oder zur Ausübung des Bezugsrechts nachgekommen sind, geben die Banken ihren zuständigen Kassenvereinen die Zahl und die Größe der Aktien bekannt, die nach Druck der Aktienurkunden zur Verwahrung im Sammeldepot bestimmt sind[65]. Die Sammelbank kann nunmehr abschätzen, wieviel sie von diesen Aktien zur effektiven Lieferung bereithalten muß und wie hoch der Bestand der Aktien ist, die voraussichtlich aus der Verwahrung dieses Kassenvereins niemals herausgenommen werden. Für einen Teil dieses Bestandes läßt sie sich dann eine oder mehrere Globalaktien aushändigen.

In einem breiteren Umfang konnte sich die Globalaktie im Sammeldepotwesen jedoch bisher noch nicht durchsetzen. Der Grund hierfür liegt allein in der konservativen Einstellung der Aktieneigentümer. Dem Papier als körperlichen Gegenstand wird unverändert und allen neuen Erkenntnissen zum Trotz gegenüber dem unverbrieften Recht die größere Wertschätzung zuteil. Hieran vermochten auch die Kriegs- und Nachkriegsereignisse nichts zu ändern, die die Fragwürdigkeit allen Sachbesitzes eindeutig genug bewiesen; hierin konnte auch keine Änderung erzielt werden durch die bei der Wertpapierbereinigung gesammelten Erfahrungen, in deren Verlaufe gerade die sammelverwahrten Stücke sehr oft bedeutend schneller für lieferbar erklärt werden konnten als die in Eigen- oder Sonderverwahrung genommenen[66]. Man ist heute vielmehr weiterhin geneigt, in der Auswechslung des Anspruchs auf Herausgabe eines ganz bestimmten einzelnen Papiers gegen das Miteigentumsrecht an einem Sammelbestand eher einen Nachteil zu sehen als einen Vorteil, dessen Nutznießer die Aktionäre und die Sammelbanken gleichermaßen sein könnten.

---

[65] Über diese Aktien kann mit Hilfe des Jungscheins im Wege des Treugiroverkehrs bereits vor Druck und Einlieferung der Aktien verfügt werden; siehe S. 64 u. S. 179.

[66] Sonderbarerweise hat gerade im Gegenteil die Wertpapierbereinigung in der darauffolgenden Zeit von der Sammelverwahrung abgeschreckt.

Infolge dieser Einstellung der Wertpapiereigentümer ist es für die Sammelbanken heute nach wie vor unerläßlich, sich in ständiger Bereitschaft zur Lieferung effektiver Stücke zu halten. Die latente Furcht vor Kriegen und Katastrophen kann sie jeden Tag vor die Notwendigkeit stellen, Unmengen von Aktien ausliefern und den der ständigen Verwahrung dienenden Aktienbestand auflösen zu müssen.

Aus diesem Grunde scheuen sich die Sammelbanken heute davor, Globalaktien in größeren Mengen in den Bestand aufzunehmen. Werden Globalaktien eingeliefert, so werden häufig besondere Verträge mit den Gesellschaften geschlossen, die sie zur sofortigen Lieferung von Einzelaktien an Stelle der Globalaktien verpflichten.

2. Die Verwendung der Globalaktie in der Wertpapierbereinigung

a) Die Voraussetzungen zum Erlaß des Wertpapierbereinigungsgesetzes

Das deutsche Wertpapierwesen ist durch die Kriegs- und Nachkriegsereignisse schwer getroffen worden. Nur ein geringer Teil des deutschen Wertpapierbestandes lagerte bei Kriegsende in den drei Westzonen — von den Emissionen westdeutscher Aussteller nach Sachverständigenschätzungen 20 % der Aktien und 40 % der Schuldverschreibungen. Der Rest war durch die verschiedenartigsten Umstände der Verfügung der in Westdeutschland lebenden Eigentümer entzogen worden, der größte Teil davon durch Blockierung der in der Deutschen Reichsbank liegenden Wertpapiere[67].

Um den allmählich auftretenden Handel mit Wertpapieren, die den rechtmäßigen Eigentümern abhanden gekommen waren, zu unterbinden, wurden zunächst die „Richtlinien für die Bescheinigung der Lieferbarkeit von Wertpapieren" erlassen, die am 1. Oktober 1947 in Kraft traten. Ihnen folgte schließlich das Gesetz zur Bereinigung des Wertpapierwesens (Wertpapierbereinigungsgesetz, WBG) vom 19. August 1949, das die endgültige Neuordnung des gesamten Wertpapierwesens herbeiführen sollte. Aufgabe der mit seiner Hilfe durchzuführenden Wertpapierbereinigung war es vor allem, den unrechtmäßigen Wertpapierbesitz zu beseitigen, den Eigentümern, die durch Verlust oder Blockierung über ihre Wertpapiere nicht mehr verfügen konnten, zum Besitz neuer Urkunden zu verhelfen und schließlich die

---

[67] Die Deutsche Reichsbank war durch die Bekanntmachung vom 30. Januar 1943 zur alleinigen Wertpapiersammelbank erklärt worden. Durch die Blokkierung des Berliner Girosammeldepots wurden auch die Wertpapiere festgelegt, die bei den im Währungsgebiet liegenden Abteilungen der Deutschen Reichsbank (in Düsseldorf, Frankfurt/Main, Hamburg, Hannover, Köln, München, Stuttgart) in Sammelverwahrung lagen. Vgl. *Eichhorn,* Handbuch für die Wertpapierbereinigung, S. 1.

zum Aufbau der zerstörten Wirtschaft dringend benötigten blockierten Mittel wieder flüssig zu machen[68].

b) Die Durchführung der Wertpapierbereinigung nach dem Wertpapierbereinigungsgesetz

Das Wertpapierbereinigungsgesetz unterschied unter den Wertpapieren, auf die es nach § 1 WBG zur Anwendung kommen sollte[69], zwei Arten: in Kraft bleibende und kraftlos werdende Wertpapiere.

Zu der ersten Gruppe (§ 2 WBG) gehörten in erster Linie die Wertpapiere, für die auf Grund der 1947 in Kraft getretenen Richtlinien eine sogenannte Lieferbarkeitsbescheinigung[70], auch Affidavit genannt, bereits ausgestellt war oder innerhalb bestimmter Fristen nach Erlaß des Wertpapierbereinigungsgesetzes noch ausgestellt wurde.

Alle übrigen nicht unter § 2 WBG fallenden und von dem Gesetz betroffenen Wertpapiere wurden nach § 3 WBG kraftlos.

Diese kraftlos gewordenen Wertpapiere wurden einem besonderen Prüfungsverfahren unterworfen. Wurde das Recht eines Anmelders an einem Wertpapier als „nachgewiesen" oder „glaubhaft gemacht" anerkannt, erhielt er in einem sich anschließenden besonderen Gutschriftsverfahren eine Gutschrift über die ihm zuerkannten Wertpapiere[71].

Das Wertpapierbereinigungsverfahren ist heute zum größten Teil abgeschlossen[72].

c) Die Sammelurkunde als Mittel der Wertpapierbereinigung

Eine Einlösung der Gutschrift in endgültige Stücke erfolgte zunächst noch nicht. Es wurde statt dessen von jedem Wertpapieraussteller eine vorläufige Sammelurkunde für jede Wertpapierart ausgestellt und bei der zuständigen Wertpapiersammelbank hinterlegt (§§ 9, 12, 4 WBG).

Die Sammelurkunde war die wichtigste Grundlage des Wertpapierbereinigungsverfahrens[73]. Als besondere Schwierigkeit des ganzen Ver-

---

[68] Vgl. *Oppermann*, Wertpapiere, S. 217 ff.; *Eichhorn*, a.a.O., S. 1; *Ziganke*, Was wird aus unseren Wertpapieren?, S. 3; *Opitz*, a.a.O., S. 691.

[69] § 1 WBG, unter Verweis auf § 1 Abs. 1 DepotG: Aktien, Kuxe, Zwischenscheine, Zins-, Gewinnanteil- und Erneuerungsscheine, Schuldverschreibungen, andere vertretbare Wertpapiere, mit Ausnahme von Banknoten und Papiergeld.

[70] Die Lieferbarkeitsbescheinigung ist eine schriftliche Bescheinigung, daß ein Wertpapier ordnungsgemäß erworben ist und allen Anforderungen eines börsenfähigen Wertpapiers genügt; *Mindner*, a.a.O., S. 259.

[71] *Mindner*, a.a.O., S. 372.

[72] *Mindner*, a.a.O., S. 374.

[73] *Eichhorn*, a.a.O., S. 68; ebenso zum Folgenden: S. 68—72.

fahrens ergab sich die Festsetzung ihrer Höhe. Sie oblag der Prüfstelle. Von der Sorgfalt, mit der sie sich gerade dieser Aufgabe unterzog, hing die Durchführung einer allen Interessen gerecht werdenden Bereinigung in entscheidendem Maße mit ab. Die Höhe der Sammelurkunde und damit der Gesamtbetrag der für kraftlos erklärten Stücke ergab sich als die Differenz zwischen dem Gesamtbetrag der ausgedruckten Emission des jeweiligen Ausstellers einerseits und den Beträgen der nicht in den Verkehr gelangten, der getilgten, der mit einer Lieferbarkeitsbescheinigung versehenen und der einem Verfahren zur Ausstellung einer Lieferbarkeitsbescheinigung noch unterworfenen Stücke andererseits.

Der Gesamtnennbetrag der Sammelurkunde lag bei ihrer Hinterlegung nicht endgültig fest, sondern vergrößerte sich jeweils um den Gesamtnennbetrag der Aktien, für die ein Antrag auf Ausstellung einer Lieferbarkeitsbescheinigung gestellt worden war und die nach der Ausfertigung der Sammelurkunde entweder abgelehnt oder aus sonstigen Gründen in das Wertpapierbereinigungsverfahren übergeleitet wurden[74].

Die Ausstellung der Sammelurkunde erfolgte im Interesse der Wertpapiereigentümer. Mit ihrer Hilfe wurde es ihnen ermöglicht, die Verfügung über ihr Wertpapiervermögen sehr viel schneller zu erlangen, als wenn erst die Ausstellung neuer Einzelurkunden — rund 40 Millionen Stück Mäntel und Bogen — hätte abgewartet werden müssen[75]. Ein rasch einsetzender Handel in Neugirosammeldepotanteilen[76] war die Folge.

Voraussetzung zu dieser Verfügung über die Wertpapiere war zum einen die Anerkennung des Rechts durch die Prüfstelle, zum anderen die Gutschrift. Diese Gutschrift lautete auf die Sammelurkunde und begründete ein Miteigentum nach Bruchteilen an dem von ihr ausgewiesenen Gesamtnennbetrag. Für den Fall, daß die Summe der angemeldeten Rechte den Betrag der Sammelurkunde überstieg (§ 39), wurden zunächst Teilgutschriften gegeben. Ergab sich nach Abschluß aller Verfahren (§ 40), daß der Betrag der Sammelurkunde nicht zur Deckung aller angemeldeten Rechte ausreichte, wurden die angemeldeten Wertpapierbeträge — getrennt nach nachgewiesenen und glaubhaft gemachten Rechten — gleichmäßigen Kürzungen unterworfen und entsprechend geringere Gutschriften erteilt.

---

[74] *Eichhorn,* a.a.O., S. 76, 77.
[75] *Eichhorn,* a.a.O., S. 67, 179.
[76] Neugirosammeldepot: hierin waren die Gutschriften auf die Sammelurkunde zusammengefaßt. Die Neugirosammeldepotanteile wurden im Treuhandgiroverkehr gehandelt; vgl. *Mindner,* a.a.O., S. 282.

Bei diesen Sammelurkunden handelt es sich um echte Globalurkunden im weiteren Sinne[77]. Lautete die Sammelurkunde auf Aktien, stellte sie mithin eine Globalurkunde im engeren Sinne dar. Ob sie als Globalaktie oder als Globalzwischenschein anzusehen ist, mag dahingestellt bleiben, da diese nähere Kennzeichnung ohne praktische oder theoretische Bedeutung ist. Für die Eigenschaft eines Globalzwischenscheins spricht, daß nach § 41 WBG der Aussteller verpflichtet war, über die in der Sammelurkunde zusammengefaßten Rechte so bald wie möglich Einzelurkunden auszustellen. Dagegen ist anzuführen, daß Globalzwischenscheine auf den Namen des Berechtigten lauten müssen; die Aufführung der Namen der an der Sammelaktie Berechtigten in der Urkunde war jedoch gar nicht möglich.

Entsprechend ihrem besonderen Ausstellungszweck kann die Sammelurkunde über Aktienrechte daher als Globalaktie eigener Art angesehen werden.

Von der Globalurkunde (im engeren Sinne) unterscheidet sich die Sammelurkunde über Aktienrechte dadurch, daß zum einen von jeder Gesellschaft nur eine einzige Sammelurkunde zugelassen war und daß zum anderen, als Folge dieser Bestimmung, die Aktien nicht in der Reihenfolge ihrer Nummern — wie bei Globalaktien allgemein üblich —, sondern zusammenhanglos verkörpert waren. Ein dritter Unterschied besteht darin, daß nach § 7 DepotG auch dann jederzeit die Lieferung von Einzelaktien verlangt werden kann, wenn die Sammelbank an Stelle von Einzelaktien Globalaktien in Verwahrung hält, während § 41 Abs. 2 WBG diesen Umtausch in Einzelaktien im Interesse einer raschen Abwicklung der Wertpapierbereinigung vorübergehend ausschloß.

[77] Vgl., auch zum Folgenden: *Eichhorn*, a.a.O., S. 67, 80, 81.

Anhang

Anhang Nr. 1

DEUTSCHE MARK 3902000,–

KÖLN-BONNER EISENBAHNEN A.-G.

3902000 DM **Namens-Sammelaktie** Nr. 000000 bis Nr. 000000

über

Drei Millionen Neunhundertzweitausend Deutsche Mark

3902 Aktien zu je DM 1000,–

DIE STADT BONN

IST FÜR DIESE EINGEZAHLTE AKTIE BEI DER KÖLN-BONNER EISENBAHNEN A.-G., KÖLN, NACH MASSGABE DER SATZUNG ALS AKTIONÄR BETEILIGT

Köln, den 00. Februar 1954

KÖLN-BONNER EISENBAHNEN A.-G.

DER AUFSICHTSRAT · DER VORSTAND.

KONTROLLBEAMTER

Anhang Nr. 2

Zusammenstellung der Aktiennennbeträge, geordnet nach der Größe des Anteils der darauf lautenden Aktien an der Gesamtmasse der Aktien
(zu: Seite 122[1])

Klasse V:	100	Klasse I:	320	500 000
Klasse IV:	1 000		175	5 300
	500		365	75 000*
	400		2 500	6 500*
	200		3 500	450 000
Klasse III:	20		13 000	175 000
	300		140	250 000*
	50		4 000	25 000*
	40		280	5 000 000
	700		830	4 000 000
	600		1 800	10 495 300*
	80		1 250	10 000 000*
	150		180	3 500 000*
	70		8 000*	2 000 000*
	800		3 100*	1 773 500*
	60		325*	1 128 000*
	30		230*	950 000*
Klasse II:	35		1 000 000	542 000*
	900		100 000	300 000*
	1 200		1 950*	207 000*
	1 300		440*	166 400*
	25		1 700	151 500*
	10 000		3 400*	40 000*
	220		2 400*	36 000*
	250		170*	27 000*
	1 500		20 000	26 500*
	750		1 900	14 000*
	350		30 000*	11 500*
	10		9 000*	11 000*
	450		380	4 500*
	5 000		50 000	4 300*
	3 000		12 000	3 250*
	210		90 000	1 750*
	2 000		12 500	650*
	160		24 000	15*
	1 600			
	75			
	1 100			
	1 400			
	6 000			
	120			
	125			

---

[1] 1. Zu der Klasseneinteilung siehe Tabelle 3, S. 123.
2. Jeweils gleich große Anteile sind mit einem * versehen.

Literaturverzeichnis

Adelung, Johann Christoph: Grammatisch-kritisches Wörterbuch der hochdeutschen Mundart. Wien, 1808.

Amberger, Carl W.: Die Aktiengesellschaft im brasilianischen Recht. In: Ausländische Aktiengesetze, herausgegeben von der Gesellschaft für Rechtsvergleichung, Bd. III. Frankfurt/Main, Berlin, 1956.

Armstrong, Floyd E.: The Book of the Stock Exchange. London, 1949.

Baumbach, Adolf, *Hueck,* Alfred: Aktiengesetz. 12. Auflage. München, Berlin, 1956. (Zitiert: Baumbach.)

Barocka, Egon: Investment-Sparen und Investment-Gesellschaften. Stuttgart, 1956.

Borchardt, Oskar: Die geltenden Handelsgesetze des Erdballs, Nachtrag I—IV. Berlin, 1893.

Boruttou, Ernst Paul: Grundriß der Kapitalverkehrssteuer. München, 1950.

Bösselmann, Kurt: Die Entwicklung des deutschen Aktienwesens im 19. Jahrhundert. Berlin, 1939.

Brodmann, Erich: Aktienrecht. Berlin, Leipzig, 1928.

Brunner, Heinrich: Die Wertpapiere. In: W. Endemann, Handbuch des deutschen Handels-, See- und Wechselrechts; 2. Bd., S. 140 ff. Leipzig, 1882.

Campe, Joachim Heinrich: Wörterbuch zur Erklärung und Verdeutschung der unserer Sprache aufgezwungenen fremden Ausdrücke. Ein Ergänzungsband zu Adelung-Campe's Wörterbüchern, Braunschweig, 1813.

Colenbrander, H. T.: Das Wort „Aktie" in den Niederlanden. In: Zeitschrift für das gesamte Handelsrecht, 50/383 ff. (Z. f. H. R.). Stuttgart.

Compass: Finanzielles Jahrbuch, 1934. Gegründet von Gustav Leonhardt. Für die Länder: Jugoslawien, Rumänien, Tschechoslowakei. Zagreb.

Curti, Arthur: Die englische Aktiengesellschaft nach neuem Recht. Berlin, 1929.

Düringer, Adalbert, *Hachenburg,* Max: Das Handelsgesetzbuch. Erläutert von Fritz Bing, Julius Flechtheim, Max Hachenburg. 3. Auflage. Mannheim, Berlin, Leipzig, 1934. (Zitiert: Düringer [Bing, usw.].)

Dürre, Günter: Investmentsparen und Investmentgesellschaften. In: Die Sparkasse, Zeitschrift des deutschen Sparkassen- und Giroverbandes. Heft 14/1956, Heft 9/1957.

Eichhorn, Kurt: Handbuch für die Wertpapierbereinigung. Frankfurt/Main, 1949.

Fischer, Rudolf: In: Victor Ehrenberg, Handbuch des gesamten Handelsrechts; Bd. II, 1918; Bd. III 1, 1916. Leipzig.

Flechtheim, Julius: Der Bezugsrechtschein. In: Bankarchiv, Zeitschrift für Bank- und Börsenwesen; 29/190. Berlin.

Forsthoff, Ernst: Lehrbuch der Verwaltung. 3. Auflage. München, Berlin, 1953.

Gabler, Theodor: Wirtschaftslexikon. Herausgegeben von R. Sellien und H. Sellien. Wiesbaden, 1956.

Gadow, Heinichen, E. *Schmidt,* W. *Schmidt, Weipert:* Aktiengesetz. Berlin, 1939. (Zitiert: Großk. Gadow [bzw. Heinichen usw.].)

Geiler, Karl, *Stehlik*, Arnold, *Veith*, Hans Joachim: D-Markbilanzgesetz, Kommentar. München, Berlin, 1950. (Zitiert: Geiler.)

Gerstenberg, Charles W.: Financial Organization and Management of Business. 2. Auflage. New York, 1948.

Gierke, Julius v.: Handelsrecht und Schiffahrtsrecht. 7. Auflage. Berlin, 1955. (Zitiert: Gierke, Handelsrecht.)

Ders.: Das Recht der Wertpapiere. Köln, Berlin, 1954. (Zitiert: Gierke, Wertpapiere.)

Gierke, Otto: Deutsches Privatrecht, II. Bd., Sachenrecht. Leipzig, 1905.

Godin, Reinhard, Frh. v., *Wilhelmi*, Hans: Aktiengesetz. 2. Auflage. Berlin, 1950. (Zitiert: Godin.)

Goldschmidt, Levin: Der Lucca-Pistoja-Actien-Streit. Frankfurt, 1859.

Hachenburg, Max: Kommentar zum Gesetz betreffend die Gesellschaften mit beschränkter Haftung. Bearbeitet von Walter Schilling und Wolfgang Schilling, Mitarbeit von Reinhard Goerdeler. Berlin, 1956. (Zitiert: Schilling in Hachenburg, GmbH.-Ges.).

Hallstein, Walter: Die Aktienrechte der Gegenwart. Gesetze und Entwürfe in rechtsvergleichender Darstellung. Berlin, 1931.

Halsbury, Harding, Stanley, Giffard, Earl of: Halbury's Statutes of England; 3. Bd., 2. Auflage. London, 1949.

Handbuch der deutschen Aktiengesellschaften 1956. 56. Auflage. Berlin, Darmstadt, Essen.

Hax, Karl: Aufgabe und Bedeutung der Aktiengesellschaft. In: Zeitschrift für Handelswissenschaftliche Forschung; 1950, 2. Jahrgang (Neue Folge), S. 240 ff. Köln, Opladen.

Haupt, Günter: Gesellschaftsrecht. Tübingen, 1939.

Head, F. D.: The Transfer of Stocks, Shares and other Marketable Securities. London, 1921.

Hueck, Alfred: Gesellschaftsrecht. 4. Auflage. München, Berlin, 1953. (Zitiert: Hueck, Gesellschaftsrecht.)

Ders.: Recht der Wertpapiere. 7. Auflage. Berlin, Frankfurt, 1957.

Huber, Ernst Rudolf: Wirtschafts-Verwaltungsrecht; 1. Bd. Tübingen, 1953.

Isay, Hermann u. Rudolf: Allgemeines Berggesetz für die Preußischen Staaten. Mannheim, Berlin, Leipzig, 1919.

Junge, Fritz: Inhaberpapiere, Namenspapiere und Bucheffekten. Heft 7 von: Betriebswirtschaftspraxis und Betriebswirtschaftslehre, Schriftenreihe des Verbandes Deutscher Diplom-Kaufleute e. V. Berlin, 1935. (Zitiert: Junge, Inhaberpapiere.)

Ders.: In: Handwörterbuch der Betriebswirtschaftslehre. Begründet von Heinrich Nicklisch. 3. Auflage. Stuttgart. (Zitiert: Junge, Handwörterbuch.)

Kalveram, Wilhelm: Finanzierung durch Effekten in Nordamerika und England. In: Zeitschrift für Betriebswirtschaft. 1. Jahrgang, 1924. 2. Jahrgang, 1925. Berlin.

Kirchner, Wolfram: Die Globalaktie. Kölner Dissertation, 1948.

Korkisch, Friedrich: Das schwedische Gesetz über die Aktiengesellschaften vom 14. September 1944. In: Ausländische Aktiengesetze, herausgegeben von der Gesellschaft für Rechtsvergleichung, Bd. I. Frankfurt/Main, Berlin, 1955.

Kuske, Bruno: Die Entstehung der Kreditwirtschaft und des Kapitalverkehrs. In: Kölner Vorträge, Bd. 1, Die Kreditwirtschaft, Erster Teil. Leipzig, 1927.

Lehmann, Heinrich: Allgemeiner Teil des Bürgerlichen Gesetzbuches. 7. Auflage. Berlin, 1952.

Lehmann, Karl: Das Recht der Aktiengesellschaften. Bd. I: 1898. Bd. II: 1904. Berlin. (Zitiert: Lehmann, I bzw. II.)

Ders.: Die geschichtliche Entwicklung des Aktienrechts bis zum Code de Commerce. Berlin, 1895. (Zitiert: Lehmann, Gesch. Entw.)

Liefmann, Robert: Beteiligungs- und Finanzierungsgesellschaften. 5. Auflage. Jena.

Lincoln, Edmond E.: Applied Business Finance. 5. Auflage. New York, London, 1941.

Mellerowicz, Konrad: In: Die Handelshochschule; 6. Bd.: Der Kapitalverkehr. Wiesbaden, 1950.

Mindner, Rudolf: Das kleine Börsenlexikon. Düsseldorf, 1957.

Nicklisch, Heinrich: Die Konten des fremden Kapitals. In: Zeitschrift für Handelswissenschaft und Handelspraxis; 4. Jahrgang, 1911/12, S. 77 ff. Leipzig.

Opitz, Georg: Fünfzig depotrechtliche Abhandlungen. Berlin, 1954.

Oppermann, Georg: Wertpapiere. Frankfurt, Köln, 1956.

Quassowski-Susat: Verordnung über Goldbilanz vom 28. Dezember 1923. Mannheim, Berlin, Leipzig, 1924.

Palandt, Otto: Bürgerliches Gesetzbuch. 17. Auflage. Mannheim, Berlin, 1956.

Passow, Richard: Die Aktiengesellschaft. 2. Auflage. Jena, 1922.

Perels, Leopold: In: Beiträge zum Wörterbuch der deutschen Rechtssprache, Richard Schröder zum 70. Geburtstag, Sp. 77. Weimar, 1908.

Planck, Gottlieb: Planck's Kommentar zum Bürgerlichen Gesetzbuch und zum Einführungsgesetz. 5. Auflage. Berlin, 1938.

Rasch, Harold: Konzerne in der sozialen Marktwirtschaft. (Auszug aus dem Gutachten für den 42. Deutschen Juristentag.) In: Frankfurter Allgemeine Zeitung vom 17. August 1957, Nr. 189, S. 5.

Rehfeldt, Bernhard: Wertpapierrecht. 2. Auflage, 1952.

Renaud, Achilles: Das Recht der Aktiengesellschaften. 2. Auflage. Leipzig, 1875.

Rosendorff, Richard: Die Reform des englischen Aktienrechts durch den Companies Act 1929. Berlin, 1930.

Saling: Saling's Börsenjahrbuch für 1913/14 und 1928/29. Berlin, Leipzig, Hamburg. (Zitiert: Saling.)

Schlegelberger, Franz, *Quassowski*, Leo: Aktiengesetz. Berlin, 1937. (Zitiert: Schlegelberger.)

Schmalenbach, Eugen: Beteiligungsfinanzierung. Leipzig, 1937.

Schmey, Fritz Ernst: Aktie und Aktionär im Recht der Vereinigten Staaten von Amerika. Marburg, 1930.

Schmölder, Karl, *Geßler*, Ernst, *Merkle*, Franz: D-Markbilanzgesetz. Stuttgart, 1950. (Zitiert: Schmölder.)

Dies.: D-Markbilanz-Ergänzungsgesetz. Stuttgart, 1951. (Zitiert: Schmölder, Ergänzungsgesetz.)

Schmoller, Gustav: Die geschichtliche Entwicklung der Unternehmung. In: Jahrbuch für Gesetzgebung, Verwaltung und Volkswirtschaft im Deutschen Reich, 17. Jahrgang, 4. Heft, 1893. Leipzig.

Schneider, Heinrich: Die Aktie nach englischem, amerikanischem und französischem Recht. Marburg, 1930.

Scholz, Franz: Kommentar zum GmbH-Gesetz in seiner neuesten Fassung. Köln, 1950.

Schück, Richard: Brandenburg-Preußens Kolonialpolitik unter dem Großen Kurfürsten und seinen Nachfolgern; 2. Bd. Leipzig, 1889.

Schulz, Hans: Deutsches Fremdwörterbuch. Straßburg, 1913.

Silbernagel, Alfred: Die Gründung der Aktiengesellschaft. Berlin, 1907.

Stahltreuhändervereinigung: Die Neuordnung der Eisen- und Stahlindustrie im Gebiet der Bundesrepublik Deutschland. Ein Bericht der Stahltreuhändervereinigung. München und Berlin, 1954.

Statistisches Jahrbuch 1956. Herausgeber: Statistisches Bundesamt/Wiesbaden. Stuttgart.

Staub, Hermann: Kommentar zum Handelsgesetzbuch. Bearbeitet von H. Koenige, A. Pinner, F. Bondi. 12. u. 13. Auflage. Berlin, Leipzig, 1926.

Staudinger, Julius v.: Staudinger's Kommentar zum Bürgerlichen Gesetz und zum Einführungsgesetz. 10. Auflage. Berlin, München, Leipzig, 1936.

Stroud, Frederick: Stroud's Judicial Dictionary of Words and Phrases. 1953.

Teichmann, Robert, *Koehler*, Walter: Aktiengesetz. Berlin, 1937. (Zitiert: Teichmann.)

Trumpler, Hans: Die Aktiengesellschaft nach dem Gesellschafts-, Bilanz- und Steuerrecht der Vereinigten Staaten von Amerika. Basel, 1942.

Voelkel, Carl: Grundzüge des Preußischen Bergrechts. 2. Auflage. Berlin, Leipzig, 1924.

Weinhagen, Napoleon: Das Recht der Aktiengesellschaften nach dem Allgemeinen Deutschen Handelsgesetzbuche und dem Preußischen Gesetze vom 15. Februar 1864. Köln, 1866.

Welzel, Hans: Das Deutsche Strafrecht. 4. Auflage. Berlin, 1954.

Wer gehört zu wem? Mutter- und Tochtergesellschaften von A—Z. Herausgegeben von der Commerz- und Credit-Bank AG. 3. Auflage. 1957.

Withers, Hartley: Stocks and Shares. 2. Auflage. London, 1926.

Wolff-Raiser: Sachenrecht. 10. Bearbeitung. Tübingen, 1957.

Ziganke, Hans: Was wird aus unseren Wertpapieren? Düsseldorf, München.

Zedler, Johann Heinrich (Herausgeber): Großes vollständiges Universallexikon aller Wissenschaften und Künste, welche bisher durch menschlichen Verstand und Witz erfunden und verbessert worden ... Halle, Leipzig, 1733.

Kolibri 360 GmbH
Ferdinand-Jühlke-Straße 7
99095 Erfurt, Deutschland
produktsicherheit@kolibri360.de

Druck:
CPI Druckdienstleistungen GmbH
im Auftrag der
Kolibri 360 GmbH
Ferdinand-Jühlke-Str. 7
99095 Erfurt